Advance Praise for *Happiness Quotations*

"A warm, loving, nurturing and nutritious book."
Dr. Joe Vitale, author "The Attractor Factor"

"Erica Nelson's Happiness Quotations is a great book to leave right by your bed. Read one happiness quote when you wake up and another before you go to sleep. A wonderful way to start and to end your day."
Marci Shimoff, NY Times bestselling author, "Love for No Reason" and "Happy for No Reason"

"Beautifully written, this inspiring book offers you food for your soul and spirit. Each page illuminates the world the eyes of hope, love and happiness and offers practical guidance for creating a real shift in your perspective."
Mitch Meyerson, author of "Six Keys To Creating The Life You Desire"

"Erica Nelson's Happiness Quotations is here for you at the right time, when you need it. Happiness is here, it is part of your evolution. When you lead with joy, happiness and your own vision, your life unfolds with greater beauty and purpose."
Joanne Bond, Leadership Coaching

"Most people pursue pleasure in money, sex and power but are still unfulfilled. Why? Because they are non-sustainable energy sources whereas happiness is the purest, most sustainable and reusable form of fuel for the human spirit. Thank you Erica for writing such a meaningful and important book. I love it and it makes me happy."
Michael Port, New York Times bestselling auth "The Think Big Manifesto"

D1678404

"In her book "Happiness Quotations", Erica lovingly reminds us of the truth of who we really are: that our true essence is peace, joy and love. At any given moment throughout the day, we can be gently brought into the awareness of our true identity thorugh Erica's inspiring words of wisdom. Thank you Erica for this precious gift and blessing for us all."

> **Patricia Williams Scalisi**, author of "The Story of Ruth (A Healing Process)" Translator and certified teacher of the Voice for Love

"To find the root of true happiness you need go no further than Erica Nelson's book. Filled with poignant and clear examples of what we will find if we look and feel, this book lights the way and connects us, if we are willing to listen, to our own happiness. "

> **Marianna Shearer**

"Consciously choosing your reality is a daily event. Keeping Erica Nelson's Happiness Quotations by your beside, and reading a quotation daily, is a sure fire way to consistently choose a reality of happiness and well being. Thank you Erica!"

> **Della Temple**, Business and Life Coaching for Spirit-Centered Womanpreneurs

"Erica Nelson has done a fantastic job at giving us the perfect thought at the perfect time to feel happy now."

> **Matthew Ferry**, Author of "Seven Steps to Happiness & Success," and "Creating Sales Velocity"

"Happiness Quotations is a book that belongs on your nightstand. Reading one excerpt before getting out of bed in the morning can change your day...it can change your life. It nourishes the soul and reminds us that life is beautiful."

> **Maria Flynn**, Reiki Master

"Erica Nelson's Happiness Quotations is a book that you can always have next to your bed and open it to any page at any time to feel uplifted."

Patti Lovetro-Clarke, Opulent Interiors

"Happiness Quotations is very beautiful and profound. It will inspire people."

Martine Mahoudeau

"I salute Erica Nelson's passion and dedication in bringing happiness to her surroundings! For me, she exemplifies the word 'HAPPINESS.' Her energy exudes to those around her. Can she write a book on the subject? You bet she can! If you want or need a piece of happiness, you would not want to miss out on what she has to share."

Anolia Facun, author "Yes! The Secrets Work"

Happiness
Quotations

Gentle Reminders
—— of Your ——
Preciousness

H   P   Y

PUBLISHING

an imprint of Wyatt-MacKenzie

Happiness Quotations
by Erica M. Nelson

Edited by Salle Hayden, www.UpstartServices.com

FIRST EDITION
ISBN: 978-1-936214-39-6
Library of Congress Control Number: 2011924374

Published by Happy Publishing, an imprint of Wyatt-MacKenzie
happy@wyattmackenzie.com

H  P Y
PUBLISHING
an imprint of Wyatt-MacKenzie

Wyatt-MacKenzie Publishing, Inc.,
Deadwood, OR
www.WyattMacKenzie.com

Printed in the United States of America.

Dedication

I dedicate this book to my family: Randy, Isabel, Paul & Madeline

and to the memory of

Arya Vir Pathria: May laughter follow you on your new journey

"My Father is in the Printing
business, but this is ridiculous."

Table of Contents

Introduction

*Y*OUR LIFE IS A PRECIOUS GIFT. You are a precious gift. You light up a room. You change the chemistry of a room, just by walking into it.

When I was looking over everything I've wanted to write about, it always comes back to happiness. My intention is to strike a chord of connectedness for you and your deepest revelations around your truth. In true spirit, happiness resides. In allowing the life force within you to burst forth, happiness resides.

This book was written to guide you as you journey on this planet at this time. Open this book to any page, or read front to back.

Every insight was invited to my consciousness so I could write and be a vehicle to uplift your consciousness.

Be kinder to yourself.

Be easier on yourself.

Allow yourself to change more quickly.

Let go of patterns that no longer serve you.

You are here on this planet at this time, for a reason. All is well.

Forgive.

As you step into your power, you find each situation becomes an opportunity to further your own growth and development.

I wrote this book as my gift to you. Enjoy! Share!

Sincerely,

Erica M. Nelson
www.HappinessQuotations.com
www.Facebook.com/HappinessQuotations

Open Up to Greatness

You may feel you already are being as big as you can be. Could you stretch it? Worlds await. Allow them into your life. Dream bigger, think bigger, stand in that new way of being. Imagine your life in full color, and know that you have tapped just the very edge of what is possible in your life. You have the capacity for great growth, great evolution.

Allow your life to evolve, and give yourself room to grow. Give yourself a vision for a potential future that glows in the brightness of your very being.

We become complacent, accepting of limits, and we forget that more awaits. Worlds await, new ways of being await.

Challenge how you approach your life; look for miracles and changes and ways of being that break through to the next level of capacity.

You have within you seeds of the future and as you sow some, leave others, sow some, leave others, your future is always being built. Change, if the path you are on does not include enough light!

Tell the Truth

When you tell the truth, it feels like the truth. Everyone knows this at some level of consciousness or unconsciousness. The more you tell the truth, the easier it becomes to tell the truth. Honor your truth; be this true self that you are deep within.

It really sounds easy to tell the truth. "Of course I always tell the truth," might be your reaction. Yet, do you really? Are you standing in your deepest truth, and do you guide others with this truth? Do you say that you are fine when you feel bad? Do you pretend to like something that you dislike? Do you neglect to care for those you care about?

As you shift closer and closer into truth, you will feel better and better about yourself. As you do what you say and live what you believe, your life becomes easier.

You may hit a few crossroads that are not easy. You may find your mouth about to speak, and not know what to do because you realize the words will be a lie. Possibly you are about to speak a lie that seems innocuous or unimportant.

Today. stand inside of the truth, and be true to yourself.

Happiness
Quotation 3

Forgive Everyone

Forgive everyone who didn't think you were enough. Forgive everyone who didn't see your beauty. Perhaps they could not see your light. Release every wrong ever done to you. Be in this glorious place where there is no wrong, and in this light, you are all that life meant to bring through you on the planet.

Take time to give yourself a life review. As you look over your life, where were the sticky places? Who was unkind? Are there memories where you were hurt? Let go of this in one big breath. Let go of those words that hurt because, when the person spoke them, this was not coming from love, and you were not in a place of love when you heard them. That was all ego – the separateness.

Step into love, the unity, the perfection of all that is. You are that. You are the total love of the universe. At a cellular level, you are part of all that is great, all that is kind, and all that is beautiful.

Take a moment today to heal, forgive, and let go any wrongs done. This restores your spirit, and releases energy back into your life.

Share Your Joy

Find joy and share it. Are you holding on to your joyful expressions or letting them flow? Share where you are, your insights, your love, your wisdom, and your grace. You are choosing a path few have chosen. Be in this glorious light, and share your joy.

You may wish to share your joy by writing a letter to a friend, posting a note on a page of social media, picking up the phone and calling a relative, or waving to a neighbor.

Make a conscious choice to share some good feelings, wishes, dreams, vision or a friendly smile today. Share your feelings of connectedness.

Fear is not this. Fear is the opposite of happiness. As you step out of fear, and into light, your life becomes brighter and clearer and brimming with happiness.

You might dispel fear in another with a smile. Share your light today!

Happiness
Quotation 5

Why is Today Different?

Today is different than any other day. Isn't that amazing? Today is different, for millions and millions of reasons. Today new concepts are being envisioned, new dreams are showing up, new books are being written, new businesses are starting and old businesses are ending. Today is new.

The concept of today being new can be so big. Everywhere on the planet, people are free to make new decisions. What causes insight? What causes a shift in consciousness? What if a single thought that was born inside of you could change thousands of people instantly? How wild is that?

Be not afraid of creation. Create new. Be not afraid of advances. Let go of old ways.

As new ways show up, strengthen by practice the new and better ways that are always being shown to you. Let go of old ways that no longer serve you.

As you quicken the passage of acceptance of new insight, your life becomes brighter and moves towards the sun.

Listen to Your Inner Music

When was the last time you asked your intuition to tap into source energy and deliver guidance? Your inner music wants to be born, all the time. Your inner music is playing. Are you listening?

In this space of listening to our innermost heart-felt messages, we are tuning into deeper oceans of wisdom that connect all mankind together.

You have music deep within, and you can listen when you take the time. This is time well-invested, for a brilliant insight may save you a year of effort in the wrong direction.

Each day, choose one time of day to stop and listen. Hold a pen or pencil or keyboard close and let the instructions flow onto the page. If writing is hard, let the music show up and sing or play the music into a recording device.

Ask for songs, as music always wants to be born. New music can change the world.

Happiness
Quotation 7

Freedom to Choose

Give yourself freedom to make a new choice today. Choices are made by habit guided by unconscious mind so that we don't lose our minds. Today, breathe consciously. And make one new choice. Break the mold.

If you had to wake up and say "now I will choose to breathe," and "now I will choose to go to the bathroom," you would feel over-whelmed. We automate daily living so that we do not have to think so much.

Yet, when we live in creative expression of each moment, we become free to choose different patterns. We may be given an opportunity we might normally turn down and say "yes," given the chemistry around the question in our present. Perhaps new people are involved or new opportunities are showing up because we asked different questions.

Ask. Ask for new choices. Ask for new opportunities. Consciously ask to break free of past ways of thinking. The road can become quite rutted in historic patterns, and it may take a change to cause you to drive a different way. Yet, you can. And then be in wonder of what transpires.

Are You Joyful Enough?

You can get into a lot of trouble asking yourself if you are joyful enough. How much is enough? You always can feel better, and you are always enough. You can always climb higher, and yet you don't have to go anywhere. In your essence, you are magic.

As you realize your own beauty, you stand in awe of your own spirit. You reach taller, and you don't have to reach at all. For all that is can be discovered inside of your spirit right now. And, these lovely paradoxes of experience are delicious.

See if you can feel "enough" in your body today. See if you can feel sated without doing one thing or changing one aspect of anything. See if you can accept others, in the same way.

What if you are perfect right now? What if your life doesn't have to change one bit to be your true essence?

Play with experiencing everything in your life today as perfectly enough.

Take time to feel good about your life. Feel good about small things, and feel good about big things. Take time to express that, out loud, to those you care about. Nourish your family – blood related or good friends – with eyes of that sincere joy in being.

It might feel like a luxury to feel good about your life. What will happen to your problems? Will they go dormant and remain unsolved? What will happen to your worries? How can you move ahead in life if you're not fixing something about yourself?

Today, give yourself permission to celebrate all that is good in your life. See goodness. Choose to focus on areas of your life that have goodness in them. Is there a relationship in your life that is good? Is there an animal in your life that feels good to be around? Lift yourself into this space of feeling good about how your life is working. The worries can be lonely for today. Let them go.

Yes, Help

You know how sometimes you get this feeling "I should help with that" about a person or a child or a parent? And then you let it go, you let your critical mind deny the opportunity to help someone else because you aren't sure how the offer will be received? Today, if you get that sense of wanting to help someone, offer help. Stop and just be there for one person in your life who may not be as fortunate as you are, or who may need the gift that you have to share. Don't be afraid!

When you offer help, it is a risk. It might be taken wrong. The person might refuse. It doesn't matter. The pure message of the offer is what is important. The fact that you reach out your hand — this is the step that opens you up to greater capacities of experience.

It's also a breakthrough when you listen to the tiny voice within telling you to do the right thing. The voice at times will tell you and you might not listen. So, the very nature of listening to that inner voice and taking action on it is a perfect action. Don't be attached to the outcomes. Take a risk.

Reach Higher

You might not be reaching high enough. If you aren't dreaming big enough, the energy of the dream doesn't catapult you into action. Just wanting to get by doesn't feel the same as clearly picturing the dream life, dream relationships, and starry wonder in your eyes. Go higher. Ask for more.

As time and experience shapes our expectations, we may lose faith in high expectations. Yet, the people I know who excel have exceptionally high expectations. Create a framework for results that will lift you up, move you and shift you into the next level of your life.

A clear visualization of a possible future has life force. What kind of life force does your future vision have?

As you see things improving, or see life brightening, or see wonderful opportunities showing up for you, your life has more zing. You wake up ready to face the world. You wake up ready to take steps towards that which feels like a bright outcome.

Then accept the perfection of now. Build room for the very best possible life. Then see whatever seeds of that life are already taking place. Identify victories daily yet dream very big dreams that pull you toward them on wings of angels.

Compassion

When someone is going through something difficult, they may lash out. Stay in your own happiness. It does not help them for you to feel badly. It does not help them if you react with anger or lashing back. Your best gift is to stay in your calm place, and let them work it out, and come back to you. Compassion.

It's tough to see others suffer without wanting to step in and save the day. Yet, suffering is part of all that is. Suffering can lead to huge growth and deeper understanding. I don't enjoy the times I have suffered through setbacks. Yet I allow that every experience in my life has deepened my compassion for mankind.

As I stay in peace, and send calm loving thoughts, this space of calm peace is a healing balm. Be that healing balm to those around you. Be a healing, kind voice that stays calm in a storm. This is your gift.

Happiness
Quotation 13

Tiny Steps

Don't be afraid you're not going fast enough. Don't be afraid you're not happy enough, or you're not learning quickly enough. Everything happens at its right time, and you are in the right place, right now, and you are doing beautifully. Take a small step. Lots of small steps make giant leaps.

Open up to the wisdom that is here for you in the present moment. Everything you have ever learned brought you here, to this moment. You are in the right place. You are on your life purpose.

Forgive yourself for not being wherever it is you believe you "ought" to be. Let go of the "shoulds." Let go of where your loud ego critical mind thinks you should be. And be where you are; stand in that place firmly with joy and love and warmth and happiness for everything you already are.

In essence you are perfection, you are spirit. You are love. Take a step from this place. Keep stepping into more, and accepting more. Suddenly! You look around! You took a giant leap. It just felt like lots of tiny steps.

Happiness
Quotation 14

A Little Kindness

A little kindness goes a long way. What can you do today that is kind? Be kind to someone you love, and be especially kind for no reason at all.

If every person was 10 percent kinder in every action, our entire planet would shift to a higher vibration. Stop now and shift yourself into a kinder way of being. You can consciously do kind things and think kind thoughts. Your acts of kindness will warm up hearts and clear up pain.

When someone is kind to me, I feel so blessed. I feel so lucky. Bring that sensation to someone else, without being asked.

Be conscious that your words can cut like a sharpened knife with a serrated edge. Choose different words, different thoughts. Choose kind and loving ways of being. If you catch words coming out of your mouth that are not kind, then send that word love. Then say a kind word instead. Overhaul your entire being towards kindness. The waves of kindness will come back to you so strong you won't believe the power you unleashed. Magic!

Be Easy with Happiness

Be easy as life shows up. Be easy, feel happiness in small things. Yes, you are more than you could ever imagine! Have gratitude for the small gifts life brings.

Very little on the planet has greater power than gratitude. Be grateful for the gifts life brings you, even when these gifts may be so tiny. As you feel and express gratitude for these wins, bigger wins show up.

What is on your win list today? Do you write your wins down? Write your wins today. Get creative. A win could be a smile, an unexpected windfall, a connection, an idea, or feeling at peace for the first time in a long time.

As you celebrate happiness showing up, more happiness shows up. Like attracts like. Get into an easy, comfortable space of happiness. Be easier with it.

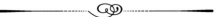

Happiness is Not Complex

Happiness is not complicated. People might be complicated, but joy, that feeling of excitement about life, that sense that something good might just show up today — none of that is complicated. Get into happiness today; just ask.

We make everything so complicated, yet is it really? Anyone who goes through a major scare, a sudden loss of a loved one, a near-death experience, a situation where your priorities get clarified instantly, learns that what they thought was important really might not have been as important at all.

What do you value? What matters to you? Most people value people they love, animals they love, and places that feel good. Get simple with your happiness. Don't wait for a near-death experience to know that you've been making everything way too complicated.

Life in essence is a treasure and you are here to experience love, life, joy, happiness, peace, growth, all of the good stuff. You don't have to be anyone else or be anywhere else to live the good life. You can live the good life, starting right now.

Start Singing, Be Happy

Does a song make you happy? Play that song, remember that song. Have a few songs at ready to start "hearing" in your mind's eye to lift you up. I have so many favorite songs! Start singing…be happy.

Nothing changes the chemistry faster than a lovely song. Choose to uplift yourself with music. Music brings you closer to your true self.

You can also be inspired when a song plays on the radio, on YouTube, in your mind's eye. What songs come to mind? Go play them. Technology has made everything available at your fingertips.

If you don't know any good songs, go and ask people you like for songs they like. Learn new artists. Who are you now? Have you forgotten the music? Go remember.

Happiness
Quotation 18

Dawn of a New Day

Let today's dawn signal a new beginning. Let today be the day you feel better about everything in your life. Let today bring you insights, enthusiasm, joy. Open for that!

Will you allow today to be new? Will you allow yourself to shift into discovery? Or will you stay set in ways created of need and held together by cobwebs of ancient pain?

Love is always here inside you. Each dawn is new. Each dawn beckons, magically, wanting you to create new rules and break new records of happiness.

How deeply can you commit today to feeling that sense of new, wonderful delight? I will if you will.

Unwrap Beauty

Focus on something beautiful inside of each person you see.
Let go of some old baggage. If it is a parent, a child, or someone
perhaps you have known a long time, forget all of your memories.
See if you can see that person in the light of love shining on them.
See if you can seek out the most amazing or special quality that
person brings. Inside of each person lies a gift. Unwrap that.

As you change how you see someone, you will nurture the seeds of
beauty inside them. As you discover the truth of another, so they
will be able to understand the truth of themselves.

You are a bringer of light on the planet, and as you shine brightly,
you give others permission to shine. Look with the eyes of love,
beauty, treasure, and joy and you will help others do the same.

Laugh, Laugh and Laugh Some More!

Laugh, laugh and laugh more. Laugh every day. Laugh often, because life and laughter will fill you up.

We forget to laugh. We forget to take time to smile and find the silly in our lives. Why not laugh today? Laugh for no reason, or find something funny to laugh about. See if you can laugh today 10 percent more than yesterday.

The chemicals in our brain feel the laughter and release more good chemicals, and suddenly we feel better. Laughter heals, and laughter brings us back to the way we were as children.

If you can't laugh, skip. Skip a few steps instead of walking. Be as a child, and feel those feelings of extreme joy just because life has given you the gift of one more day.

Happiness
Quotation 21

Think a Bigger Thought

When you catch yourself in a small thought, an unkind thought, uplift it and think a bigger thought. Think a kinder thought. See the same thing in a bigger light. See yourself bigger, more, most amazing, and now you are getting closer to the truth of who you are.

Who is served by small or unkind thoughts? No one is served. When you extend a kind thought, everyone is served.

Kind is part of the vast ocean of love, light and all that is.

Mean thoughts are part of small, ego, and separateness that prevents us from expression. When someone says something small, let it go, because you truly are bigger than that. When an unkind thought has no hook, no means of getting to you, it fades quickly into the woodwork and you can invite a big, wonderful, happy, thought-provoking insight to wake up everyone around you. Be about that. Be bigger today.

What is Your Story?

If you don't like your story, make up a new story. Tell a story that makes you feel happy inside. Focus on one joyous moment, tell that story.

Ah, the freedom of telling a new story. Catch yourself when you are telling a story that doesn't feel good. Catch yourself when you are saying an unkind thing about another person. Re-write your script.

Life is so short. Begin to tell stories that renew, refresh, awaken, and invigorate the aspects of yourself you wish to grow and nurture.

As you remember something special or precious, you focus your energy upon that and this energy grows. Little by little, change all of your stories. And be open to new stories as they arrive.

Go with What Is

As the day grows darker or lighter, let your spirit go with the flow of all that is. Allow times of pensive quiet, allow for those moments where you restore. Allow for spring growth, or winter hibernation. Go with what is; be that.

We fight what is, and in that resistance, unhappiness dwells. When we allow the truth to emerge, energy flows and happiness abounds. Be conscious of where you are. When the days have little light, allow yourself time and space for quiet contemplation. When the days are bursting with light and sunshine, go outside and experience nature.

The more you step into the flow of your life, the natural movements and grace of it all, the easier it will be to get to the next level of joy.

Quotation 24

Transformation Beckons

Transformation beckons on sweet wings. Allow it in and go for a ride. Allow yourself into happiness, into safety. Smile into a stranger's eyes. Allow transformation, one person at a time.

You are drawn to the light. You are drawn to becoming your most precious self. Allow this.

As you consider choices, as each day brings choices and opportunities to you, choose the opportunities that bring joy. Choose this with complete certainty. As you allow life force to fill you with power, you will fly high on wings of love. This is why you were born – to transform.

Happiness
Quotation 25

Happiness on a Stormy Day

You may reach for happiness and get a rotten apple, or you may get a pinch or a bee-sting. You may feel like you are reaching and reaching. See if you can feel joy from inside, called up from the depths of your being. Not wanting it — just being it.

Learning shows up in spurts. Some days it may not feel easy or fun or friendly or happy. Some days, you may stub your toe or fall on your face, or forget something important, or you might be mean to someone you love.

Forgive these trespasses and step back onto the path. Forgive from the core of your being, and love yourself even when you experience pain.

Know that you have joy deep inside you. You are beauty within. You are the essence of all that is.

The Universe Lies Within You

It's about more than you. Yet all of the universe lies within you. So as you get clear, and get in tune with your inner joyfulness, the universe brightens.

Within every cell of your being lies the entire universe. The history of the planet is within us all. The future of the planet is not known. As each of us finds this glory in being, as each of us touches that light that we all are, the entire universe becomes filled with more light, more love, and more absolute harmony of being.

Trust that you are here, now, for a reason. Trust that you are exactly where you are supposed to be, and you are learning every-thing you came to learn. And within you lies the greatness that lies within every person on the planet. You are a part of all that is. Feel that, experience that, revel in that, today.

You Are Precious

Just remember your preciousness. You are so very precious, so very treasured. Let it shine.

Look upon yourself as a parent would look upon a newborn babe. Look upon yourself as a gift to the entire planet.

We can become harsh; we can slip into patterns of unkindness that perhaps unknowing ancestors passed along without conscious intent.

Let go any memories that are not about your preciousness. Step into this loving place of trust in your own gifts. You are a gift, and the planet appreciates you. All that you are becoming, and all that you can become, relies on this opening, to believe in your own preciousness.

Be in Gratitude Today

Extend gratitude. Be completely full of thanks for everyone and everything that crosses your path today. As you shift into appreciation, your heart lifts up and joins on wings of light. You soar!

To shift your energy, be grateful. Write down all the gratitude you can feel for anything in your life. Be grateful for your cat, your friends, your family, your house, your hair, your toes. Be grateful you can breathe. Get even more grateful for small things.

The practice of expressing gratitude opens more doors than you can count.

Catch the Wave

Celebrate today. Celebrate the fall, the coming of winter, changing of seasons, the temporal nature of our beings. Celebrate that we have ebb and flow, and know that if you missed the wave, you can catch the next one.

Life renews. When you feel bad, know that you will feel good again. Contrast gives us appreciation. Contrast teaches us to understand the value of life.

As you realize this, you begin to let life flow around you. You understand that some days are darker, and light will come again. Allow the darkness; invite the light.

As one opportunity beckons, so will another, and then another. Life will bring you opportunity. Invite and allow this to happen. Celebrate it.

Be of Calm Joy

You don't have to be uncertain. Feel calm joy. Feel happiness. Enter into that space where you are an expression of everything beautiful that you see. Know it. Be of calm joy.

Calm joy is strength. It bubbles up from your being. Nothing has to change in your life to experience this. Be of calm joy, regardless of your activities, actions, words, thoughts, problems or possibilities.

Step into your greatest self today. You might want to visualize calm joy as a beautiful cape you can place over your shoulders at any moment. Picture a cape of blue velvet, warm white, whatever looks and feels to you like calmness and inner confidence.

Awaken that aspect of yourself. Remember a time when you were in complete harmony, when you knew that you were directly and perfectly on your path. This is yours, always. This is your birthright. Be in this space, calm joy, and come back here whenever the world grows wild.

One Clear Moment

Happiness shows up in a moment of clarity, an instant of peace.

You may experience a flash of happiness, an instant of joy. You may have a life that has a lot inside of it, and you may not have happiness in every waking moment.

Be content with the clear moment, here and there, that lands softly into your presence.

Awaken to a breath of joy. Glimpse beauty in another. One clear moment begets more clear moments. Perhaps your day is lined with more and more of these flashes of perfect intelligence, perfect knowing. Allow it. Invite it. Be expecting these moments of joy, connectedness to all that is. Call them forth.

Happiness on Holidays

When you know that you will be connecting with family and friends over the holidays or during a big family event, take an extra step to connect with your inner happiness first.

Give everyone an extra shot of love, affection, warmth, caring, and kindness. Holidays aren't always a celebration. For some families, holidays may be a challenge. Take time to nurture your own well-being before connecting with family, then let them be whoever they are.

Remember that each person has a perfect and beautiful spirit within. Forget personalities. Forget history. Take time to send joy to the core of their being, and let old baggage go.

Free yourself from the expectations or roles they may have given you, and free them from expectations or roles you may have given them. Release them from old contracts. See every person in your family with new eyes of love. Magic!

Giving Thanks

Take time to give thanks. In thankfulness, appreciation, gratitude and joy you will find your whole heart shifting to a higher vibration. In thankfulness, you allow yourself to experience more, reach higher, and in this space you are inviting joy to expand.

Stop everything right now. Get a piece of paper. Write down 25 people or things or experiences you are thankful for. Right now!

As you shift your expression into thankfulness, this loosens all the dirt and cleans and clears up your relationships with everything. Thankfulness and gratitude will connect you with bigger thoughts, bigger feelings and more of your authentic spiritual being. It is so easy.

If you experience any sticky points, where you cannot feel gratitude, then you need to do this more often. Create a daily thankfulness journal and write down your "gratitudes" each day. When you focus your energy on what you are happy about, more of that happens. It is so simple. Be thankful.

Inside of Happiness is Love

What's funny is when I feel happy, you can give me the worst news and I'll shrug it off. Happiness begets more happiness, and inside of that is peace, and inside of that is love.

A song came out this year that says it so beautifully, speaking to a mountain you are climbing that suddenly becomes a grain of sand.

Love lifts. Love nourishes. Love is big and wide and embracing and heals all.

Our minds destroy us, break us down, crush us and spit us out. The mind sends thoughts that clash and crumble our dreams.

Love lifts us up from the rubble and re-builds, reunites us with this feeling of powerful creation within ourselves. We each can touch love and be healed, and know our power. Happiness bubbles forth from this love place. Reach inside yourself for love; love yourself, love others and love everything around you. In this expression, happiness calmly resides.

Out of the Dark, Into the Light

Happiness can emerge when you're in a situation; you call for guidance and you allow the highest resolution to emerge... remember you are a blessed being! We forget so easily.

Spiritual guidance is available to you all the time, wherever you are. Call forth from your knowing self, your highest connection to source energy and love. This is always within you.

At a crossroads, stop and forget everything you know about the situation. Sit quietly and surrender to the greater knowing within. Ask for guidance.

In the perfection of the message that flows into your being, be in awe. Experience this flowing of answers to all of your questions whenever you take the time to ask.

We are all of the same fabric, quilted together in a pattern of stars in the sky each unique, each perfect, each connected to the whole.

We Were Not Born to be Miserable

What are you waiting for? We were not born to be miserable. Your birth on this planet at this time brought joy. You are spirit, love, a gift to the planet. Feel your happiness on wings and soar! You are a celebration of life. Just exactly as you are, right now.

Does it feel at times you are waiting? Waiting for your ship to come in? Waiting for wealth? Waiting for joy? Waiting for your relationships with your family to get better? Waiting for your home to feel more loving and warm?

What are you waiting for? Today, step into happiness. Feel this within every cell of your being. Today, let go the past. Let the waiting end now. Be there. Arrive. Say "I am here. I have arrived. It is not exactly what I pictured. I am happy."

Your expectations cloud your experience. Your agreements, spoken and not spoken, cloud your relationships. Your mind and thoughts muddy your truth. Be not miserable – be of great joy. Celebrate your life as it is, now.

Awaken the Dream that Brings Happiness

Can you picture with crystal clarity an idea you had given up on, a dream you decided was too insane to believe possible? What could awaken it? Picture the dream awakening. Take one step closer. It feels SO good.

We give up on our dreams all the time. What happened? Did the dream not show up when you appointed a time for it? We want one thing and when we get something different, we give up on the dream.

Start dreaming again. Begin to imagine realities bigger than the life you are living. What more could happen? What more could you bring into this life?

When you live life more fully, others feel free to do the same. When you take an amazing vacation, others get inspired to do the same.

Write the book inside you. Start a web page. Begin a new friend-ship. Look outside of your world and expand into a bigger playground.

Life is here for you to take a chance. And when life sends you something different, embrace that. The dream alive will always change.

Climb Higher Than You Dared

Consider you may not ever have even looked where you might be able to go. Consider your future could be SO much brighter than you've ever dreamed. Open up to that future. Open up to the HIGHEST climbing happiness.

Climb up where the air is different. Climb up where the faces are different. Reach out to others who you may not have seen before. Reach out to people outside of your tiny circle.

It feels good to step outside of comfort. It doesn't feel comfortable, but it is good. There is this moment where you catch your breath and ask yourself "what am I doing?" and then, it all works out.

Trust yourself to take chances. Ask what if it did work? What if everyone says "yes" to this new idea? Go for it, today.

Creativity is Happiness

Creativity feels awake, excited, energized, happy, full, anticipating more. Awaken your creativity today. Ask and it will come.

Did you stop asking for creativity? Did you stop wondering why the stars align the way they do? Did you start to do everything in one certain way because your life just became like that?

Take one thing that you do and break out into a new way of approaching it. Whether it is cleaning your house or driving the kids to school or visiting a parent. Take time to do something completely differently than you have ever done it before.

Creativity will come, when you ask. Sometimes we forget to ask.

Happiness Within

Experience the space between your eyebrows, the third eye. This is the place where you know-without-knowing whatever it is you seek. In that space of total knowing, there is peace. In that space, there is serene, all that is, and you are one with all. There is no ego in this space, only love.

A morning meditation awakens you to your truth. A morning moment can connect you with all that is.

Being love and feeling love is always here for you. Expressing love is always possible.

We stray, and then we come back. We stray, and then we come back again. Be in peace with this. Stray, come back to center. Come back to being a part of all that is. You are never alone.

When Happiness Eludes You

When happiness eludes you, close your eyes and think of some-place where you are in happiness — a mountain cabin, a snowy slope, a beach at sunset or with friends you love. Go there, then come back, changed.

The mind is so amazing. You can play with it. You can be wherever you want to be, when you close your eyes. Then once you go to this place where you feel good, you can return to your present, refreshed.

This power we have to change our present vibration is supreme. Own your power. Step into it. In this happiness vibration, you invite others to also feel and express happiness. Be careful, you just got happy.

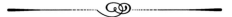

Happiness
Quotation 42

Walk in Beauty

When you walk in beauty, you see beauty in the eye of every person, every animal, every being you meet. Look for it. Hidden, possibly. Covered up by personality, possibly. Beauty is always present.

How deep is your own beauty hiding? Show your beauty, and see beauty in others. Begin with your family, and open up to the treasure of each person. Know the beauty in your child, your parent, your best friends. Then extend this to others you know. What is beautiful about each person? Can you find a glimpse of inner beauty?

Walk in beauty on the earth. What is beautiful about the earth? Can you observe a gorgeous sunrise, or a tree that grows tall despite city smog? Open yourself up to experiencing the balance of all living beings, the oneness of all mankind. Stand inside of that beauty and revel in it.

Trust Your Gut Instinct

When you trust your intuition, your intuition gets even brighter!

Once each hour, ask for an intuitive insight into a situation. "Will I be on time? Will I finish my task? Will I meet the right person for this project?"

Mundane to exciting, take time to ask your inner guidance for a gut reaction. Your initial take on any situation often bears out. You may battle the intuition with lots of great rational, canned and predictable answers because intuition doesn't always agree with the history of a situation.

As the world is new every moment, and millions of decisions are always being made that will shape and change the outcome of every situation, your history simply cannot prepare you for an accurate prediction of every situation.

What this means is you are free to analyze and interpret everything that happens in your life newly, every time. Today, have a gut reaction, an instinct, and honor it.

Happiness is a Warm Blanket

Pretend happiness is this big beautiful warm blanket that you can
wrap right around you and feel safe and warm in the glow of it.
When anyone pulls you out of your zone, go back and reach for the
blanket. It's always there.

New seedlings of behavior and beliefs need time to grow strong.
Nurture new ways of being with protection. A warm blanket of
love and happiness is the perfect image for this endeavor.

Take time to remember the warm blanket in your mind, and bring
it out whenever anyone messes with your true state of being. Be in
your peace.

As you grow deeper and deeper into states of happiness, peace,
and joy, the blanket may become lighter. Start out with a winter
thick blanket and then as your happiness deepens, you can bring
on a lighter spring blanket, then an even lighter summer blanket.

Happiness
Quotation 45

Happiness is Close to You ~ Allow It!

Know that you may not always know. Happiness may be around the corner, hidden gently, ready and waiting for you to take time from your day to allow it. Will you?

Dance this happiness dance. Dance with it. Play with happiness. It's not all serious. Life can be a silly game with a child, a warm hug, a moment to linger in the sunshine before going back to your day.

Celebrate Synchronicity

When everything comes together in synchronicity, feel happiness about that. Take time to feel happiness when a small opportunity shows up in your life. Enjoy happiness for small events and, when you expand into that, bigger synchronicities show up and bigger opportunities, and you are suddenly breaking through to all new ground.

Life can be gradual about happiness. You can feel more and more happiness gradually by asking to feel this way.

Each day, ask to feel this way. Then watch the synchronicity unfold.

It might be as simple as the right person walking by when you are at work, or the right person calling that you've been wanting to call.

Honor this and invite more of it. It feels so good.

Be Gentle with Yourself

As you choose happiness, time and again, be kind to yourself.
Forgive yourself when you fall off track, and guide yourself back
on track. Be more in happiness, every day.

It is about choice. Choose to feel happiness in waking moments.
Choose satisfaction. Choose contentment.

You will not experience less by feeling happiness with what you
already have, the opposite is true. You will step deeper and deeper
into happiness until it overflows all around you.

Fear not, for all that you ask for is on the way to you. Be gentle on
this path.

Happiness
Quotation 48

Appreciation is Happiness

Appreciate deeply, wildly, gladly, madly. Appreciate out loud.

When you are down, appreciate what you have. Appreciate every-thing already in your life. Appreciate the people you love. Appreciate animals in your life (if you have them). Appreciate your parents. Appreciate children. Appreciate for no reason.

Appreciation brings you closer to God.

Appreciation brings you closer to light.

Begin an appreciation journal. Each day, focus time on apprecia-tion. What is already in your life? Appreciate that. More will follow.

Quotation 49

Light in Darkness

You absolutely can find light in the darkness. You can experience sunshine during a storm. Look for a tiny ray, a glimpse of your most positive future. See the tiny glimpse of light in those around you.

When darkness abounds, it could be many things. It is almost always ego pushing away the love that is also always present.

You can shake it off, like a cape you don't choose to wear anymore. You can shake off darkness and be in light.

Darkness may not like this. So what?

Step into light that also calls you, and let the call of light be louder than the pull of darkness.

Always be drawn to light, always let go of darkness. Small choices will steady you and uplift you and suddenly you feel good again.

Letting Go is Powerful

Letting go of a way of being that you don't need any more brings powerful change. Happiness can burst forth. You have given it more room to blossom.

Sunlight is dimmed by old beliefs and pain and ways of being that you can release. Your thoughts are simply that. Here is your permission! Let go!

Rivers that fill to the brim with dirt can't carry any water. The water gets stuck. When you clear away unwanted beliefs and sticky old ways of being, you open up to more life force filling up your life with wonder, excitement, new ideas, opportunities and joy. Plus you are more fun to be around.

A breakthrough happens so quietly sometimes, you may not even realize it. Stop and look at an unwanted belief and let it go. Believe again in your dreams. We are all new, right now. Millions of changes happened in the last five minutes around the globe. Change and let go of old junk. New is waiting, ready to fill your life with wonder. Celebrate.

Sing More Loudly

Are you holding back? Have you forgotten your voice? Who are you, really? Don't be afraid, today, to sing loudly. Find your voice. Share your gifts. Reach higher! Everyone is uplifted when you do!

What could you celebrate today? What emotional baggage could you let go of? Celebrate one thing. Let go of one thing. Nice!

It's easy to temper your voice. Because maybe one time you sang loudly and this was not celebrated. Maybe one time you expressed yourself, and you felt snubbed or ignored. So you learned, like a trained animal, that expression doesn't always lead to happiness.

See if you can learn new ways of singing your song, telling your truth, and living true to your voice. You might connect with people around the globe, for instance, on a Facebook fan page or a web page. You might talk to people in your own circle with deeper truth and wisdom. Open up to being more of what you are for everyone around you.

Happiness
Quotation 52

Be About Your Wins

Are you journaling your wins? Do you share your wins? Do you notice your wins? Take more time in your life to consider your wins. Change the focus of your life.

Whatever you focus your energy on grows. Focus your attention in the areas of your life that are doing well. Write down victories every day.

Start small. Possibly you navigated a sticky situation staying in your happiness zone. Or possibly you stood in line at the grocery store and a small child beamed a bright smile at you. As you get clear on what are wins, you will notice bigger wins. Every day, write down wins. Then, pause and give each win a bit more time to celebrate.

Many of us were raised since birth to be critical of our day. We were taught to look for improvement areas, to seek and identify everything that is going wrong so we can "fix it." For today, let all of that go. Be in silent and delighted happiness about your wins.

Happiness
Quotation 53

Ask Yourself for Happy Guidance

If you're not sure what makes you happy, ask yourself. Do you stop to do this? For me, it is playing with my horse, or holding my kitten on my lap purring, or when I take time to cuddle with my lovely children. It is that moment when I am close with another in perfect harmony. What is it for you? Planting a flower? Driving a race car? Buying a condo? Painting a sunrise? We each find happiness in unique ways. Here is to your happiness!

Isn't it amazing that few people stop to think about what makes them happy? One of my friends asked me about joy. She was worried. She was reading a book about joy and she wasn't sure what it meant. I asked her how she felt when she was planting flowers in her front yard. "Oh, that is my favorite time," she said. This is joy. Happiness is not just one crazy intense minute of your life. Allow moments every day where you are in that zone – playing a computer game, talking to a good friend. Experience more deeply those times when you are only feeling good, and not feeling bad. Ask for guidance, if you need help. Ask your deepest inner self to remember your happiest times, and then you keep getting to know what makes you happy so you can keep feeling more happiness every day.

See Three Miracles

Claim three miracles in your life. See your life from the eyes of one who has just survived a life-changing experience, and be in the state of "miracle!" about three things in your life. Get wildly happy about it. Be enthusiastic. It's like a cloak of happiness you wear today. Try it on.

Who defines a miracle? Listen to your voice saying "it's really a miracle, that is," about something. I define each of my children as a miracle. What is your miracle? Who is your miracle?

This shift into experiencing amazement can be consciously placed into your mind. You can choose to be amazed about anything on the planet. It's a choice. The chemical reactions are mighty, and the happiness is contagious. You can grow and nurture anything you choose to grow and nurture in your life, just like you can grow one corner of a garden or one hobby or one friendship. What do you feel like nurturing? Go there.

You Are Perfection

The perfect you inside of you is already here. You don't have to do anything to "get" happiness. You don't have to change anything to "feel" happiness. You are a perfect being. Your soul, your spirit, your essence is already in perfection.

The personality comes and goes. See if you can laugh!

Be amused as the personality transgresses. Be amused and gentle with the silly trappings of ego thought. Be that you inside of you. Discern truth in yourself and others.

As you recognize every person on the planet as a being of light, as holding the capacity to be amazing, those around you will rise to that occasion. The perfect you exists, as does the perfect everyone else.

Stand in that perfection. Delight!

Experience Everything More Fully

Ask more of yourself. Ask yourself to feel joy more fully. Lift your heart higher. Believe in yourself more deeply. Follow your intuition more truly. Be bigger than you thought you could be. Experience love with more depth. Just ask yourself to be more than you thought you could be, and feel more than you thought you could feel.

As you ask, so it shall be. As you step more deeply into the joy that is your birthright, more joy becomes available to you.

So often we forget to ask ourselves to become more than we are. The set-points that become our normal waking consciousness grow engraved and rooted into our behaviors. Yet, you can change a set-point. You can change how deeply you feel. You can experience more of all that you came onto the planet to experience. Just ask.

What Lie Did You Believe?

When you were innocent, someone lied to you, and you believed it. Someone criticized you or made you feel small or told you your work was not amazing.

When will you stop believing the lies? Your happiness is bursting to flow from within you. It is pushing and eager to be. Allow yourself to believe in your capacity to be great, and let go of the lies.

You don't have to identify every limiting belief to expand your consciousness and experience more happiness. Yet, if you take on a few each week, or each month, you can gently experience more love, life, peace, and joy each day.

Start with negative self-talk. What do you criticize yourself about? Where are you hardest on you? My parents lied to me a lot. I'm sure they didn't do this on purpose. I doubted my own inner worth, inner beauty, and inner strength. As I let go these chains, I stand taller and complete in the spiritual being that I am. Love loosens all chains. Awareness busts lies.

Quotation 58

Soar Higher into Happiness

When you free up your past of limits you placed on it, your energy flows wide like a rushing river. Your energy creates and generates all new exciting futures you have not yet begun to dream about.

Allow the past to evaporate and sing the present loudly. You are more than you could possibly dream. Soar.

Old habits and patterns and memories can be like silt in a river, filling up with layers of dirt that allow less and less water to flow. You may not be conscious of this until something can't flow at all anymore. Then you feel starving or thirsty. Letting go of old ways of being opens the flow and lets the life force in. Letting go lets your river get wide and full and wonderful. Letting go gives you so many opportunities, you have a huge smorgasbord to choose the opportunities you wish to experience.

Open up the flow of life. Open up to all of the opportunities that want to show up. Clear the silt. You will be amazed at how good it feels to let go.

Happiness
Quotation 59

Happiness from the Inside

Your value stems from your heart, mind, spirit and self, not from what people think about you, or how much your net worth is at any given time. Your value is extreme, and is increasing every day. Your value is your own, and you are SO much more than you could ever possibly imagine!

From early on, we notice the value of material things and connect them to the value of people. Nothing could be further from truth. True value is inside the core of you. You are exceptionally valuable. You are exceptionally precious. You are all that and so much more.

Begin to measure your true value by the depth of your spirit and the depth of your capacity to love. Disconnect old ways of measuring the size of your house or the thickness of your wallet. When you measure your worth as limitless, without boundaries, as great as the greatest person you have ever known or heard about, you will begin to get a glimpse of your true value. You are all that and even more.

Dare to be Inspired Today

Dare to believe your life is changing, and all the good things you've been dreaming about are approaching. Prepare for something absolutely awe-inspiring to show up in your life. Invite that.

Inspiration is always lying in wait to be in your life. Creativity is born of necessity. When you have no place to turn you can create a new opportunity to solve the intensity of necessity. However, you don't need to be in dire necessity to create. Inspiration is always here.

When you first wake up, spend a few moments before you start your day in quiet meditation. Write down what might be great to happen today. Write down what you might want to experience today. See if you can't expand on whatever you were expecting, and expect something else or something greater. Then, ask for inspiration around an area of your life that could use it. Ask for an inspirational thought or an inspired solution. The asking is more important than the answer. The practice of asking will help you break into new levels of being and awareness.

Flip the Happiness Switch

Suspend disbelief and pretend you have a happiness switch. Turn it on, see what happens? Bring in happiness on demand. What if? Do that today!

You might be forgetting you can feel happiness. It's easy to forget about happiness when your life is full of lots of actions you want to take and responsibilities and situations. What if you did have a switch? Wouldn't that be awesome? You just go inside of yourself and hit the switch and BOOM, the light comes on?

Let's make that happen today. Turn the switch on a few times and see if the brightness increases. See if you feel better. See if your happiness jumps up a bit. Laugh out loud about it. It's good to feel happy.

Happiness
Quotation 62

Connection to Source Energy

When you are in doubt, call into the deeper recesses of your being. Connect with all that is true, good, beautiful, kind, loving, wonderful, all that you can be, all of your capacity. Connect with that sense that you could not possibly be anything other than you already are. Connect with source energy. In this connection, it's actually more than happiness. It is bliss.

Isn't it amazing that we are connected to all that is? Every human being has a spirit, an all-knowing aspect of self that is joined to the entire universe in source. Every animal also, actually! Celebrate connection to source. Take time from your busy experience on the planet to experience this connection to all beings. In this connection, all knowledge is available. You are no less than any other individual expression of mankind on the planet. Allow your spirit to soar!

Is that Action an Expression of Happiness?

What if you could break down every action as an expression of happiness or a call for happiness?

Expressions of happiness: writing a book, playing a piano solo, baking a cake, taking a bike ride, doing a great job on a presentation…

Calls for happiness: getting called into the principal's office for misbehavior, cutting off someone on the freeway, feeling sad, pushing someone out of the way to get ahead…

Now, next time you run into a situation where someone is calling for happiness, could you reach out and give them a hand? An understanding look? What will you do?

Then, make up a new story about a situation. You're in a situation, and you rush to judgment. Maybe you become judge and jury and convict someone of some way of being without knowing the whole picture. Yet, you have the capacity to suspend all judgment. You can see it from a different perspective. See an action as a call for help instead of a frontal attack on you. See every action today as an expression of happiness or a call for happiness.

You Can Create a Bigger Playground

Consider the walls you have built were built for a reason. So, don't hate them. Don't resist them. Know that the walls of your life were built to keep you safe, but you can break free from them at any time. You created your walls; you can create a bigger playground for your life.

Don't you love the idea of a bigger playground for your life? Step into a bigger place. Create it in your mind's eye first. You were taught by well-meaning people who raised you (parents, relatives, grandparents) how to feel limited. This made you feel safe. You were told "no" when you had lots of ideas as an innocent child. Now it's time to say "yes" to your ideas. You have to remember how.

Start by expanding one or two areas of your life. Exercise with more variety. Eat a new kind of healthy food. Go to a new restaurant. Have coffee with a new friend. Explore! Expand! Be bigger!

What is a Loving Thought?

What is a loving thought? Are love and happiness forever inter-twined? Connect with a loving thought. Think 20, 30, 50, or 60 thoughts that express love. For today, send everyone a "secret" imaginary hug. Work up to as many loving thoughts as you can think. Think loving thoughts when you walk, when you're in traffic, when you're with your family. Happiness happens.

Here's the good part: when you are thinking a loving thought, you're probably not thinking a fearful or negative thought. A loving thought has power. If it doesn't come easily, stop and take time to write loving thoughts and post them places where you will see them. Post loving thoughts for yourself to think on the fridge or the mirror. "I am kind. I am loving. I love my family. I love my pets. My life is beautiful. I know a person who is going through a hard time and I send a virtual hug." Nurture the garden of loving thoughts, and weed the mean or small or petty thoughts. Be vigilant!

Listen to your Intuition

In the quiet moment, guidance emerges. When you honor your intuition, you strengthen the voice within that is never wrong. It's a beautiful thing. Happiness emerges. Listen today, for the voice.

Intuition gets stronger when it is honored. The voice inside that is connected to the universe may have information or helpful insight to share. It might be tiny! Stay home a few more minutes. Did you forget something? When the voice is speaking inside, the intuitive aspect of yourself, your gift is to listen. This strengthens the "muscle" and helps make it possible for you to receive more information, and clearer messages. Everyone can do this. The closer you stay on this path, the more you will experience synchronistic events that bring you closer to all of your dreams. It's easy!

A New Day is Dawning

Have you grasped how precious today is? Are you taking a moment in your own mind, each morning, to thank everyone, everything, and all spiritual higher resources for this amazing opportunity you have today to be alive, on this planet, at this time, with the people who are on the planet today? There is so much positive power accessible to you today. Sometimes, I forget to feel awe in the very dawn of the day. Today, I am in awe.

How amazing is your life, really? Realize how far you have come. When do you feel awe? It's not the same for everyone. I like a sunset with streaks of pink across the sky. I really get into awe when I see a double rainbow. One of my favorite songs is "Over the Rainbow," and I sing it to my kids a lot. Allow yourself the luxury of getting into awe and open-eyed amazement. What gives you that? Deepen it. Send a loved one a huge "respect" thought. Respect a parent, respect a sibling. Be in awe of someone or something you might have forgotten to feel that way about. If you are struggling with that, feel awe about someone really famous and spectacular. Remember those feelings! Remember this.

Your Happiness Blueprint for the Next Year

As each year nears its end, take time to visualize all that the next year might bring you. Uplift your next year in your visualizations. Take some time with this. Write in the present tense "It is (date it one year from today) and I am so insanely happy to share with you that these things are happening. My kids are healthy, happy, thriving. We own our home." See in your visualizations that the year to come holds great promise. Walk towards that.

Writing down your dreams and plans helps them come to fruition with less effort and more joy. Stay in the present tense. "It is March 2XXX (fill in year) and my life is going so beautifully. I am connected to my spiritual path. I am helping others. I can't believe how great that vacation was last summer. I love my work," and that kind of thing. Every few months, update your letter. Make sure at least a few things are easy, a few take a bit of a reach, and a few are crazy, wild, out-there dreams that will rock your world when they come true.

Evoke a Happy Memory

Remember one happy moment in your life. Close your eyes. Go back to that moment and live it again. Experience that pure sense of happiness. What were you feeling? What were you hearing? What were you smelling? What were you touching? Bring all of those sensations into your present.

One time a friend sent me an order for 1,000 copies of one of my books. I felt so excited! My whole self jumped into this "wow" feeling. An $8,000 morning! Then she corrected her note! "I meant 100 books, for my whole team. Where should I send the check? How soon can they be delivered?"

I noticed how I felt when the 1,000 books were ordered. I asked myself "Can I just create that feeling inside of me, by thinking a thought? Do I need the actual experience? Can I have the physical reaction of life being good, just like that?" Step into the chemistry of something really good going on in your life. Memory of the experience floods you and fills you up with joy and confidence. Go there now. That's a good way to start your day today.

Is Something Good About to Happen?

When you wake up, say to yourself, "Something good is going to happen today."

Then walk through your day knowing "something good" will happen. When someone calls, think to yourself "Is this the good thing?" and answer the phone like you think it might be. A friend walks up to you, are they going to tell you good news? Look at them like that.

Anticipation, expecting something good is part of this overall sensation of feeling happiness. Replace "what tree is going to fall on me next" with "what excellent news is going to show up for me today?"

It's so good for the psyche to have something to look forward to. It's like a vacation to Hawaii planned a few months in advance, or a summer camping trip with good friends, or lunch with someone you like. This feeling of anticipation is a balm for your spirit.

When you don't have any one thing to look forward to, though, you can pretend as if something good might be about to show up. Ask "what if?" and then let that percolate into your consciousness. This is good. Now, define anything that does show up as good, even something small. And feel really good about it. Get those anticipation juices flowing.

You Are On Your True Path

You are on your true path. You are already learning what you came on this planet to learn. Could you be more? Yes. Are you wrong? No. You are on your true path. When you hit an obstacle, ask "what can I learn from this?" and let the obstacle help you deepen your understanding of what is happening in your life. You are on track. This is all good.

When I hear someone talk about this feeling of "not being on their path," I feel like giving them a gentle hug and letting them know that indeed, this is the true path.

Opportunities happen from wherever you are, right now. The right people, the right places, all the right things show up all the time.

Start seeing yourself as being on the right path. Shift your view. Acknowledge all of the choices you have made over the years as doing the best you could with what you knew at the time.

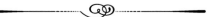

Happiness in Joyous Self

Do you take time for yourself? Do you nurture that within you that is precious? Each human being has preciousness. Be inside your preciousness, just for a moment now.

If you need some juice, stop and write seven things about you that are wonderful.

If you still need help, pretend you are your biggest fan, and write what is special or unique about you.

In this honoring of your own preciousness is the key to recognizing preciousness in others. Happiness lies within this deep appreciation of all beings on the planet.

So many people were trained from a very young age not to acknowledge their own light. In some cultures more than others, bringing light to one's own accomplishments was quickly shut off. So, you may have some steps to take to step into your own light. When you appreciate yourself, though, consider you are being more like God. Consider you are stepping into all that is holy. For in trusting one's own self-worth is the light path of joy that others may then follow. Be that light of love for yourself.

Feeling Good is Not External

Are you the dog doing the tail-wagging? Or are you the tail getting wagged?

Where do you stand today? Are you the cause of your experiences? When you feel good just because you can, this changes the chemistry of the environment around you. You may at times feel like the tail, but remember that you are the cause of your experiences.

Sometimes the whole "take responsibility for everything that happens in your life" can get taken as an opportunity to beat yourself up. Unfortunately, feeling dragged down because you are at cause when your life is in a rough patch doesn't help you feel better or heal you or get you into a more inspired place.

Notice when you feel out of control, and watch that. Let that sensation be a thought that wanders by. Go back into your true wholeness, your heart, your beautiful self. Let the games around you continue to play. Choose the games you want to play.

Happiness

What is Your Dolphin?

Dolphins leaping in schools across the ocean bring happiness.
When I focus on dolphins, I experience that sense of joy, beauty, a
feeling feel a sense of peace. What's your dolphin? What gives you
that feeling of "everything is going to be all right" with the world?

We find inspiration in places that others may not. My husband
gets inspired when he drives an old jeep slowly over rocks. My son
gets inspired when he plays hockey. My daughter gets inspired
when she writes songs. She writes songs, then she gets even more
inspired to write more songs.

It's not someone outside of you who can find where your inspiration lies. That is within. Go there, now! See what it is like to get
inspired, consciously, on purpose. Then go there again. And then
create something.

We make the mistake sometimes of thinking we have to have an
experience like someone else's experience to feel good. The very
thing that brings you joy is part of your own life experience. Magic
is personalized. One person's magic might be a set of new tires,
another person's magic might be a week on a tropical island.
What is your magic?

Is your Life Perfect?

How do you know that life is not exactly as it "should" be? Pretend all day today that everything is exactly right. Pretend for one day you have no problems, nothing is wrong with you, nothing needs to change. Stand in your perfection, today.

The critical mind is so mean. Your ego may not even like you. Who else looks at you in the mirror and thinks about your flaws? When you suspend this critical thought and step into the beauty of the heart and mind, the loving Godlike true universal parts of yourself, you feel uplifted and connected and peaceful and happy.

Get in touch with yourself from the perspective of how you see your child at birth. You suspend critical thoughts. You will hold the light of your own beauty high. It's a discipline, like not eating seven pieces of cake at one time. Think of a negative thought as a piece of cake you have to say "no" to. For one day, hold the perfection of yourself up into the light and stand in that place. You are, ultimately, perfect.

Express Yourself

I listened to a recording of Neale Donald Walsch, who wrote "Conversations with God: An Uncommon Dialogue." He talked about how he almost did not send in his manuscript, because he looked in a book store window and saw all of the beautiful books already published. Yet, his books have been a great gift to many. Express yourself, today. Your thoughts, your insights, your gifts to the planet are all needed at this time to help others. You can speak in a way that may help one person feel better. One person's life touches many. Even one tiny shift justifies you taking the time to express yourself.

Creative expression could be called a lost art. Take time to find ways of creative expression in your life. Your expression will not be exactly the same as another person's expression. Your gifts will help others in ways completely particular to you.

Happiness Lies in Safety

Personal safety lies in the fact that we are all one. Happiness lies in this feeling of all one. Happiness lies in knowing one's truth — that we are all connected and we are no better or worse than anyone else on the planet. Let your light shine.

Much is said about this. Ego is separation and fear. Thoughts that make you feel fearful or separated come exclusively from ego. Thoughts and feelings of being connected, of being part of all that is, of loving kindness, these are all part of source or divine energy.

As you connect more and more deeply into source energy, your happiness, peace, calm, joy, and love blossoms. The ego has to take a long walk. It will come back, as fear is part of the "survival" instinct we all brought forth from centuries of experience. Today step more into that place of safety. Step more into your happiness, and into source.

Happiness in Sorrow

When you lose someone you love, to death, cancer, illness, how is happiness possible? I look at my mom, who died young. I look at how much she gave me, how many stories she told me. How she took me to Mendocino, California every summer and signed me up for art lessons on the beach. How many ways can I thank her in memory? I am still not perfectly happy at her leaving, but I am perfectly happy that her spirit touched mine. She loved taking me for nature walks when the daisies bloomed.

When you lose someone, you can recall all of the good things, and all of the bad things about your life with them. All of these memories are etched forever in your past with no future or present experience of the physical presence to change or shift those past experiences.

Yet, in spirit, we are all accessible. See if you can connect with the spirit of your loved one, your favorite aunt or your lost cousin. See if you can send a hug. See if there are any messages for you from the other side. Can you tap into the warm loving embrace of spirit?

The Ends and the Means

Does the end justify the means? The way you live defines you. The way you do one thing, the way you approach every situation, the how of your life is the source of your happiness.

Happiness lies in approaching every "how" in your life with preciousness. For example, how do you hand someone your business card (if you have one)? Do you hand it with care, precious appreciation for your business card? Or do you toss it? Do you shove it or force it upon someone? Take one thing that you do, today, and make it about the means and not the end. The end will change.

I practice this all the time. I know I tend to rush, and do things quickly with an innate impatience. As I shift into quality, I love the results. I look for precious, and aesthetic, and easy, and calm, and joyful, and stopping and taking time to experience everything with more depth, love, appreciation and wonder.

Look at your "how" today. Consider the means. Suspend the tendency to focus only on the ends. It's okay. You can go back to the goal soon enough, but for a little, stand in the perfection of the moment.

Pets Teach

Pets are present. Animals live for right this instant. If you can talk to your pet, they are looking around, right now, considering what is good (or what they need) right now. When you pet your dog, or ride your horse, you can tap into that space of feeling present. Consider living in that space of being present. In your present, what is? This is the key to happiness.

A lot is written about the power of the present. What is new today about your life? In a flash, millions and millions of experiences happened in the last 24 hours. Everyone on the planet is different now than they were yesterday. Your experiences shape you and teach you. The answer to a question will never be the same two days in a row. How different is that from what many learn in school? So different!

You think you can predict how someone will react. What if they just lost someone? Will they act differently? What if they won the lottery yesterday? Check in before you communicate. Be in the present. Learn from animals.

Attribute a Happier Meaning to your Experience

When you have an experience, you attribute a meaning to that experience. As everyone's history is different, every person will attribute "good luck" "bad luck" "this means that" "that means this" in completely unique ways. What meaning are you attributing to your experiences today?

Is the meaning you give an experience a meaning your grandparents gave your parents that isn't actually the meaning you want an experience to have? What if you attributed to every experience "this is happening so I can grow and learn what I came to learn, I am deeply thankful and thoughtful of these learnings." Try it on, especially where you are feeling the greatest resistance.

We resist learning so much. We resist anything that is uncomfortable, or new, or challenging. Not everyone, not every time, but human beings operate on a thermostat. Our hearts beat, our breath goes in and out, and our weight and our exercise habits, and everything about our lives can slip into being at a set point. Of course, this helps us survive. If we had to stop and think, "I need to breathe now" or "I need to circulate my blood through my body now" we could go crazy. So set-points happened. We can change them. We can change the meanings we give to experiences, and we can change our set-points. Choose one meaning to change today. See if you can notice what triggers you becoming defensive, and change that reaction.

When You Feel Your Worst

It's easy to feel good when things are going great. Happiness is easy then. One true act of courage is to feel good when things are going miserably. When life is throwing you challenges, and you are looking out on a bleak ocean of your life, stop and write down 10 things you appreciate in your life. Consider how much you have. Not to say that what is making you feel the worst is not real, but equally real are the miracles in store. Where are you staring? You have control over that. Take it.

It is not where you are exactly at this very instant in time that is important. Remember that life is a river, full and rushing along. You feel great some days; you feel badly other days. Bleak emptiness teaches you how lovely abundance is. Sad teaches you how much of a miracle joy can be. It is the valleys that teach you to appreciate the peaks.

You can always have. You can have by choosing to see all that you are as having. In this space of expansive creation, you move beyond the limited thoughts of one particularly trying time and open up to the next expression of love to show up in your life. Writing and listing the things for which you feel gratitude always awakens that expression.

More Than 60,000 Thoughts Each Day

Thoughts are always crossing into your consciousness. Are your thoughts habits of thought? How many thoughts are actually fears over a negative future you are afraid will show up? Call your fears and thoughts today. Most of the negative fears are fake and products of habit. To achieve happiness, peace and joy, get into wonder. Be in awe and wonder of all that is.

This is so powerful. Know that you can change thoughts. Let's use an example. You're thinking about someone who has chronic issues they share repeatedly. Instead of dreading the possibility of running into them, choose a new thought. Choose to think that they act this way around you to bring you information or teach you how to navigate a concept. Let go of needing to help them, change them, and most especially, stop making them wrong. Let them be, and look for a wonderful quality underneath the words coming out of their mouths.

As you connect with others in this spiritual place, you will notice a blossoming of everyone around you. When you see this beauty within a person, they rise up and become more beautiful. Look at your thoughts. Think in beauty.

Choose Happiness Today

Choices are in front of you all day. For today, make a choice that feels most like happiness. Risk it. Go where the light is. Every choice you make, ask yourself, "Does this choice feel happier than the other?" Watch what happens!

Massive change happens in the smallest increments. You can't know what it will take to move a mountain or change the course of a river. You can take baby steps into a new venture, or choose a joyful song to play and sing loudly on the radio.

As each choice dawns, see if you can decide based on what brings you the most happiness. Over time, your choices will blossom into an entire live paved with experience shaped by joy, love, compassion, wonder, awe and delight.

When you move into a crossroad, divine guidance is always available within your heart. Listen for that. Choose happiness, today.

Happiness Transports to a Higher Vibration

Happiness transports you to a higher vibration. You make connections with people, starting conversations that generate opportunities. Happiness is a trigger for more happiness.

This sounds so easy. Integrating this one practice can change your entire life.

As you step into happiness, then go out into the world. Communicate, share, talk, be with others. Be in that space of joy then go out and hang out with people.

People naturally will want to connect with you on your level. So you'll find them telling you about a miracle, or sharing something amazing going on in their life. As you start a conversation when you're feeling good, more good things show up.

As you reach out to others, in your place of higher vibration, new opportunities show up for you. New connections will occur. You'll find yourself meeting new people. Happiness begets more of that, and more magic will happen in your life. Dream bigger, now.

Happiness in the Beauty of a Flower Blooming

In the beauty of a flower blooming, in the smile of a child's eye, in the soft fur of a cuddly kitten lies happiness, quietly, waiting.

Beauty holds happiness in its arms. You might see it in a gentle smile of a person that you love. You might glimpse happiness in a toddler's delight at the grocery store.

Happiness is quietly all around you, waiting for you to allow it to seep in through your resistance. You build walls and fortresses to keep out people and offers and situations that you don't want to experience. You can forget, in that adherence to what you will allow and will not allow, that happiness is waiting to be experienced.

You can be so vigilant in warding off experiences that you neglect to have wonderful experiences that will show up, if welcomed, if honored, if noticed. Today take time to experience happiness in the beauty that is all around you.

Happiness is Possible

With happiness, all becomes possible. Today, focus your attention on one precious aspect, one precious thing that makes you smile. Once every few hours, go back into that precious feeling of happiness. See what happens.

Our energy, when focused, creates more and more in that area where we focus. Anything you focus your heart, mind, eyes, emotions, energy and feelings on will grow. It's just like a garden where one part gets water, sunshine and loving thoughts – the other gets shade and not enough water and no thoughts. You already know which part of the garden will bloom.

Choose consciously to grow your moments of happiness. Really get into each moment that feels good. Right now, for instance, I have a new kitten, and he is playing wildly with a ball of fluffy yarn. He is so thrilled! He's rolling and rolling around and his joy is contagious. Oh, to have that single-pointed focus where you can consider one amazing thing that is going on in your life and tune out anything that is not in resonance with it.

Each day, wake and consider what you will nourish in your life. What do you want your garden to look like a year or two from now? Each day, grow your happiness.

Happiness
Quotation 88

Expect Beauty

When you expect beauty, you will find it.

Life brings you ideas, projects, challenges and opportunities. You can change how you see what shows up in your life, and you can change where you focus your attention.

In waking moments, stop and see beauty. See beauty in a child's smile; see beauty in a blade of grass.

Note to yourself the beauty of a song on the radio or the hug from a friend.

The more beauty you see, the more you will be able to see. The more you reflect beauty in the eyes of another, the more you will experience.

As you believe, so life shall be. Taking time to experience beauty may feel like a luxury. Expansion happens in the middle of this, in the middle of feeling that life is one huge treasure chest being unveiled to you, piece by lovely piece. Today, see beauty in every-thing.

Appreciate Every Area of Your Life

Count up every single thing you appreciate in every area of your life. Look at that list today, glowing, experiencing awe in all that you are and all you are becoming.

You cannot ever appreciate everything enough. Have you spoken to someone today to express appreciation? Have you stopped to appreciate a flower blooming?

Your life is so full of miracles you could not possibly have time to appreciate all of them. Yet you dwell on little things that bother you instead.

Could you break patterns long etched by well-meaning ancestors who pointed out every flaw and every fault? Let's make a pact to appreciate every miracle on the planet that we can conjure up in our mind's eye. Let's do this now.

I, for one, appreciate you.

Cherish Each Other

Cherish each other. Here in physical form, let go of ego and be all about love.

Cherish yourself, and those around you. Every person is an expression of love.

Today, be generous and open with your love for others in your life. You can love across time and distance. Feel love for a parent, an estranged aunt, a long lost cousin.

You cannot control all of the actions of every being on the planet! Surprise! Yet, you do have complete say over how you feel about everyone in your life.

Stop and take time to cherish beings on your path. Step up the caliber of your relationships with them. Move into a place where you can see why and how each person came to being in your life, and cherish this time, cherish these moments more deeply.

Celebrate people in your life more fully, more expansively. If someone does something that rubs you the wrong way, let that go. Recognize ego as the negative or annoying. This is not love. Recognize ego and say to yourself "Ah, this is ego. It is not real." Then, if someone says something hurtful, immediately let it go. Toss it to the wind, because that word or action is not who they really are. It is part of ego, and you don't have to recognize it. Feel love instead. Such freedom!

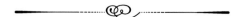

Music Brings You Closer

Music can bring you closer to the warmth of God's embrace. Listen for the loving music of pure light.

As you begin to access areas of your soul that have long slept, music leaps across boundaries and lifts you to new levels of being.

Find glorious music that changes your chemistry. Allow music to be uplifting. Choose music that touches your soul.

Songs have power to change you into becoming closer to your most spiritual being.

See if you can find pieces of music that you can have at your fingertips, to call upon whenever you want to feel uplifted, cherished, warm, loving, cared about, and celebrated. See if music can't bring you into that loving space where there is no time, and there is no boundary. Only love.

Happiness
Quotation 92

Reach for Gold

Place yourself in the loving embrace of all that is possible. Lift up. Keep seeing yourself more true, more you, your most daring and wonderful you.

Be daring! You live once in this body, during this time, wake up! Feel more expressive. Do something new. Take a risk. Be not afraid.

As you step into your most powerful way of expressing yourself, everyone around you is given the freedom to express themselves. You break chains, and chains around others break also.

Take time to write down three things you've wanted to do but have not given yourself time or permission to do. Write them down and then allow yourself to have those experiences you may have neglected to experience.

Is there a book you want to read? Is there a beach you want to visit? Do you want to spend time with a grandparent? Have you been wanting to travel to a new place? When were you thinking all of this would happen?

Take time to do and be more than you dared. You have permission.

Be Inspired

Let yourself be inspired. Let a sunrise, a rainbow, a work of art, a child's look of wonder open up a place in your heart that has been hidden for too long.

If you are not seeking to feel inspired, you're missing out on some amazing opportunities that are hiding from you behind a veil that can absolutely be lifted.

Take time today to ask yourself to feel inspired. Wake up to what the possibility of a situation might be. Notice the beauty around you.

Recognize that you don't have to go anywhere or do anything special to feel inspiration. Play music that takes you into your memories of a more wonderful time in your life. Walk outside and glimpse a situation that inspires you to feel something deeper, more substantial.

Allow the world to change you, allow yourself to feel strongly.

Happiness
Quotation 94

Small Loving Actions

Everything doesn't have to be huge change. Everything doesn't have to be major leaps to the next level. You can take small, loving actions.

When you act in a loving way towards another, a friend, a relative, a pet, the world is uplifted. As you extend love by your very actions, the world changes.

One small act of kindness will be felt, and will raise the vibration of that situation. Let's say you are kind to an elderly neighbor, do some kind, loving thing. Now, the neighbor's child calls, and he talks about the kind, loving action. That person feels uplifted, and does something loving and kind to another person, in turn.

Make a loving action snowball, just by doing something unusually sweet, out of the ordinary and unexpected.

Remember Your Preciousness

Today, remember your own preciousness. Pause and reflect on where you are beautiful, and where you are absolutely perfect. Be in that perfection and glorious place of understanding. For an instant in time let go all doubt. Recall that what you are and where you are, right now, is precious.

We spend acres and acres of time thinking about our lack of preciousness. Begin to counter all of that darkness with a ray of sunshine. Begin to express wonder in your own actions, behavior, beliefs and experience.

This preciousness you are runs very deep. Others may see it where you cannot. Lift your face unto the sun. Lift your heart on high. It is enough for today to accept your preciousness, for simply being here on the planet at this time.

As you believe more and more fully in your own preciousness, you will see different qualities in others. You will accept this inspiration into your life. It is enough for now to glimpse the depth of your preciousness.

Happiness
Quotation 96

In Wonder

Be in that space of blessings and wonder. Count blessings and experience wonder.

A child experiences wonder so much more easily than an adult. A child can be in wonder because of a truck or a horse or a cow or a new baby's hand gripping.

You can be in wonder. Allow yourself the freedom to feel wonder. Allow your heart to grow bigger and embrace the love in another's eyes.

Look out at people today and feel the blessings abound. Count blessings and write about them in a journal. Take this time. You are so busy, yet what could be more valuable than getting back to wonder. This is your true self.

Challenge Yourself

Dig deeper, stand taller, take bigger steps. Challenge yourself. Grow. Feel fresh, new, happy.

You can always start fresh. When I look at a person who has had a life-changing experience, a near-death experience, a loss of a loved one, any deep and life-altering experience, I see reverence for all life refreshed anew.

You don't have to wait to have a major shake-up in your life to feel that sense of newness and joy in waking moments. You can take time to see today as a new beginning, a fresh start. Experience today as a time when life begins again.

What will you do differently? What would you change? Take time to begin fresh with all that is possible.

Notice that when you have lived a certain way for a long time, you stop seeing the walls and colors of the walls and you may stop seeing how people are; you habituate to everything and you may stop noticing. Take notice like today is a new beginning, as though your life flashed before you and you are given a second chance to start all fresh again.

Be in that space of welcoming to your life, fresh, new, awakened.

Glow Like Rudolph

Let's say you are bright and shining but your friends can't quite always get that. You have permission today to be the reindeer that shines because when things get foggier, you will be in great demand. Be bright like Rudolph the Red-Nosed Reindeer in tales of old.

As you step into the vision of your own joy, your light shines. You may not always feel in harmony with others as you change. You are shedding onion skins, layer by layer. You are shedding past negativity and you are standing in fields of brighter and brighter sunshine.

Leaders on occasion become so bright that others may follow them. If you are bright, others will be thankful for the light you are shining. Yet, the expression of this may time lag.

Don't let that stop you from leading with bright joy. Be a leader. When times grow dim, others will lean on your light, and you will be so happy you stayed bright and shiny. We can learn a lot from that little reindeer.

Happiness
Quotation 99

Bring the Light

Do you bring light? Do you feel lightness? Could you bring more light? Could you perceive more light? Where is the darkness, and can you shine light on that? Beam light today.

Light is simply shining awareness and love into an area of your life, or another's life, that has long been camping out in the darkness.

Wake up and shine light on everything. Beam light into dark corners. Clean up an area of your life. Clean up an area of your house. Take time to shine light.

The very intention of shining light will bring it. You don't have to know how. Ask.

Expressions of Love

Expressions of love are simple. Today, count how many times you can express love in your actions. Look at each action in this light: is this an expression of my love? Be more about expressing love to the exclusion of all other expressions, for one day. Notice what happens!

As you focus on expressions of love, all else pales in comparison. Focus on this. If you receive an e-mail, infuse love quietly into the response. If you receive a phone call, can you express a loving thought back? Change happens slowly, and we are shaped by the sum total of all of our actions and reactions. Let go of negative reactions today (recognize them as ego) and react with love instead. Regardless of the content of anything, just be about love. Make that the core expression of all of your actions for an entire day. Ripples will go out, loving ripples of unlimited potential and joy.

Jump off the Cliff

What risk have you not dared? Your worth is so deep. Take a bigger risk. Jump off a bigger cliff and let yourself be carried higher by the universe. Climb a higher mountain. If you fall, pick yourself up, climb again.

We get so comfortable in our lives. We create systems and walls and comfortable places.

Yet, so much more is here for us to sample, experience, and test. Take a moment to write down a risk that you've been considering. You don't have to take the risk. Just stop and write down a few risks you might want to take at some point, when you feel brave enough.

Are you ready to risk embracing life to the fullness of your being? Let yourself dream bigger, get carried higher. Let yourself imagine more for you. Let yourself help others more deeply and fully. Commit more to your life.

The Key to Happiness

The key to happiness changes shape all the time. Today it might be forgiving your parents. Tomorrow it might be changing a habit. Next week the key could be in taking time to appreciate your life. How sneaky, the key to happiness. Know that you can touch your own key anytime, just ask. The answer is within.

Are you afraid to ask yourself what makes you happy? Are you afraid of the answer? Don't be afraid, for the answers are shifting. The answer today will not be the same answer tomorrow. So give yourself permission to listen to that inner guidance.

The truth of today is different than the truth of any other day, as everything and everyone changes all the time. Your very actions to stop and listen, to ask yourself, "what brings me happiness?" is a bold step. It really doesn't matter what happens tomorrow at this point, so don't be afraid to ask the questions.

Expand into Happiness

Expansion is glorious, uncomfortable, challenging, creative, energized, rambunctious and brave.

Step into your brave self today. Take on a new, ambitious dream, and build steps from the dream backwards into your present. Take the dream from wild and crazy into logical progression if you stay in tune with it.

I look at a project like the front yard. If I create a master plan and then make steps every day towards that ultimate yard of my dreams, the yard will transform.

Transformation doesn't always happen with lightening speed. It can happen slowly edging you into living the life you have always dreamed you deserved.

Expand today.

Happiness
Quotation 104

Teach Happiness

Teach happiness today by your very actions. Be this shiny beacon smiling and sharing joy in being alive on the planet.

We forget to express happiness in waking moments, as we carry around all of the baggage of our present, past and future.

For today, teach happiness to everyone you meet. Smile unexpectedly. Do something kind. Be present and if you catch yourself slipping into worried-furrow-brow, let it go and remember to feel happiness.

Happiness can be as simple as the intention of happiness carried into our bodies, minds, hearts and souls. Carry happiness forward.

Happiness
Quotation 105

Catch the Wave

Your attitude is contagious. Are you catching the wave of happiness, or a wave of something else? Notice the waves you catch, and choose happiness when it feels right.

As you express emotions, this is contagious. When you feel uplifted, others will feel that way around you. When you are down, others will shift down into your depression to be in harmony with you.

As one person does an unkind act, others feel unkind towards that person. The wave becomes an undertow.

See if you can start a wave of joyous, encouraging, friendly and kind feelings today.

As you become aware that all of your thoughts and feelings are obvious to everyone around you, even those you try to hide or snuff down into the recesses of your being, it's both a gift and a responsibility. You can change people by feeling good, and you can change people by feeling bad.

The closer you stand to the light, the closer others will be able to stand in the light. Catch and create good waves today.

Terrified Recovery

How do you recover from something that terrified you, or worried you, or sent you catapulting into fear?

Recognize, in the peace of the aftermath, that fear is ego. Love is deeper and truer. As you approach your life with compassion and love, born of deep source energy, you can release fear.

When you go through an experience like a car accident, or a situation where you were afraid, recognize beneath fear is love.

What can you learn? What did this situation teach you? When you look back, were you in a particular hurry? Were you out of focus? Were you acting with less care than the situation warranted? Where can you be more centered, focused and in alignment with source energy in your life?

A situation that has deep fear or terrible aspects of it can teach you more than a thousand normal days. See if you can steep yourself in the learning. Remember also to allow others the opportunity to learn. We all came onto this planet to learn. Life throws interesting situations into our path so that we may learn and grow.

Remember to stay in that place of peace, and recognize love in everything. Fear can't go where love is omnipresent. It dissipates. It finds no footing. Keep being about love.

No More Hurt Feelings

When you step deeply into happiness, your feelings don't get hurt anymore. What freedom!

Hurt feelings are ego. Love is deeper than that. Love is bigger than that. Happiness is more than that. Happiness is a huge umbrella, underneath which peace, love and kindness rule.

When you notice hurt feelings, recognize ego immediately and let them go. It is almost never really about you. If it is about you, it is about the ego of you and not the spirit, soul and heart of you.

Let go of all hurt feelings from beginning to end. Go back through your life and forgive every instance where your feelings were hurt. Recognize every instance as ego rearing its ugly dragon face. Love that dragon and it becomes a tame puppy. No more fire. No more power to hurt you.

What a relief!

Take Time Out

Unplug everything every once in a while. Turn off your phone. Be with you, without the radio, television, computer, or connectivity.

Remember that? I look across oceans of people who tune to the phone and all of the applications of the phone wherever they are. I watch couples sit together at a restaurant, each checking messages and communicating electronically with other people. Children have sleepovers where they text other children who are not present, and don't talk to each other.

It feels comfortable to tune into your connectivity. Occasionally, step out of that comfort and be comfortable just being.

For a few moments today, unplug everything. Be with yourself. Be quiet. Allow your own creativity to bubble up from inside of yourself.

Remember who you are and why you came on the planet. Remember your purpose.

Don't worry — you can plug back in.

Happiness
Quotation 109

The Stars Are Waiting for You

When you look at the walls around you, realize you can open up beyond those walls. You have endless creativity to change how you see the walls. Climb higher.

Now, take a moment to identify limits. Write down 10 limits you may have set for yourself without thinking. Have you set limits on vacation days? Have you set limits on your bank account? Maybe you have set limits on how many friends you will allow to be in your life?

How have you limited yourself, possibly without even recognizing these limits?

For today, break open the limits. Set new limits! Allow yourself more vacation days this year. Go on a day-trip someplace new. Be free and full of abandon for a few days, for no reason.

Challenge what you've always done. Challenge how you have approached everything in your life.

Get bigger with your life. Get bigger with the good things. Enjoy the snow! Enjoy the sun! Enjoy your life.

Happiness
Quotation 110

What's your Vibration?

You can talk about happiness, but your vibrations speak louder than words.

Step into the vibration of happiness. Extend love, happiness and peace to everyone around you today.

Allow your heart to expand into the sensation of happiness. Believe at your core essence that all is well. Remember everyone came on the planet to learn, and allow everyone to learn at their own pace, in their own rhythm.

Every once in a while I get so deeply into my worries, I forget that I am happy. I allow my vibration to change.

Ask yourself, on a scale of one to 100, where is your happiness today? Can it resonate higher? Can you feel better about your life? Can you be easier with joy and love and life and all of the wonder at just simply being present today?

This asks a lot of you! Take a peek at where you are today, throughout the day. Ask yourself to feel even better. Smile even bigger. Allow your heart to send vibrations of happiness to everyone you see. Quietly, be even happier than you have felt in a long time. Ask.

Pruning Dead Thoughts

How many thoughts don't need to be in your space anymore?
Have you cleared out old thoughts lately?

Like a beautiful garden, you may not know how many weeds were
pulled to make room for the gorgeous flowers, plants and fruits
that now create an awe-inspiring view. You just see the garden,
and you may not realize what went into the creation of it.

Appreciate your mind as a garden and pull weeds of unkind
thoughts. Prune old emotions. Let go of any dead habits that no
longer serve you.

It takes energy to clear unwanted memories. Express love towards
every possible thought or action that you may have taken in your
entire life.

Take a few hours to step into the movie of your life, and gently
prune any pain or ego that got stuck in the way. Forgive parents,
forgive relatives, forgive bosses, forgive anyone who held you
back.

In this space, plant new thoughts of happiness. Plant new
thoughts of places to go that will inspire you. Plant new ideas for
being that involve feeling absolutely awestruck about your life.
This is your new garden, and it cannot wait to be born.

What is the Most Magical Thing?

Have you invited magic into your life lately? Have you stopped everything to consider what might be magic? What could show up in your life that would re-affirm every dream you ever had about your life?

We forget to invite magic. We get so wrapped into our lives that we forget magical people and magical synchronicities can happen.

Here is something you can do right now to allow more magic into your life. Remember a time when you experienced an incredible opportunity, and how that felt. Remember something great that showed up, like: a weekend away, a special dinner with someone you love, a wonderful job, a new experience. What amazing experience can you invite into your life?

Invite new, stellar, mind-blowing experiences. Invite amazing people to step into your life. Why not?

Love Is

You are love. You love. This is so beautiful. We focus on so many things in our life that are not love and we worry about all the wrong things.

Pause and invite love to take up more space in your life. Invite yourself to feel love towards yourself. Did you forget your preciousness? Here is your reminder!

At the core of every being on the planet you can see love. You can choose to love even the scraggliest of dogs or loudest of parrots. Given this, you can certainly love the parents and relatives in your life. Feel unobstructed, unbound, unqualified, unearned, and unexpectedly huge love for all in your life.

As you reach out and feel love for others, love fills up and gets bigger on the planet. You become part of a movement of this expression of wonder, peace, joy, happiness, truth, vision, every-thing exceptional you have ever wondered about. Be in that, and be of that.

Don't worry — you can still worry. Yet as you focus your life on love, worries seem to fragment until you can't remember them anymore. Love is!

Cherish this Moment

Cherish everyone in your life, and cherish every moment. Be in awe of life.

It may sound so simple. Taking time to cherish those people and animals you have allowed into your life will free you to feel more strongly, experience life more fully, and touch the sky more easily.

This great freedom emerges in that space of fully abandoning ego and inviting awe, inspiration, creativity and wonder.

Focus your energy for several moments, right now, on everyone in your life you could cherish. Cherish them more deeply. Forgive their ways that aren't perfect. It's like you have a secret that can make you smile all day long. Your secret is your own feeling of cherishing others.

Appreciation is one of those emotions that precedes joy. Appreciation, then joy. Appreciation, then joy. You can feel more happiness simply by stepping into deeper appreciation. It's so easy! Feel this sense of cherishing others, today.

Navigating Negativity

When you break down expressions of life into two buckets, ego or love, you can navigate your way through negativity with ease.

Ego, also known as personality, is about feeling separate, uncomfortable, unsuccessful, unhappy, distant, alone, lonely, sad, depressed, and unwanted. These kinds of feelings are directly part of ego and can be released by recognition of that.

Love and source energy are about feeling connected, precious, special, wanted, joyful, part of the bigger aspects of our entire universe, and spiritual. These uplifting feelings are part of all that is.

As you see another person mired in personality and ego and discomfort, stop taking it so personally. It really has nothing to do with you. Everyone came on the planet to learn. Allow another person that space of disconnect, and send them a warm secret thought of kindness.

Be a reminder of happiness. Be solid in your own connectedness to source energy. Remember all that is good. Remember all that works. As you remember all that is good, you will begin to see good in others. Even those personalities who have a lot of baggage, within them, you can see light. That's your job. Negativity cannot touch that.

Happiness
Quotation 116

Dancing Has its Own Rewards

The dance of life is never ending. Are you dancing? Take everything lighter. Happiness is laughter, a warm hug, a kiss.

Change can happen easy. Change can float in and start with a little dance, a little lightness.

You don't have to change everything in your life to feel happy. You don't have to put happiness over there, to experience when you've "made" it.

Realize these instances where you just feel like dancing for no reason. Step lighter. Jig.

Turn the music on loud and dance in the shower.

Turn the radio on and chair dance in the car when you're driving.

Turn the TV off and the stereo on and dance in the living room.

Find a spot to dance, just for no reason.

Take Time with Friends

Take time to do something nice for a friend today. Do you remember to take time for people in your life? Call someone for no reason, just to say hello. Reach out. Be kind. In these small moments, happiness blossoms.

Days are so hungry for our time, it is not always easy to take time to reach out to touch another with friendship, kindness, caring, that extra thoughtful smile.

When you do, you will be surprised at the kindness that will spill out in ripples from your being to others. You reach out to another, and then that other person feels that. Because that person is moved by your kindness to do something kind, then the next person they meet is moved by their kindness, and does something kind to the next person they meet, and so on.

Even if all that happens is one smile, your time was well spent reaching out to be a friend to another. Remember to make time for these things, as living is one rare and finite gift.

Happiness
Quotation 118

Energy Flows Where Attention Goes

Look where you want to be going, and be disciplined about removing your focus from where you don't want to be. Keep altering your focus to be more in line with who it is that you truly are. Your spirit will guide you into bigger and more wonderful experiences. Gently each day experience more contentment. Each day, call for more of what is good in your life.

When you stand in the place of "all is well" you allow yourself to keep making this true in your life. Your actions follow your beliefs. Your actions follow your intentions.

If you are not setting conscious ideas about your direction, then your actions are putting into reality past decisions about where your life is going. Past images and fearful images can take over your life.

Take time to consciously focus and allow new creation to be woven into the fabric of your being. Joy!

When Life Brings You Demons

When a curveball comes into your life, what is your action? What is your reaction? Does it throw you off course? Does it slap you between the eyebrows? As you tune your fine instrument of beingness, step deeper into your core strengths. Step deeper into your ability to navigate any waters. This is true happiness. A curveball becomes a home run.

You can't always see what is coming. Sometimes you could, if you watched carefully and quietly for patterns. Yet, sometimes you are not watching or a surprise just shows up.

You might experience a surprise loss of a loved one; a surprise loss of income; a surprise change of career. These are surprises that can cause shifts in perception.

When you meet a change, see if you can step into the feelings around the change more deeply. See what this change is bringing you. Can you let go of turmoil to observe opportunity?

Be in that space of "change brings opportunity" and allow change to help you on your path. It can make you more compassionate, more sensitive, more aware, and more able to understand the lives of others. This is a great gift.

Let It Go

What heavy weight could you release today? It feels so good to let go of something you've been holding on to. Let go of some belief, idea, pattern, habit or commitment that no longer serves your best and highest good. What can you release today? Do it! Glorious!

In this letting go, you are opening up to new projects, vibrations and experiences.
In this letting go, you are taking a stand for light to lift you up and elevate your experience.

Letting go takes discipline. It is easier to stick with what you have always done. It is easier to be the way you have always been.

Quickly look around your life and identify a few things you could let go of today. Then do it.

Happiness
Quotation 121

Fresh Beginning

Revel in how new today is. Revel in this sense of a fresh start, freedom, choice, power, love. Who are you? Ask that question, and don't be afraid of the answer.

Do not be afraid to look inside yourself. You are a child of the universe. You are a part of all t hat is.

When you notice a house needs work, do you hate the house? Or do you fix the house?

Notice how you respond when something needs a little attention. Give yourself the same breaks you give others.

We can be the hardest on ourselves. You are a precious gift and your time on this planet is finite. You have so much left to do, say, express, and so much love inside your heart.

Give yourself a fresh start today. Love every single part of you.

It's Not About You

It is so rarely about you. You think it is about you, when someone else gets upset or has an issue or can't get through a tough time. It's not about you. Let go of that.

People walk around obsessed with themselves. People are thinking about where they have to go and what they have to do. Occasionally, someone might take time to think about you. Mostly, people are filled with doubt and thoughts about what is going on within themselves.

Let go of thinking that you are the cause. Let go of taking responsibility for how someone else is feeling.

Take responsibility for the way that you feel and the thoughts that you think, and let everyone else do the same. Freedom.

Happiness
Quotation 123

Let Go of Resistance

When you resist, it stays. Let go.

You can't imagine how you hold on to every experience you have. In your very thoughts about a situation, you keep bringing it back into your awareness.

Could you let it go?

Could you wake up to a new thought, new feeling and new experience?

When you look at how completely unique your life is compared to anyone else's life on the planet, you might begin to grasp how much you are in charge of your own life.

You are the cause of everything you know.

You are holding to you the very things you want to release. Give yourself permission to let go.

Let go bigger.

Let go more.

Ah!

Happiness
Quotation 124

Breathe Deeply into Your Life

Breathe into your life. Experience everything – the good, the bad, even the indifferent experiences. Breathe more fullness and joy. Remember times when things were easy.

Remember easy. Be easy. Allow easy.

Happiness is easy. Come back to your happiness. Come back. Your happiness misses you.

Breathe into happiness. Allow yourself to rest gently on the wings of love.

Then soar.

Be Kind to Yourself Today

Take time to be kind to yourself today. It's easy to be kind to others, yet, what kinds of thoughts are you sending yourself? Let that critical mind go away, today, and invite creative source energy to bring you deeper into appreciation for you.

As you gently step into appreciation for your value, you shift ties that held you back for such a long time. As you begin to be aware of the magic of your being, you glimpse the universe inside of you.

All of the greatness within you is aching to burst forward with permission. Stop and give yourself permission to enjoy and celebrate yourself.

Watch the words you use about yourself, and remove any unkind words from your vocabulary. Just let them leave your repertoire. Next, notice unkind thoughts, thoughts that are small, or thoughts that belittle your achievements. You cannot possibly know how one of your smiles may change the very fabric of the entire planet. So give yourself permission to shine forth, with full abandon, into your stunning potential as a human being on the planet.

Happiness
Quotation 126

Happiness Is Yours

You have happiness within you. Spark it, wake it. Be about that. Deeply connect with happiness in all aspects of your life. Focus on that place where everything is already good. Expand into the known, and allow the unknown to show you new possibility.

Remember that you don't know everything yet. In the not knowing, you open yourself up to vast fields of possibility waiting to be explored.

Step into happiness, and then realize that so much more is possible. Expand into that feeling of love, joy, and treasure for all that is great, for all that is. You are a precious and perfect child of the universe, and you are celebrated, wanted and treasured. Go explore!

Happiness
Bonus

Five Steps to Feeling Happy (No Matter What is Going On)

🔊 Practice these steps daily. Ask for moments in your day to feel happy. It may start with one little moment where you give a hug to your husband or wife. It may start with a Sunday at the beach. Begin to ask your life to have more of these moments in it.

🔊 Begin with a check-in to your own well-being. How well do you feel today? On a happiness scale of 1 to 10, 10 being gloriously happy, how are you feeling? Give it a number, quick, without thinking.

🔊 You can ask yourself to feel more happiness in every waking moment. Are you asking enough of yourself? When you find a penny, get happy. When a loved one smiles at you, feel HAPPY about it. We take so many things for granted. Your cat sits on your lap and purrs. Your favorite author releases a new book. Your grown child calls you, out of the blue. Stop and get happy about small things.

🔊 Happiness is like a muscle and if you never stretch it, you are missing out.

🔊 On the pages that follow, take these steps. You can practice one each day or every other day, or you can skip ahead and practice the step that feels most compelling to you.

Happiness
Bonus

Then get happy because you are stopping and taking the time to feel better. Everyone in your life will like you taking this time. They may not know why they suddenly like you better, but they will.

Happiness
Bonus

Step 1: Strength

Remember your strength. In a quiet space, clear your mind and remember a time when you felt a sense of peace, joy, happiness, wonder, delight. When was that, in your life? Even if only one moment, feel that moment again, now.

Write brief notes here about that moment. Describe your senses and internal feelings: what you were seeing, what you were hearing, what you were tasting (if anything). Get into it!

Step 2: Awe

Choose something to be in awe about. Watch a toddler if
you need to remember awe. I was in a bank and a grandpa
was toting his two-year-old grandson. The boy was in
absolute awe of the lobby. He was wide-eyed, exploring,
making sense of everything around him. Be in awe of a
sunrise. Choose to feel wonder about something, right
now. Throughout your day today, create a feeling of awe
inside yourself.

Write your notes here:

Happiness
Bonus

Step 3: Forgiveness

This one is the BIG one. If you don't have time for any other steps, take this one and knock it out of the ball park.

Forgive all the people in your life with a wide blanket of forgiveness. Realize forgiveness does as much for you as for anyone else on the planet. Forgiveness frees you.

I have had friends say "I just cannot forgive my father. He neglected me." Inside of happiness, there is no room for blame. Appreciate that you are at the core of a unique experience (life) and you play the starring role. PLUS, in your life, you are the director and producer. In your life you can choose forgiveness.

If you cannot forgive every person in your life, forgive one instance of negative experience. Forgive one instance or one person who was mean to you, right now. Ask yourself to have a forgiving mind.

Happiness
Bonus

When you forgive, this gives you freedom and peace. It genuinely frees up space inside you so you can experience more life. When you get free from petty thoughts you can think bigger, brighter and more beautiful thoughts. Give happiness room to be in your life.

Write your notes here:

Happiness
Bonus

Step 4: Divine Guidance

Ask for divine guidance to lift you up into a higher level of being. Ask for it. Know that wherever you are, any level, light, love and happiness can lift you higher. Stretch the boundaries of how much love you can feel in your heart. Accept and express joy for your birth, accept joy in your pure existence on the planet. Accept that you are more than you are, a tiny fraction of the great spirit and being that you are. Allow the divine to sink in and send you healing.

Write your notes here:

Happiness
Quotation 134

Step 5: The Thermometer of Happiness

Do this. Picture a thermometer dropping down out of the sky and floating in front of you. Let it show a scale of from 1 to 100. Ask yourself for a quick answer: where are you on the happiness scale? How hot?

Don't question or judge the answer. Let the answer just be there.

Let's say the number that shows up is 64. Now, picture the thermometer getting heated up in the sun. Send it golden light energy. Fill it full of warmth and happiness. Edge it up, bit by bit, until it gets as high as it is willing to go. NOW! Smash it to bits! (It's okay, it is an imaginary thermometer). Next, drop a new thermometer in front of your mind's eye. Ask it to tell you your happiness. How hot is your happiness now? 74? 85? Do this daily and you can get your experience of happiness higher, higher, and higher without doing any other thing. Miraculous!

Write your observations here:

Congratulations on taking time from your busy day to focus on your own happiness. Everyone around you benefits when you feel good. You influence countless people each day – those you know and those you may never know – with your smile, your eyes that twinkle, and your knowledge that life is good. Share that, and it will always come back!

The Author

Photo by Jeanine Brown Photo Design

Erica M Nelson is an inspirational happiness coach and author. She started www.Facebook.com/HappinessQuotations to uplift, inspire and energize you each day. A professional writer since college, her first book "Prospect When You Are Happy" was published in 2007. She lives with her children, husband, and her Tennessee Walking Horse in Silicon Valley, CA.

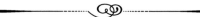

Lightning Source UK Ltd.
Milton Keynes UK
18 March 2011

169509UK00001B/12/P

Wiener Studien zur Skandinavistik (WSS)

Band 3

Wiener Studien zur Skandinavistik

herausgegeben von Robert Nedoma (Wien) und
Sven Hakon Rossel (Wien)

zusammen mit Hans Basbøl (Odense), Poul Houe (Minnea-
polis), Hermann Reichert (Wien), Roger Reidinger (Wien)
und Imbi Sooman (Wien)

Band 3

Edition Praesens
Wien 2000

Erzählen im mittelalterlichen Skandinavien

herausgegeben von Robert Nedoma,
Hermann Reichert und Günter Zimmermann

Edition Praesens
Wien 2000

Die Deutsche Bibliothek – CIP-Einheitsaufnahme

Erzählen im mittelalterlichen Skandinavien / hrsg. von Robert
Nedoma, Hermann Reichert, Günter Zimmermann. - Wien:
Ed. Praesens, 2000
ISBN 3-7059-0067-X

Gedruckt mit Förderung des Bundesministeriums
für Bildungs, Wissenschaft und Kultur in Wien

Umschlaggestaltung: Robert Nedoma

© 2000 Verlag Edition Praesens
A-1170 Wien, Umlauftgasse 3

Inhalt

Heldenlied und Eddalied

EDWARD R. HAYMES (CLEVELAND)

Dem Nordisten ist die Feststellung nicht neu, daß die Lieder des Codex Regius, der sog. Lieder-Edda, ein spezifisch nordisches Phänomen und keineswegs eine nur sprachlich erneuerte Fortsetzung der kontinentalger-manischen Heldendichtung, die seit der Völkerwanderungszeit die Sagen-stoffe überliefert hatten,[1] darstellen. Die Lieder unterscheiden sich sprach-lich, stilistisch und formal von der Stabreimdichtung, die vor allem im Altenglischen und in der altsächsischen Bibeldichtung ihre Spuren hinter-lassen hat. Eine differenziertere Anwendung der Ergebnisse der „oral poe-try"-Forschung[2] als bisher geschehen ist, kann uns eventuell einen Einblick in das historische Verfahren gewähren, die zu diesen Unterschieden geführt haben.

Die Altgermanistik gebraucht den Terminus „oral poetry" nach wie vor in ihrer englischen Form, um ihren Outsider-Status zu betonen. Die weltof-fene neuere Altgermanistik gebraucht ihn positiv, um das Esoterische daran zu betonen, während die konservativere Altgermanistik den fremdsprachi-gen Begriff behält, um die Ergebnisse der Forschung auf diesem Gebiet möglichst weit von den „gesicherten" Erkenntnissen solider Philologie zu halten. Beide Gruppen gebrauchen die Theorie der „oral formulaic poetry" eher unkritisch und wenig differenziert. Einige stereotype Vorstellungen bedürfen dringend der Korrektur.

Der frühverstorbene Harvarder Gräzist Milman Parry (1902-1935) und sein Assistent und späterer Nachfolger Albert B. Lord (1912-1991) haben die Theorie auf komparatischer Basis entwickelt. Lords *The Singer of*

---

[1] Z. B. Klaus von See, Altnordische Literatur, in: Lexikon des Mittelalters, Bd. 1, München und Zürich 1978, Sp. 479-486.

[2] Überblick bei Edward R. Haymes. Das mündliche Epos. Eine Einführung in die „Oral poetry"-Forschung, Sammlung Metzler 151, Stuttgart 1977.

Tales[3] bleibt nach wie vor die beste Einführung in die Kunst der Guslari, der südslawischen Heldensänger, deren Kunst viele Ähnlichkeiten mit homerischer, altenglischer und mittelhochdeutscher Ependichtung aufweist. Lords größter Fehler war der Anspruch, „oral poetry" ein für allemal im Sinne der südlawischen Guslari definiert zu haben. Eine Dichtung, die anders entsteht und überliefert wird als die der Guslari, war gar nicht „oral", auch wenn sie völlig schriftlos entstand und weitergegeben wird. Seiner Ansicht nach wird „oral poetry" bei jeder Aufführung aus den Kompositionsmitteln (Formeln, typischen Szenen, überlieferten Handlungsgerüsten usw.) der Tradition neu gestaltet, was für die von ihm betrachtete Ependichtung völlig richtig ist. Andere Dichtung jedoch, die ebenfalls schriftlos entsteht und doch eine feste Wortgestalt und feste Überlieferung aufweist, war für ihn einfach „schriftliche Dichtung ohne die Schrift"[4]. Für ihn war die Trennlinie zwischen „oral" und „nicht-oral" die zwischen festem und unfestem Text. Der feste Text war seiner Ansicht nach dem vorliterarischen Denken fremd, ja praktisch unmöglich.

Trotz dieser vielleicht unsinnig erscheinenden Starre bietet Lords Zweiteilung zwischen Dichtung, die bei jeder Aufführung neu entsteht, und Dichtung, die in festem Wortlaut existiert, eine mögliche Hilfe bei der Erhellung der ja sehr dunklen Vergangenheit der germanischen Erzähldichtung. Lord war der Meinung, die beiden Dichtarten würden sich gegenseitig ausschließen, da sie verschiedene geistige Disziplinen darstellen. Für ihn war die Kluft zwischen der lebendigen mündlichen Tradition und dem auf Papier festgehaltene Text, der allmählich für die jüngeren, schreibkundigen Sänger verbindlich wurde, unüberwindbar. „Die Vorstellung von einem festgelegten, ‚korrekten' Text war geboren, und der mündlichen Tradition läutete die Totenglocke." Die Sänger mit dieser Vorstellung trugen auswendig gelernte Lieder vor und waren nicht in der Lage, mündliche Epik im Lordschen Sinn hervorzubringen. Er behandelt nirgendwo den Fall, wo die Vorstellung von einem „festgelegten, ‚korrekten' Text" aus der Mündlichkeit kommt und nicht aus einer konkurrierenden Schriftlichkeit, da dieser Fall in der von ihm untersuchten Praxis nicht vorkam. Er war natürlich hauptsächlich um das Aussterben seines Forschungsobjekts besorgt und die Verbreitung auswendig gelernter Texte bedrohte tatsächlich das Fortleben der mündlichen Epenkomposition. In seiner Praxis hatte er einerseits Sänger beobachtet, die noch voll im Besitz der traditionellen Kompositionsmittel waren, und andererseits Sänger, die diese Kunst nur nachgeahmt haben, indem sie schriftlich feststehende Texte auswendig gelernt haben und im Stil der Guslari vorgetragen haben. Diese Sänger beherrsch-

---

[3] Cambridge, Mass., 1960 (Dt.: Der Sänger erzählt, München 1965). – Parrys Schriften findet man in Milman Parry, The Making of Homeric Verse, Oxford 1971.
[4] Mündlich im Laufe eines längeren Gesprächs über dieses Thema.

ten nicht mehr die alte „Improvisationskunst" und waren völlig vom festen,
vorgefaßten und in diesem Fall immer schriftlichen Text abhängig. Neuere
psychologische Forschung hat die Richtigkeit von Lords Bild der „impro-
visatorischen" Dichtkunst erhärtet, aber es fehlt an ähnlichen Studien über
die Weitergabe fester Texte ohne Schrift.[5]

Es gibt eine ganze Reihe von verschiedenen Kompositions- und Über-
lieferungstechniken bei mündlichen Dichtern/Vortragskünstlern in der Welt
und die Form, die Lord beschreibt, ist nur eine von mehreren Arten
schriftlos entstehender und überlieferter Dichtung. Lords „oral poetry", eigentlich das „mündliche Epos", setzt eine Reihe von Bedingungen voraus,
die keineswegs überall gegeben sind. Erstens gilt die „oral formulaic"-
Theorie nur für breitere erzählende Dichtung, die in metrischer Form im
Laufe des Vortrags komponiert wird. Nur diese Kombination benötigt eine
flexible, für alle Bedürfnisse der traditionellen Erzählung adäquate Sprache, die aber andererseits fast automatisch metrisch korrekte Verse erzeugt.
Finden wir eine so geartete Sprache in einer Situation in der Vergangenheit,
wo mündliche Epik zu erwarten wäre, dann müßten gewichtige Argumente
gebracht werden, um die Wahrscheinlichkeit einer mündlichen Dichtkunst
nach der Art der „oral poetry" zu leugnen.

Ruth Finnegans breit angelegte Studie mehrerer mündlicher Dichtungs-
traditionen bietet eine willkommene Ergänzung zur Enge der Lordschen
Darstellung.[6] Dort finden wir eine breite Skala an verschiedenen mündlichen Dichtarten. Als Gegenbeispiel zur improvisierten mündlichen Epik
Parry-Lordscher Prägung weist sie auf die besondere Dichtkunst der Somali, die von den Afrikanisten Andrzejewski und Lewis beschrieben wurde. In ihrer Studie dieser Dichtung weisen sie auf die Kompositions- und
Überlieferungsbedingungen der Texte.[7] Die Somali-Dichter komponieren
ihre Gedichte im Stillen und tragen sie dann auswendig vor. Die Dichtung
ist so kompliziert in Wortstellung und Reimtechnik (Stabreim!), daß nur
geringfügige Änderungen im Wortlaut möglich sind, ohne daß das Gedicht
verdorben wird. Die so komponierten Gedichte werden zusammen mit den
Namen der Dichter durch die Generationen weitergegeben. Von Komposition während des Vortrags kann hier keine Rede sein. Leider haben die
Autoren der Studie die von Parry und Lord durchgeführten Experimente
nicht durchgeführt, um festzustellen, ob die Texte wirklich so genau über-

---

[5]   David C. Rubin, Memory in oral traditions. The cognitive psychology of epic, bal-
     lads, and counting-out rhymes, Oxford 1995. Rubins Studie enthält jedoch Hinweise,
     wie eine solche Dichtung aussehen müßte.
[6]   Ruth Finnegan, Oral Poetry. Its Nature, Significance, and Social Context, Cambridge
     1977, S. 73 ff.
[7]   B. W. Andrzejewski und I. M. Lewis, Somali Poetry. An Introduction, Oxford 1964.

liefert werden, wie ihre Dichter und Kenner behaupten. Ihre Beschreibung
der Rezeption der Dichtung ist aber für unsere Zwecke recht interessant:

> For the Somalis, listening to poetry is thus not only an artistic pleasure, but provides
> them with the fascinating intellectual exercise of decoding the veiled speech of the
> poet's message. Sometimes, however, vagueness and obscurity reaches such a pitch
> that the average listener would be quite perplexed were it not for the fact that there is
> a tacit poetic convention to help him: [...]
> A poem passes from mouth to mouth. Between a young Somali who listens today to a
> poem composed fifty years ago, five hundred miles away, and its first audience there
> is a long chain of reciters who passed it one to another. It is only natural that in this
> process of transmission some distortion occurs, but comparisons of different versions
> of the same poem usually shows a surprisingly high degree of fidelity to the original.
> This is due to a large extent to the formal rigidity of Somali poetry: if one word is
> substituted for another, for instance, it must still keep to the rules of alliteration, thus
> limiting very considerably the number of possible changes. The general trend of the
> poem, on the other hand, inhibits the omission or transposition of lines.[8]

Man meint hier eine Beschreibung der Skaldik zu lesen! Die Beschreibung
der Komposition deckt sich ziemlich genau mit der berühmten Stelle in der
Egils saga Skallagrímssonar, wo Egil seine Haupteslösung im Stillen
komponiert, um sie dann am nächsten Morgen vor dem König vorzutra-
gen.[9] Die Weitergabe der Gedichte verläuft genau so, wie sich Nordisten
seit Snorri die Tradierung der Skaldenstrophen vorgestellt haben. Und
schließlich könnte "the fascinating intellectual exercise of decoding the
veiled speech of the poet's message" ebenfalls wörtlich aus einer Beschreibung der Wirkung der Skaldik bei ihren Zuhörern stammen.

Die Entwicklung der Skaldik im neunten Jahrhundert forderte eine neue
Disziplin des Gedächtnisses. Wie die Strophen der Somali waren die Skaldenstrophen kompliziert genug, um ein nahezu perfektes Auswendiglernen
notwendig zu machen. Die mündliche Weitergabe dieser Strophen von ihrer Entstehung bis zur Verschriftlichung im 13. Jahrhundert ist keineswegs fehlerfrei verlaufen, aber die Vorstellung eines festen Textes war in
dieser mündlichen Dichtung nicht nur vorhanden, sondern auch notwendig. Diese vermutlich neue Kunst der Skalden machte eine eiserne Disziplin im Auswendiglernen erforderlich.

Die wissenschaftliche Begegnung zwischen der sog. „oral poetry"-Theo-
rie und der altnordischen Dichtung ist bisher etwas unbefriedigend verlaufen. Die beiden Aufsätz von Lars Lönnroth bemühen sich, Spuren mündli-

---

[8]   Andrzejewski und Lewis, S. 44-46.
[9]   Egils saga Skallagrímssonar, hg. v. Sigurður Nordal (ÍF 2), Reykjavík 1933, S. 177-
      192.

cher Formelhaftigkeit in Eddaliedern zu finden.[10] Dabei erkennt er, daß diese keineswegs in der von Albert Lord beschriebenen Weise entstanden sein können. Er ist auch sehr stark von der traditionellen Formelvorstellung abhängig. Die *jǫrð ok upphiminn*-Formel, der er seinen zweiten Aufsatz widmet, ist wohl für die Geschichte germanisch-christlichen Denkens von Bedeutung, aber sie ist nur am Rande als mündliche Epenformel interessant. Joseph Harris[11] hat das Problem in einer Untersuchung der verschiedenen Fassungen der *Helgakviða Hundingsbana* etwas differenzierter in Angriff genommen. Hier geht er von einer schriftlichen Harmonisierung zwei konkurrierender mündlicher Fassungen aus. Für ihn ist HH(I) eine skaldische Revision von Stoffen, die in HH(II) von einer früheren Stufe überliefert sind. In einem neueren Aufsatz[12] untersucht er die mögliche Interaktion zwischen Runen und Skaldik, wobei die Gegenständlichkeit der in Runen festgehaltenen Sprache zur Vorstellung einer Gegenständlichkeit der Sprache bzw. der in Skaldenstrophen geformten Sprache überhaupt beiträgt. Sowohl Lönnroth als auch Harris (und die wenigen weiteren Forscher, die sich mit dieser Frage beschäftigt haben) erkennen die Unzulänglichkeit der „oral poetry"-Theorie sowohl für Skaldendichtung wie auch für die Eddalieder und gebrauchen nur einzelne Züge davon.

Die gemeingermanische Heldendichtung war aber, wenn nicht alles täuscht, von der Art, die Parry und Lord sowohl für Homers Vorgänger als auch für die südslawischen Sänger erkannt haben, d. h. „oral poetry", die bei jeder Aufführung neu entstand.[13] Diese Dichtung hinterließ seine Spuren am deutlichsten in der altenglischen Erzähldichtung. Die Kombination von formelhafter Sprache, lockerer Fügung der Verse, verbreiteten typischen Szenen, und traditionellen Erzählschablonen, die sich in fast jeder Gattung altenglischer Erzähldichtung manifestiert, läßt sich am einfach-

---

[10] Hjálmars Death-Song and the Delivery of Eddic Poetry, in: Speculum 46 (1971), S. 1-20. *Iörð fannz æva né upphiminn*. A formula analysis, in: Speculum Norrœnum: Norse Studies in Memory of Gabriel Turville-Petre, Odense 1981, S. 310-327.

[11] Eddic Poetry as Oral Poetry: The Evidence of Parallel Passages in the Helgi Poems for questions of Composition and Performance, in: Edda: A Collection of Essays, Winnipeg (Manitoba) 1983, S. 210-242.

[12] Romancing the Rune: Aspects of Literacy in Early Scandinavian Orality, in: Atti Accademia Peloritana dei Pericolanti (1996), S. 109-140.

[13] Die neuesten Kritiken dieser Interpretation der Indizien können nicht überzeugen: Theodore M. Andersson, in: Heldensage und Heldendichtung im Germanischen, Berlin 1988, S. 1-14. Werner Schröder, Ist das germanische Heldenlied ein Phantom?, in: Zeitschrift für deutsches Altertum und deutsche Literatur 120 (1991), S. 249-256.

sten dadurch erklären, daß sie aus einer lebendigen mündlichen Epensprache entnommen wurden. Wir finden dieselben Phänomene in der altsächsischen Bibeldichtung sowie im althochdeutschen *Hildebrandslied*.
Keiner der überlieferten Texte ist – im Sinne der Lieder der Milman-Parry-
Sammlung – ein „mündliches" Gedicht; alle sind, soweit wir feststellen
können, als Schriftwerke konzipiert und ausgeführt worden, aber ihre Sprache und Kompositionsmittel verraten deutlich ihre Herkunft aus der zeitge-
nössischen mündlichen Epik. Man kannte in diesen Sprachgemeinschaften
keine andere Art volkssprachiger Dichtung und hat die besondere Sprache
der mündlichen Heldenepik für andere Zwecke übernommen. Die schriftlich überlieferten Gedichte sind mit ziemlicher Sicherheit als Schriftwerke
konzipiert und ausgeführt worden, aber sie haben die jedem Mitglied der
Sprachgemeinschaft bekannte Sprache der mündlichen Epik für die neuen
Zwecke eingesetzt. Wenn dies nicht der Fall wäre, müßten wir uns die Erfindung einer Dichtersprache vorstellen, die in jeder Hinsicht den techni-
schen Anforderungen einer mündlichen Epensprache entspricht, ohne daß
die Erfinder dieser Sprache eine solche Epik gekannt haben. Man muß sich
auch vorstellen, daß sie für Bibeldichtung und Heiligenlegenden Formeln
und Erzählschablonen erfunden hätten, die nur in germanischer Heldenepik
zu Hause gewesen wären.

Die Eddalieder weisen allerdings ein anderes Bild auf. Die Gemeinsamkeiten zwischen der Sprache und der Metrik der Eddalieder und der der
südgermanischen Dichtung lassen eine gemeinsame Quelle aller Formen
erkennen. Hinzu kommt das Vorhandensein kontinentaler Stoffe in den
nordischen Liedern. Die Lieder der Edda behandeln Stoffe, die spurenhaft
schon in altenglischer Dichtung und dann breit in mittelhochdeutscher
Dichtung erzählt werden. Stoff und Form deuten also auf eine gemeinsame
Vorstufe für diese Dichtungen, genau wie Wortschatz und Morphologie
eine gemeinsame sprachliche Vorstufe für die germanischen Sprachen sichern. Es gibt aber Unterschiede zwischen den Eddaliedern und der südgermanischen Dichtung in Stil und Form, die auf einen mehr oder weniger
scharfen Bruch zwischen den beiden Gruppierungen hindeuten.

Die Lieder, die man als eddisch bezeichnen kann (d. h. die Lieder des
Codex Regius und die verschiedenen Lieder, die traditionell hinzugerech-
net werden), bilden keineswegs eine einheitliche Gattung.[14] Um die folgende Diskussion so einfach wie möglich zu gestalten, berücksichtige ich nur
die erzählende Dichtung der vermutlichen ältesten Schicht wie die Siguró-
und Atlilieder. Die prophetischen Lieder, die große Sammlung Weisheits-
strophen, die Rätsel- und Senna-Lieder unter den Götterliedern, sowie die

---

[14]   Den damaligen Stand der Forschung umreißt Joseph Harris, Eddic Poetry, in: Old
       Norse-Icelandic Literature: A critical Guide, Ithaca 1985, S. 68-156. Hier werden die
       Datierungsfragen auch referiert.

eindeutig späten Zusätze wie *Grípisspá* oder *Helreið Brynhildar* sind weitere Entwicklungen entlang der Linie, deren Anfänge ich hier skizzieren möchte.

Der Unterschied zwischen der gemeingermanischen Dichtung und den Eddaliedern geht viel weiter als der Unterschied zwischen Altenglisch (bzw. Altsächsisch oder Althochdeutsch) und Altnordisch als Sprachen. Für unsere Fragestellung steht die Frage nach dem Vorkommen der bekannten Merkmale mündlicher Epenimprovisation an erster Stelle. Die Frage der mündlichen Formel spielt hier eine wichtige Rolle. Der Formelbegriff selbst ist aber keineswegs unproblematisch. Es gibt einen Formelbegriff in der Germanistik, die seit den frühen Jahrzehnten des vorigen Jahrhunderts gebraucht wird. Helmut de Boor[15] definiert die Formel als „die von der Allgemeinheit anerkannte und übernommene und dadurch traditionell gewordene Prägung eines Gedankens oder Begriffes, die in derselben oder annähernd der gleichen Fassung in verschiedenen Zusammenhängen jederzeit wiederkehren kann." Besonders beliebt sind stabreimende Zwillingsformeln wie „Haus und Hof", „Land und Leute" usw. Parry hat die „oral poetry"-Forschung ein wenig in die falsche Richtung gesteuert, indem er sehr stark auch auf festgeprägte Formeln getippt hat. Für Parry war eine Formel „a group of words regularly employed under the same metrical conditions to express a given essential idea". So entstand die Vorstellung von der „oral poetry" als mosaikartiges Zusammensetzen fertiger Teilchen. Spätere Forscher haben darauf hingewiesen, daß Parrys Definition (und die dahinter stehende Vorstellung) problematische Aspekte hat, aber es gibt meines Wissens nur Ansätze zu einer neuen Beschreibung der „Formel"-Sprache der mündlichen Epik, die über diese vereinfachende Vorstellung hinausgeht. Meine Untersuchung der mittelhochdeutschen Epensprache hat versucht, die metrisch-syntaktischen Modelle in der Tiefenstruktur darzustellen.[16] Donald Fry[17] hat auch für das Altenglische eine Definition der mündlichen Formel aus dem Formelsystem, d. h. aus der Gruppe verwandter Formeln, die die Flexibilität der Epensprache ermöglicht, heraus entwickelt. Die Tatsache, daß ein Vers mehr als einmal in einem gegebenen Korpus Dichtung vorkommt, beweist nicht, daß dieser Vers eine mündliche Formel wiedergibt. M. E. liegt die besondere Natur der mündlichen Epensprache viel tiefer, und zwar auf der Ebene der metrisch-syntaktischen Ordnung. Aufschlußreich sind die Gedanken von Alois Schmaus, der in diesem

---

[15] Formel, in: Reallexikon der deutschen Literaturgeschichte, Bd. 1, Berlin 1925/26, S. 367 f.

[16] Mündliches Epos in mittelhochdeutscher Zeit (GAG 164), Göppingen 1975.

[17] Old English Formulas and Systems, in: English Studies 48 (1967) S. 193-204.

Zusammenhang vom „metrisch-syntaktischen Modell" spricht.[18] Mündliche Epen, die nach dem Modell von Parry und Lord bei jeder Aufführung neu entstehen, weisen selbstverständlich viel mehr wiederholte Verse auf als etwa ein schriftliches Erzählgedicht, aber diese ‚Formeldichte' kann genauso gut durch das Zusammenwirken einer begrenzten Anzahl von metrisch-syntaktischen Modellen mit einem ohnehin kleinen Wortschatz wie durch das mosaikartige Einsetzen festgeprägter Formeln zustandekommen.[19] Ein (auch schriftliches) Erzählgedicht, das durch die Sprache einer traditionellen improvisierten Epik zum Ausdruck gebracht wird (z. B. *Beowulf*, *Nibelungenlied*), weist viele wiederholte Verse auf, und diese Verse weisen indirekt auf die mündliche Epensprache, die vom Dichter eingesetzt wurde, aber wir können nicht sagen, daß *dâ sprach gezogenlîche* eine mündliche Formel der mittelhochdeutschen Heldenepik ist, weil es dreimal im *Nibelungenlied* vorkommt. Aber wir können erkennen, daß diese Wendung zu zwei großen metrisch-syntaktischen Gruppierungen gehört: einerseits zur sehr großen Gruppe von Anversen mit dem Wort *sprach* in der ersten Hebung und andererseits zur fast ebenso großen Gruppe von Anversen, die ein Wort mit *-lîche* in der Zäsur aufweisen. Ausgiebiges Material zu dieser Frage findet sich in meiner Dissertation.[20]

Die *Atlakviða*[21] gehört mit ziemlicher Sicherheit zur älteren Schicht der Eddalieder. Sie weist einen altmodischen Stil auf und erzählt ihre Geschichte ohne Hilfe von Prosa oder anderen Stützen (sieht man vom Hinweis am Schluß der Dichtung ab, die Geschichte sei *gleggra* in den *Atlamál* zu erfahren). Dieses Gedicht müßte in nächster Nähe zum traditionellen gemeingermanischen Heldenlied stehen, wenn es überhaupt solche Lieder in der Edda gibt. Sie unterscheidet sich aber gerade in den Einzelheiten, die für das Erkennen mündlicher Komposition wichtig sind, von den südgermanischen Ependichtungen. Verschiedene Studien haben bei Werken der altenglischen Dichtung eine Wiederholungsdichte (bezogen auf das gesamte Korpus der altenglischen Dichtung) von 20-30% ermittelt.[22] Die *Atla-*

---

[18]   Formel und metrisch-syntaktisches Modell (Zur Liedsprache der Bugarštica), in: Welt der Slaven 5 (1960), S. 395-408. Ähnlich argumentiert fürs Altenglische: Frederic G. Cassidy, How Free was the Anglo-Saxon Scop?, in: Franciplegius: Medieval and Linguistic Studies in Honor of Francis Peabody Magoun, Jr., New York 1965, S. 75-85.

[19]   Edward R. Haymes, Formulaic Density and Bishop Njegos, in: Comparative Literature 32 (1980), S. 390-401.

[20]   Anm. 16.

[21]   Zitiert nach der Ausgabe von Gustav Neckel / Hans Kuhn, 4. Aufl., Heidelberg 1962. Das Finden von Parallelstellen ermöglichte Robert L. Kellogg, A Concordance to Eddic Poetry, East Lansing 1988.

[22]   Zusammenfassung bei John Miles Foley, The Theory of Oral Composition: History and Methodology, Bloomington 1988.

kviða weist demgegenüber eine Wiederholungsdichte von weniger als 10% auf, wobei nur 1,4% der Verse außerhalb der *Atlaviða* wiederholt werden, d. h. zur breiteren „Tradition" der Eddasprache gehören. Betrachten wir den „Formelgehalt" der *Atlakviða* etwas näher.

Bezogen auf das Korpus der Eddalieder finden wir in der *Atlakviða* nur 25 ganze Verse, die wiederholt werden, wobei 21 nur innerhalb der *Atlakviða* selbst ihre Entsprechung finden. Es finden sich zwar einzelne Formeln im herkömmlichen Sinn wie *sverði hvǫsso* und *þióðkonunga*, aber sie sind außerordentlich selten. Es finden sich im ganzen nur vier Verse, die eine wörtliche Entsprechung außerhalb der *Atlakviða* haben.

Es fehlt auch weitgehend an den Formelsystemen, die für mündliche Epenkomposition wichtiger sind als festgeprägte Formeln. Wir finden zwar die Inquit-Formel *þá qvað þat Gunnarr*, die 19 Entsprechungen (mit verschiedenen Sprecherangaben) im Korpus hat. Allerdings bilden die Verse mit den Inquit-Formeln in beiden Fällen eine fünfte Zeile in der Strophe, und es ist nicht auszuschließen, daß sie spätere Zusätze sind. Man hätte sie ohne weiteres als stilvolleren Ersatz für die in der Edda sonst häufigen Sprechernennungen, die außerhalb der Strophe stehen, einsetzen können. Die Ergänzungen in den Inquit-Zeilen sind ebenfalls häufige Heldenformeln: *gumna drótinn* und *geir-Niflungr*, die keine genauen, aber mehrere ähnliche Entsprechungen im Edda-Korpus aufweisen. Sonst finden wir so gut wie keine klar erkennbare Formelsysteme vertreten.

Die wiederholten Verse häufen sich in den spiegelbildlich aufgebauten Szenen, in denen die Herzen Hiallis und Hǫgnis vor Gunnar getragen werden. Zehn der Belege finden sich in diesen beiden Strophen. Die übrigen Verdoppelungen verraten eine bewußte Gestaltung und nicht den fast mechanischen Einsatz vorgegebener Schemen, wie sie in der improvisierten Epik zu beobachten sind. Die ganzzeilige Wendung *mar inom mélgreypa, Myrcvið inn ókunna* wird gebraucht, um Knéfrǫðrs Reise von *Húnmǫrc* zu Gunnar zu gestalten (Str. 3) und später für die Rückreise mit Gunnar und Hǫgni (Str. 13). Drei weitere Paare (*dafar, darraða; af geiri giallanda* und *vín í valhǫllo*) verbinden die erste mit der zweiten Szene. Diese Wiederholungen sind weder traditionelle festgeprägte Wendungen im Sinne der Definition von de Boor und Mohr noch sind sie mündliche Bausteine im Sinne der Parry-Lord-Theorie. Sie sind vielmehr bewußt eingesetzte Ausdrucksmittel, die verschiedene Episoden sprachlich miteinander verbinden. Als solche können sie dem Auswendiglernen des Gedichts dienlich sein.

Wenn die Eddalieder auswendig gelernt werden mußten, dann waren beide Hauptgattungen altnordischer Dichtung von dieser Technik der Memorialüberlieferung geprägt. Von dieser Feststellung aus ist es kein großer Sprung, die Skalden als Dichter der Eddalieder zu vermuten. Feliz Genzmer hat vor geraumer Zeit Þorbjörn hornklófi als Dichter der *Atlakviða* plausi-

bel gemacht.[23] In einem früheren Aufsatz beschreibt er den Gebrauch eddischer Strophenformen in Skaldendichtungen, um „eddische Preislieder"
zu produzieren.[24] Die oben zitierten Aufsätze von Joseph Harris belegen
auch Gemeinsamkeiten zwischen bestimmten Eddaliedern und der Skaldik.
Auf jeden Fall waren Skalden in der Lage, Lieder eddischer Form und Inhalt hervorzubringen. Von dieser Feststellung her stellt sich die Frage, ob
nicht die Skalden überhaupt die Dichter der Lieder waren. Eine schlüssige
Antwort auf diese Frage ist bei der Überlieferungslage nicht zu gewinnen,
aber sie bildet eine nützliche Hypothese, die das Besondere an den Eddaliedern innerhalb der germanischen Tradition erklären könnte.

Uns bleibt noch die Frage: Warum würden die Skalden solche Lieder
komponieren? Sie galten allen Indikationen nach als minderwertig. Sie
würden, als anonym überlieferte Kunstwerke, kaum zum Ruhm ihrer Verfasser beitragen. Wir sind hier auf Vermutungen angewiesen, aber es gibt
zwei plausible Gründe für solche dichterische Anstrengungen. Erstens
brauchten die Skalden eine Version der Heldensage, die sie in ihrem Repertoire führen konnten. Lords Beobachtung, die Vorstellung eines festen Textes könne die alte Improvisationskunst zerstören, wird auch in einer fast
schriftlosen Umgebung ihre Geltung gehabt haben. Skalden, die ihre eigenen und fremden Strophen auswendig lernen mußten, werden am besten
mit Heldendichtung in fester Gestalt zurechtgekommen sein. Zweitens
benötigten die Skalden eine Kenntnis der Helden- und Göttersagen bei
ihren Hörern, da sonst die feinen Pointen mancher Kenninge ver-
lorengegangen wären. Wenn Gisli Súrsson in einer Strophe (Nr. 12 in der
Saga) Guðrún Gjukadóttir erwähnt, dann muß er auch voraussetzen, daß
sein Publikum eine Version einer *Sigurðarkviða* gekannt hat. Da wir von
keiner besonderen Gilde von Heldensängern hören, dürfen wir annehmen,
daß die Skalden- und Eddadichtung von denselben Vortragenden beherrscht werden. Wenn wir uns fragen, wie solche Lieder aussehen müßten,
d. h. Lieder, die aus traditionellen germanischen Stoffen, aber mit Hilfe
gewisser Kompositionsmittel der Skaldik geschaffen wurden, dann müßten
wir das erwarten, was wir in dem Codex Regius vorfinden.

Diese Nähe zur Skaldik ist auch auf anderen Ebenen sichtbar. Der auf-
fallendste formale Unterschied zwischen den Eddaliedern und der südgermanischen Epik liegt in der Strophenform der nordischen Dichtung. Diese
Strophenform basiert auf der traditionellen Stabreimzeile, aber sie unter-
bricht den lockeren Fluß der älteren Dichtung mit ihren Sätzen von fast
beliebiger Länge und der Möglichkeit einer lockeren syntaktischen Fügung.
Die Strophen der Eddalieder bündeln die Materie in Einheiten, die im Ge-

---

23   Der Dichter der Atlakvida, in: Arkiv för nordisk filologi 42 (1926), S. 97-134.
24   Das eddische Preislied, in: PBB 44 (1919), S. 146-168.

dächtnis haften bleiben. Die Strophenformen der Eddalieder kommen nur vereinzelt in der Skaldik vor, aber sie sind auch dort nicht unbekannt, wie Genzmers „eddische Preislieder" zeigen. Mit anderen Worten, die Dichter konnten die Grenze zwischen Eddalied und Skaldik in beiden Richtungen überschreiten. Wenn die Lieder der Edda durch mehr oder weniger radikale Neukomposition germanischer Helden- und Götterstoffe durch Mitteln der Skaldik zustandegekommen sind, dann dürfen sie nicht mehr als Ersatz für die verlorene gemeingermanische Dichtung gebraucht werden. Die Tradition der Eddalieder ist eine weitere Entwicklung, die wegen ihrer gründlichen Neugestaltung kein zuverlässigeres Bild der germanischen Heldendichtung liefert als etwa die mittelhochdeutsche Heldenepik. Daß die Gestaltung etwa der Atlisage altertümlicher aussieht als die zweite Hälfte *des Nibelungenliedes*, läßt sich nicht leugnen, aber diese Gestaltung läßt sich genausogut als nordische Umformung der Sage verstehen wie als treue Wiedergabe einer besonders altertümlichen Sagenform. Die „oral poetry"-Forschung kann auch hier nützliche Hilfe leisten, aber nur wenn sie kritisch und behutsam eingesetzt wird und weder der überenthusiastischen und unkritischen Zustimmung noch der ebenso blinden Ablehnung ausgesetzt wird. Die Lieder der Edda gehören nicht zum Typ des mündlichen Heldenepos südslawischer Prägung, aber Beobachtungen aus dem Studium solcher Epik können uns eventuell weiterbringen in unserem Bestreben, die vorliterarische Geschichte der nordischen Poesie besser zu verstehen.

Anhang

(Alle Abkürzungen richten sich nach der Ausgabe von Neckel / Kuhn [⁴1962].)

Verse (Halbzeilen), die außerhalb der Akv. wiederholt werden:
6,6 *á Gnitaheiði*: Grp. 11,4
38,8 *oc buri svása*: Hm. 10,2
39,3 *hringom rauðom*: *hringa rauða* Rgn 15,7; Gðr. ll 25,5
43,6 *þióðkonunga*: Hm. 4,2; Ghv. 14; *þióðkonungar* Sg. 35,6; 39,10
24,1 *Hló þá Hǫgni* Am. 65,5

Verse, die innerhalb der Akv. wiederholt werden:
2,3 *vín í valhǫllo*: Akv. 14,11
3,3-4 *mar inom mélgreypa, Myrcvið inn ókunna*: Akv. 13,3-4 *marina mélgreypo, Myrcvið inn ókunna*
4,7 *dafar, darraða*: Akv. 14,9
5,3 *af geiri gjallanda*: Akv. 14,15 *með geiri gjallanda*
11,2 *arfi Niflunga*: Akv. 27,8
13,3-4 siehe 3,3-4
14,9 siehe 4,7

14,11 siehe 2,3
23,3 *Hér hefi ec hiarta*: Akv. 25,3
23,4 *Hialla ins blauða*: Akv. 25,6
23,6 *Hǫgna ins frœcna*: Akv. 25,4
23,8 *er á biôði liggr*: Akv. 25,8
23,10 *er í briósti lá*: Akv. 25,10 *þá er í briósti lá*
25,3 siehe 23,3
25,4 siehe 23,6
25,6 siehe 23,4
25,8 siehe 23,8
25,10 siehe 23,10
27,8 siehe 11,2

23,1 *Þá qvað þat Gunnarr*: cf. 25,1 *Mœrr qvað þat Gunnarr*
Þá qvað þat Heimdallr Þrk. 15,1
— *Þórr* Þrk. 17,1
— *Loki* Þrk. 18,1
— *Þrymr* Þrk. 22,1; 25,1; 30,1
— *Sigrún* HH. 54,5
— *Brynhildr* Br. 8,1; Gðr. I 23,1; 25,1
— *Guðrún* Br. 11,1
— *Herborg* Gðr. I 6,1
— *Gullrǫnd* Gðr. I 12,1; 17,1; 24,1
— *Hamðir* Ghv. 4,1; 8,1
— *Menja* Grt. 4,5   (18 Belege)

23,2 *gumna drótinn*
hafra drótinn Hym 20,2; 31,2
þursa drótinn Þrk. 6,2; 11,2
Niára drótinn Vkv. 6,2; 13,2; 30,8
skatna drótinn Grp. 5,2
seggia drótinn Br. 6,6
Gotna drótinn Grp. 35,6   (10 Belege)

24,1 *Hló þá Hǫgni*
Hló þá Brynhildr Br. 10,1; Sg. 30,1
— *Atla* Gðr. III 10,1
— *Hǫgni* Am. 65,5
— *Iǫrmunreccr* Hm. 20,1   (5 Belege)

Die jüngere altisländische *Tristrams saga ok Ísoddar* und ihre literarische Tradition [1]

SUSANNE KRAMARZ-BEIN (MÜNSTER)

I. *Tristan*-Überlieferungen im mittelalterlichen Skandinavien

Nicht nur der europäische Kontinent hat seine *Tristan*-Überlieferungen, sondern auch der Norden kann mit Versionen dieses im Mittelalter überaus beliebten Stoffes von der Fatalität des Liebesdreiecks und der ‚unerfüllbaren Liebe' aufwarten. Die altnordische *Tristan*-Überlieferung besteht im wesentlichen aus zwei Prosaerzählungen, nämlich der älteren ursprünglich altnorwegischen *Tristrams saga ok Ísǫndar* [2], die laut Prolog im Jahr 1226 von *bróðir* Róbert auf Geheiß von König Hákon in altnorwegischer Sprache angefertigt wurde, und der jüngeren **altisländischen** *Tristrams saga ok Ísoddar* von etwa 1450. [3] Neben diesen beiden Sagas hat der *Tristan*-Stoff im Norden besonders auch in die spätmittelalterliche Balladen- und Märchendichtung

---

[1]   Der vorliegende Aufsatz basiert auf meiner gleichnamigen Bonner Antrittsvorlesung am 3. Dezember 1997, wurde aber für die Druckfassung entsprechend bearbeitet und erweitert.

[2]   Die ursprünglich altnorwegische *Tristrams saga ok Ísǫndar* wird nach Kölbings Ausgabe (1878) zitiert, in deren umfangreicher und immer noch lesenswerter Einleitung (S. XI-CXLVIII) er sich besonders mit den Übereinstimmungen und Unterschieden zwischen der Saga-Version, Thomas' und Gottfrieds Text sowie dem mittelenglischen *Sir Tristrem* befaßt. Die im Text in Klammern hinzugefügten Stellenangaben verweisen auf diese Ausgabe. – Die von Paul Schach geplante kritische Neuausgabe, in der auch die Handschriften-Fragmente berücksichtigt werden sollen, ist leider noch nicht erschienen; vgl. jetzt aber: Vésteinn Ólason (ed.), Saga af Tristram og Ísönd, Reykjavík 1987.

[3]   Als Ausgabe wird Gísli Brynjúlfssons Text von 1851 zugrunde gelegt. Vgl. aber auch die von Foster W. Blaisdell herausgegebene Faksimile-Ausgabe, The Sagas of Ywain and Tristan and Other Tales: AM 489 4to, Copenhagen 1980 (= Early Icelandic Manuscripts in Facsimile, 12). Eine englische Übersetzung der altisländischen Saga und der Ballade *Tristrams kvæði* wurde von Joyce Hill besorgt: The Tristan Legend. Texts from Northern and Eastern Europe in modern English translation, Leeds 1977 (= Leeds Medieval Studies 2).

(hauptsächlich aus der zweiten Hälfte des 15. Jahrhunderts) Eingang gefunden, hier sind besonders hervorzuheben das berühmte altisländische *Tristrams kvæði*, das den tragischen Liebestod der Protagonisten in poetische Worte faßt, sowie ferner der färöische *Tístrams táttur* und dänische *Tristan*-Balladen.[4]

Im folgenden wird der Blick hauptsächlich auf die beiden Prosaversionen des Stoffes (Sagas) und ihr Verhältnis zueinander gerichtet. Damit zeichne ich zugleich die Entwicklung des *Tristan*-Stoffes in Skandinavien nach und suche nach Erklärungen für den Wandel in der Darstellung und im Erzählstil. Die ältere und die jüngere *Tristrams saga* unterscheiden sich auf charakteristische Weise voneinander: Während die ältere altnorwegische Saga ein Zeugnis von der höfischen Kultur Norwegens um die Mitte des 13. Jahrhunderts ablegt, hat die eigenwillige jüngere Version seit alters den Ruf, die ,ungebildete' oder ,flegelhaft-bäurische' Darstellung der ,edlen Leidenschaft' zu sein, die zum Zweck der bloßen Unterhaltung oder in parodistischer Absicht aufgezeichnet wurde.

Terminologisch bezeichne ich die beiden Sagas jeweils als die (ursprünglich) altnorwegische und als die altisländische *Tristrams saga* oder – noch kürzer – als die ältere bzw. als die jüngere *Tristrams saga*. Aber, was auf den ersten Blick einfach erscheint, nämlich die Altersfrage und die Frage nach den Textbeziehungen der beiden Sagas, gestaltet sich auf den zweiten Blick als eine von der Forschung kontrovers diskutierte Fragestellung, die nicht zuletzt auch abhängig ist von den zugrundegelegten Quellenverhältnissen und genereller von Streitfragen in der Riddarasaga-Forschung (darunter die Kontroverse um das sog. ,Róbert'-Vokabular). Dem Rahmenthema des Sammelbandes *Erzählen im mittelalterlichen Skandinavien* entsprechend, in dessen Mittelpunkt die Erprobung neuer Ansätze steht, gelangen hier zur Klärung der kontroversen Quellenfrage erstens neuere Ansätze der Intertextualitätsforschung und zweitens neuere literatursoziologische Fragestellungen der Riddarasaga-Forschung zur Anwendung.

Bevor nun gleich die Rede auf die diversen Kontroversen nicht nur in der nordischen *Tristram*-, sondern auch in der kontinentalen *Tristan*-Philologie kommt, sind vorab einige klärende Bemerkungen bezüglich der Quellenverhältnisse in Erinnerung zu rufen.

---

[4] Zur *Tristan*-Stoffgeschichte im Norden vgl. Paul Schach, Tristan in Iceland. In: Prairie Schooner 36, 1962, S. 151-164, P. S., Tristan and Isolde in Scandinavian Ballad and Folktale. In: Scandinavian Studies 36, 1964, S. 281-297 sowie Schach 1969.

I.1. Quellenverhältnisse der *Tristan*-Überlieferung

Seit den Thomas-Rekonstruktionen Joseph Bédiers[5] unterscheidet man zwei Branchen der *Tristan*-Überlieferung, zum einen die höfische Thomas-Form und zum zweiten die populäre Béroul-Branche. Der nur fragmentarisch erhaltene anglonormannische *Roman de Tristan* des Thomas de Bretagne selbst entstand vermutlich zwischen 1172 und 1175. Die ursprünglich altnorwegische *Tristrams saga ok Ísǫndar* ist eine Übertragung dieses *Tristan*-Romans; sie gehört also dem höfischen Überlieferungszweig an. Die altnorwegische Saga spielt bei der Rekonstruktion des anglonormannischen *Tristan* eine zentrale Rolle, weil sie als die einzig vollständige Textzeugin des Thomas-Zweiges der Überlieferung gilt.[6] Zu dieser höfischen Form der Thomas-Branche der *Tristan*-Erzählung („version courtoise") zählen ferner der bekannte, aber ebenfalls nur fragmentarisch erhaltene mittelhochdeutsche *Tristan* Gottfrieds von Straßburg, der zwischen 1200 und 1210 entstand, sowie die mittelenglische Thomas-Adaptation *Sir Tristrem*. Einen anderen Überlieferungszweig repräsentiert die Béroul-Branche (um 1179/80), die auch als die „version commune" bezeichnet wird; sie stellt die populäre, stellenweise auch vulgäre, ‚spielmännische' Form der *Tristan*-Überlieferung dar. Zu ihr gehört u. a. Eilharts von Oberge *Tristrant und Isalde* (um 1170).[7] Wie später zu zeigen ist, verrät die jüngere altisländische *Tristrams saga ok Ísoddar* in einigen charakteristischen Episoden eher Béroul- als Thomas-Einfluß, eine Beobachtung, die von der skandina-

---

[5]   Paris 1902, 1905. Vgl. kritisch dazu: Raymond J. Cormier, Bédier, Brother Robert and the *Roman de Tristan*. In: Études de Philologie Romane et d'Histoire Littéraire offertes à Jules Horrent. Éditées par Jean Marie d'Heur et Nicoletta Cherubini, Liège 1980, S. 69-75. Kritik an Bédiers Zwei-Branchen-Theorie wurde ebenfalls von Thomas angemeldet, die bezüglich der *Tristan*-Überlieferung eher eine „wide-spread ‚cross-fertilisation'" annimmt: Thomas 1983, bes. S. 69, 86-89. – Als *Tristan*-Ausgabe lege ich die von B.H. Wind besorgte Edition (1960) zugrunde.

[6]   Zu den Unterschieden von Thomas' Vorlage und Róberts Adaptation vgl. bereits Bédiers Einleitung zu Thomas, II, S. 64-75, Kölbings Einleitung, S. XI-CXLVIII, ferner Shoaf 1964, S. 80-152, Schach 1965, Gunnlaugsdóttir 1978, hier S. 223-332 sowie Huby 1984, I, S. 13-133.

[7]   Zu den mittelalterlichen Versionen und Fassungen des *Tristan*-Stoffes vgl. Peter K. Stein, Tristan. In: Epische Stoffe des Mittelalters. Hrsg. v. Volker Mertens und Ulrich Müller, Stuttgart 1984, S. 365-394 und Tristan und Isolde im europäischen Mittelalter. Ausgewählte Texte in Übersetzung und Nacherzählung. Hrsg. v. Danielle Buschinger und Wolfgang Spiewok, Stuttgart 1991 (jeweils mit Bibliographie; vgl. auch Einleitung, S. 7-18 und Kommentar, S. 325-361). Vgl. ferner auch: Danielle Buschinger (Hrsg.), Tristan et Iseut, mythe européen et mondial. Actes du Colloque des 10, 11 et 12 janvier 1986, Göppingen 1987 (= Göppinger Arbeiten zur Germanistik, Nr. 474).

vistischen *Tristan*-Forschung allerdings kontrovers beurteilt wird. Eine Entscheidung in der Frage, ob in die ältere *Tristrams saga* selbst bereits nichthöfisches Erzählmaterial Eingang fand, gehört zu den noch zu klärenden Desideraten der *Tristram*-Philologie.

II. Die ältere altnorwegische *Tristrams saga ok Ísǫndar*

Dem ersten Kapitel der älteren *Tristrams saga* geht eine Art Prolog voraus, der zum ersten das Thema prägnant zusammenfaßt: Die nachfolgende Saga handelt von der unerträglichen Liebe, *óbæriliga ást*, die Tristram und die Königin Ísönd für einander empfinden. Der kurze Prolog nennt zum zweiten drei wichtige Daten, nämlich die Jahreszahl 1226, den norwegischen König und Auftraggeber Hákon (= Hákon IV. Hákonarson, 1217-1263) und den Übersetzer *bróðir Róbert*, beides Persönlichkeiten, deren Namen wesentlich mit dem Genre der altnorwegischen Riddarasögur verbunden sind („Var þá liðit frá hingatburði Christi MCCXXVI [Hs. 1226] ár, er þessi saga var á norrœnu skrifuð eptir boði ok skipan virðuligs herra Hákonar konungs. En bróðir Robert efnaði ok upp skrifaði eptir sínni kunnáttu með þessum orðtǫkum, sem eptir fylgir í sǫgunni ok nú skal frá segia", S. 5). Diese Daten des Prologs wurden in der *Tristram*- und genereller der Riddarasaga-Forschung nicht weiter problematisiert, bis Sverrir Tómasson 1977 in seinem wichtigen Aufsatz und zuletzt wieder 1993 in seinem Artikel in der Enzyklopädie ‚Medieval Scandinavia' eindringlich die kodikologische Tatsache in Erinnerung rief, daß der Prolog uns heute lediglich aus den Papierhandschriften der Saga des 17. und 18. Jahrhunderts zugänglich ist und daß von der ursprünglich altnorwegischen Saga des 13. Jahrhunderts ohnedies nur noch vier Pergament-Blätter existieren[8], mithin ein Sachverhalt, der Aussagen über den Sprachstand der altnorwegischen Saga generell und insbesondere über ihren Prolog relativiert und dessen immer gedacht werden muß. Auf der anderen Seite wären aber nahezu keine Aussagen über die *Tristrams saga* – und damit auch über weitere Texte der sog. ‚Tristram-Gruppe' der Riddarasögur – möglich, wenn man nicht von den späteren Papierhandschriften des 17. (darunter einzig vollständig nur in AM 543 4to) und 18. Jahrhunderts ausginge. Aber wohlgemerkt, Tómassons kritische Vorbehalte sollten bei jeglicher Beschäftigung mit der *Tristrams saga* nicht aus dem Blick verloren gehen, nämlich daß wir – mit anderen Worten – unsere *Tristram*-Textkenntnis aus wesentlich jüngeren Textzeugen ableiten.

---

[8] Vgl. Tómassons Aufsatz ‚Hvenær var Tristrams sögu snúið' (1977) sowie S. T., Art. Tristrams saga. In: Medieval Scandinavia. An Encyclopedia. Ed. by Phillip Pulsiano and Kirsten Wolf, New York & London 1993, S. 657/58.

Nichtsdestoweniger hat aber insbesondere die traditionelle *Tristram*-Philologie ihren Beitrag zur Erforschung der ‚übersetzten Riddarasögur' und hier vor allem der – zwar auch kontrovers diskutierten – sog. ‚Róbert-Gruppe' und deren charakteristischem ‚*Tristram*-Vokabular' geleistet. Von der Forschung vorgenommene Analysen im Bereich des Wortschatzes erweisen nicht nur die stilistische Nähe der *Tristrams saga* und *Elis saga ok Rósamundu* zueinander, sondern belegen zugleich, daß *bróðir* bzw. *abóti* Róbert auch als potentieller Übersetzer der *Strengleikar* in Betracht kommt. Ergebnis dieser Untersuchungen war ferner, daß auch die *Ívens saga*, *Mǫttuls saga* sowie die *Parcevals saga* über ähnliche stilistische Merkmale verfügen, die zwar nicht unbedingt in jedem Fall Róbert als Übersetzer nahelegen, aber Anhaltspunkte für eine bestimmte Übersetzerschule bieten (sogenannte ‚Tristram-Gruppe' der Riddarasögur).[9] Wie unten zu zeigen ist, lassen sich über die bereits von Peter Hallberg und Paul Schach ermittelten Sprachwendungen hinaus in der *Tristrams saga* weitere ‚Lieblingsausdrücke' Róberts finden.

Unter der Voraussetzung, daß das Datum 1226 des Prologs der Wahrheit entspricht, ist Róberts Übersetzung nicht nur im Rahmen der romanisch-skandinavischen Literaturbeziehungen des Mittelalters von großer Bedeutung, sondern dann spielt sie auch im Kontext der höfischen Übersetzungsliteratur Norwegens insofern eine zentrale Rolle, als sie in diesem Jahr vom norwegischen König als erste altnorwegische Übersetzung kontinentaler höfischer Texte in Auftrag gegeben wurde. Sie stellt somit eine Pionierarbeit dar, die den nachfolgenden Saga-Übertragungen den Weg bereitete. Bekanntlich entstanden während Hákons Regierungszeit in den folgenden Jahren noch eine ganze Reihe Prosaübersetzungen kontinentalhöfischer Versvorlagen, die sog. ‚übersetzten Riddarasögur', unter ihnen die bereits genannte *Parcevals saga* als Übersetzung von Chrestiens de Troyes *Perceval*, die *Ívens saga* als Übertragung von Chrestiens Versroman *Ívain* oder die umfangreiche *Karlamagnús saga* als Übertragung und Zusammenstellung einiger Chansons de geste aus dem Stoffkreis um Karl den Großen und andere Texte mehr.[10] Alle

---

[9]   Zu den Stilbesonderheiten der ‚übersetzten Riddarasögur' im allgemeinen, der *Tristrams saga* im besonderen und der (kontrovers diskutierten) sog. ‚Tristram-Gruppe' vgl. (in chronologischer Reihenfolge) z. B. Meissner 1902, Blaisdell 1965; Schach 1965; Hallberg 1971; Foster W. Blaisdell, The Present Participle in *Ívens saga*. In: Studies for Einar Haugen, The Hague/Paris 1972, S. 86-95; Peter Hallberg, Broder Robert, *Tristrams saga och Duggals leizla*. Anteckningar till norska Översättningar. In: Arkiv för Nordisk Filologi 88, 1973, S. 55-71; Schach 1975; Peter Hallberg, Is there a Tristram Group of the Riddarasögur? In: Scandinavian Studies 47, 1975, S. 1-17 (versus Foster W. Blaisdell, The so-called Tristram Group of the Riddarasögur. In: Scandinavian Studies 46, 1974, S. 134-39); Gunnlaugsdóttir 1978; Kalinke 1981, S. 131-77; Hallberg 1982 und Huby 1984, I, S. 13-133. Zum Erzählstil der Riddarasögur vgl. jetzt auch Hauksson/Óskarsson 1994, S. 256-72.

[10]   Neben den bereits in Fußnote 9 genannten Literaturangaben vgl. ferner Leach 1921, Eyvind Fjeld Halvorsen, The Norse Version of the *Chanson de Roland*, København 1959

genannten Rittersagas – und allen voran die ältere *Tristrams saga* – sind wichtiger Bestandteil des Bildungs- und Kulturprogramms des norwegischen Königs Hákon IV. Hákonarson (1217-63), der – wie kein norwegischer König vor ihm – Anschluß an die höfische Kultur des Kontinents suchte. Er pflegte diplomatische Beziehungen u. a. mit Heinrich III. von England und dem Staufer Friedrich II. Bei seinen Herrscherkollegen war der König aus dem hohen Norden nicht zuletzt deswegen so beliebt, weil er ihnen den für die Jagd begehrten weißen isländischen Gerfalken als Geschenk überreichte.[11] Die ältere altnorwegische *Tristrams saga* ist ganz maßgeblich von diesem höfischen Entstehungsmilieu bestimmt. Ganz anders liegt der Fall hingegen bei der jüngeren altisländischen *Tristrams saga*, die fern von dem höfischen Milieu und zu einer späteren Zeit zu Pergament gelangte, als die königlich-feudalhöfische Kultur im Norden nicht länger von Belang war. Insbesondere dieser in der Forschung bislang viel zu wenig bedachte literatursoziologische Aspekt ist m. E. entscheidend für jegliche vergleichende Betrachtung der beiden Saga-Versionen.

Mit der *Tristrams saga* begründete Róbert den sogenannten **Court style**, den höfischen Stil, in der altnordischen Literatur und gab damit ein Muster für den Übersetzungsstil der nachfolgenden Rittersagas ab.[12] Ich rufe hier einige stilistische Charakteristika in Erinnerung, die auch für die nachfolgenden Rittersagas – mehr oder minder intensiv angewandt – typisch sind: Als charakteristisches und ansonsten in der altnordischen Literatur unübliches Stil-

---

(= Bibliotheca Arnamagnæana, Vol. XIX), Thorkil Damsgaard Olsen, Den Høviske Litteratur. In: Hans Bekker-Nielsen, Thorkild Damsgaard Olsen und Ole Widding, Norrøn Fortællekunst. Kapitler af den norsk-islandske middelalderlitteraturs historie, København 1965, S. 92-117, 163-66; Marianne E. Kalinke, Norse Romance (Riddarasögur). In: Old Norse-Icelandic Literature. A Critical Guide. Ed. by Carol J. Clover and John Lindow, Ithaca and London 1985 [= Islandica XLV], S. 316-63 sowie Geraldine Barnes, Arthurian Chivalry in Old Norse. In: Arthurian Literature VII. Ed. by Richard Barber, Cambridge 1987, S. 50-102.

[11] Zu Hákons Rolle als Kultur- und Literaturvermittler zwischen dem Kontinent und Norwegen vgl. vor allem Leachs immer noch lesenswerte Monographie von 1921. Bei der Vermittlung romanischer Stoffe nach Norwegen haben bekanntlich anglonormannische Quellen und englische Vermittlung eine wichtige Rolle gespielt. Vgl. ferner auch das Hákon-Sonderheft Orkney Miscellany Vol. 5, 1973, das sich aus Anlaß von Hákons 700. Todestag in einigen Aufsätzen würdigend mit seinem Wirken und seiner Zeit befaßt. Zu Hákons Beziehungen zum Reich und besonders zu Friedrich II. vgl. jetzt auch Behrmann (1996), bes. S. 42-44, der auf die politische Bedeutung von Hákons Geschenken aufmerksam macht. Problematischer als die Gerfalken-Geschenke waren allerdings Hákons ‚Eisbärengeschenke', darunter der anno 1252 urkundlich belegte, angeleint in der Themse fischende Eisbär als Geschenk an Heinrich III. oder der in arabischen Quellen bezeugte Eisbär (mutmaßlich) an Friedrich II., den dieser jedoch – ohne Rücksicht auf das Klima – an einen ägyptischen Sultan weiter verschenkte. Vgl. dazu Behrmann, S. 43 mit den entsprechenden Belegen.

[12] Vgl. hier Anm. 9 und 10.

mittel kann an erster Stelle der Einsatz des Partizips Praesens genannt werden; bei Róbert dient es zur Dramatisierung emotionalen Geschehens, z. B. kurz vor Tristrams Tod: Hier stößt man auf zahlreiche Partizip-Präsens-Formen, darunter z. B. „syrgjandi ok andvarpandi" oder „syrgjandi [...] ok harmandi" (111). Als eine weitere Besonderheit des *court style* sind alliterierende Wortpaare synonymen oder auch antonymen Gehalts zu betrachten, die in der *Tristrams saga* häufig aus dem semantischen Bereich der Gefühlswelt stammen wie z. B. „[at sakir] harms ok hugsóttar, hryggleiks ok píninga, angrs ok óróa" (15) / „aus Gründen von Harm und Kummer, Traurigkeit und Pein, Trauer und Unruhe"; oder „hryggr ok reiðr" (95), „vás ok vesaldir" (95) und so fort. Vor allem die häufige Verwendung dieser beiden Stilmittel, des Partizips Praesens und der bisweilen auch tautologischen Wortpaare in den Rittersagas, führte dazu, daß sich die gesamte Gattung ‚Rittersaga' in der traditionellen Literaturgeschichtsschreibung keiner großen Beliebtheit erfreute. An die Gattung Rittersaga wurde und wird die ästhetische Meßlatte der hochliterarischen Isländersaga angelegt, gegenüber der die erstgenannte als klägliches Verfallsprodukt erscheint. So ließ sich nicht nur der bekannte Bonner Skandinavist und gute Kenner der altnorwegischen höfischen Literatur, Rudolf Meissner, in seiner immer noch lesenswerten Studie von 1902 zu stilistischen Werturteilen hinreißen, als er vor allem die Verwendung des Partizips Praesens in den Rittersagas geißelte: „[...] denn die Tristramssaga hat die gerügte manier auch [Meissner meint hier die Verwendung des Partizips Praesens, S. K.-B.], wenn auch nicht in so abscheulicher weise [...]" oder als Schlußsatz seiner 319 Seiten starken Abhandlung wie folgt formulierte: „Redliches bemühen, grosse sprachliche gewandtheit wird im grunde in einer falschen richtung aufgebraucht, und immer erweckt es eine seltsame empfindung, wenn man hier ansehen muss, wie eine stolze und starke sprache, die in der darstellung der vaterländischen vergangenheit eine im mittelalter unerreichte kraft und schönheit der prosa gewonnen hat, sich nun auf einmal im dienste eines fremden, trügerisch **gleissenden geistes weichlich und minniglich** geberden will, die heimische schlichtheit verläugnet und sich mit allerhand schönheitsmitteln und zierstücken aufputzt."[13] Bezeichnenderweise verwendet Rudolf Meissner allerdings selbst die verpönten typischen Stilmittel der Rittersagas, nämlich Alliteration und Wortpaare, wenn er formuliert: „gleissenden geistes" und „weichlich und minniglich"! Die Wirkung dieser typischen Rittersaga-Stilmittel ist offenbar so suggestiv, daß sich selbst Gegner ihnen nicht entziehen können!

Im Hinblick auf Werturteile fündig wird man vor allem auch in Finnur Jónssons Literaturgeschichte, der – so scheint es – nicht zuletzt aus Gründen des isländischen Nationalstolzes einen Groll gegen die gesamte Gattung der altnorwegischen Rittersagas zu hegen scheint, wenn er über die „romanti-

---

[13]   Rudolf Meissner, S. 312 und S. 319 (Hervorheb. S. K.-B.).

schen Sagas" und speziell über die *Tristrams saga* bemerkt: „De er på sin vis
ofte naive nok i deres fremstilling, men deres erotik er lige så ofte eller som
oftest raffineret-slibrig [sic!]; ren, uskyldig kærlighed skildres rent undta-
gelsesvis." Im übrigen gefällt Jónsson an der ganzen *Tristrams saga* am besten der Schluß: „Det könneste deri er slutningen om bægge hovedpersoner-
nes død."[14] Ein verweiskräftiges Urteil, wenn einem am besten der Schluß
gefällt, also der Teil, mit dem der Text endlich an sein Ende gelangt ist!

Das Entscheidende bei der Verwendung dieser Stilmittel in den Rittersagas
und insbesondere in der *Tristrams saga* ist, daß sie als Ausdruck einer vertieften Innerlichkeit eingesetzt werden und damit ein neues Stilideal repräsen-
tieren, das sich von den Formen der klassischen altisländischen Sagasprache
bewußt absetzt. Das Problem bei der Konzentration der älteren Forschung auf
den Stil der Rittersagas und dessen ästhetische Wertung besteht letztlich aber
darin, daß literatursoziologische oder -pragmatische Fragestellungen außer
acht bleiben. Und dies wiegt insofern schwer, als es sich bei einigen dieser
Texte (darunter die altnorwegische *Tristrams saga*) um königliche Auftrags-
arbeiten handelte und sie im Rahmen der königlichen Kulturpolitik nicht zuletzt auch eine ideologische Funktion ausübten.

Insbesondere solche Fragestellungen sollten in der Rittersaga-Forschung
zukünftig eine größere Rolle spielen als bisher. Bezeichnenderweise hat das
Partizip Praesens – gewissermaßen als das Parade-Stilelement der höfischen
altnordischen Literatur – in der jüngeren *Tristrams saga* nahezu keine Bedeutung mehr, was nicht nur ein Indiz für einen Wandel im Publikumsge-
schmack, sondern indirekt auch einen Hinweis auf veränderte soziologische
Verhältnissse darstellt.

III. Die jüngere altisländische *Tristrams saga ok Ísoddar*

Eine eigenwillige Form der Rezeption stellt die jüngere, „rustikale", altisländische *Tristrams saga ok Ísoddar* dar, die um die Mitte des 15. Jahrhunderts
auf Island zu Pergament kam (Hs. AM 489 4to). Sie gehört dem Genre der
jüngeren sog. ‚originalen Rittersagas' bzw. Märchensagas an. Seit alters ge-
nießt sie den Ruf, die ‚flegelhaft-bäurische' Darstellung der ‚edlen Leidenschaft' zu sein, die zum Zweck der bloßen Unterhaltung aufgezeichnet wurde.[15] Diese Saga erzählt die *Tristan*-Fabel in einer äußerst verkürzten Form,

---

[14]   Finnur Jónsson II, S. 950 und 953.
[15]   Für eine ausführliche Zusammenfassung der Forschungsmeinungen über diesen Text
       seit Gísli Brynjúlfsson (1878) über u. a. Eugen Kölbing (1878), H.G. Leach (1921, S.
       184-86, bes. S. 186: „This boorish account of Tristram's noble passion has very prop-
       erly been called a rustic version in distinction from Robert's court translation") bis hin
       zu Marianne Kalinke (1981) und Maureen F. Thomas (1983) vgl. Schach 1987.

zeigt großes Interesse an Kampfszenen, dafür wenig Gefallen an den höfischen Zügen und an inneren Befindlichkeiten. In der Forschung steht man diesem Text bisweilen auch heute noch ratlos gegenüber. In bezug auf die jüngere *Tristrams saga* stellen sich vor allem zwei indirekt miteinander verbundene Fragekomplexe, nämlich 1) die Frage nach den satirischen bzw. burlesken Zügen des Textes und 2) die Frage nach den zugrundeliegenden Quellenverhältnissen.

In der jüngeren Forschung haben sich vor allem Paul Schach und Marianne Kalinke mit den satirischen, bisweilen auch derb-komischen Übertreibungen der jüngeren Saga befaßt. Beim Vergleich mit der älteren *Tristrams saga* gelangte Paul Schach zu dem Schluß, daß der isländische Verfasser mit seinem Text eine Satire, eine Parodie auf die altnorwegische Saga bzw. eine Burleske anstrebte.[16] Marianne Kalinke schloß sich Paul Schach an, ging aber noch einen Schritt über ihn hinaus, indem sie die isländische *Tristrams saga* als eine Parodie, nicht lediglich auf die altnorwegische Saga, sondern auf die gesamte Gattung der altnorwegischen höfischen Riddarasögur verstand.[17]

Die Frage nach den burlesken Zügen der jüngeren Saga hängt nun aber wesentlich mit den vorausgesetzten Quellenverhältnissen zusammen. Geht man, wie in der neueren Forschung vor allem von Paul Schach vertreten, von der Prämisse aus, daß die jüngere Saga als ausschließliche *Tristan*-Quelle die ältere höfische *Tristrams saga* und damit den Thomas-Zweig der Überlieferung benutzt hätte, dann muß die jüngere Saga als eine ‚unzulängliche' *Tristan*-Version erscheinen, die möglicherweise zum Zweck der bloßen Unterhaltung verfaßt wurde.

Paul Schachs Prämisse ist in der Forschung zunächst 1976 von Bjarni Einarsson, 1983 erneut von Maureen F. Thomas mit einem Fragezeichen versehen worden, und auch mir geht es im folgenden am Beispiel vergleichender Analysen der beiden Sagas darum zu zeigen, daß Paul Schachs Quellen-Prämisse – bei aller Wertschätzung seiner Forschungen über die ältere *Tristrams saga* – problematisch ist: Die jüngere *Tristrams saga* ist an einigen Stellen deutlich der ‚unhöfischen' Béroul-Überlieferung verpflichtet,

---

[16] Vgl. Schach 1960 und 1987. In seinem Aufsatz von 1987 akzentuiert Paul Schach seine Satire- bzw. Parodie-These von 1960 bezüglich der altisländischen *Tristrams saga* zu „a burlesque treatment of the Norwegian romance" (S. 96) und faßt seinen Ansatz wie folgt zusammen: „By distorting, exaggerating, and ironically commenting on some of the main themes, motifs, and characters of *Tristrams saga ok Ísöndar*, the author of *Tristrams saga ok Ýsoddar* transformed tragedy into burlesque" (S. 98).

[17] Vgl. Kalinke 1981, S. 198-215, bes. S. 199: „The Icelandic saga is more than a reply to the Norwegian translation. It is, in fact, a humorous commentary on Arthurian romance, a parody of the genre, and a result of drawing the ultimate and often ludicrous consequences of the behavioral tenets propounded in Arthurian romance. To parody the *riddarasögur* the author of the Icelandic *Tristram* exaggerates some motifs, distorts others, and in general confounds our expectations of the character of romance."

nicht jedoch dem ‚höfischen' Thomas-Zweig. Aus Raumgründen können hier allerdings nur einige mit Blick auf die kontroverse Quellenfrage charakteristische Episoden der beiden Versionen der *Tristrams saga* vergleichend betrachtet werden.

IV. Vergleichende Betrachtung charakteristischer Episoden

IV.1. Die Eisen- bzw. Reinigungsprobe

In der Kontroverse um die Quellen der jüngeren *Tristrams saga* kann insbesondere die Gottesurteil-Episode (Kap. 56-60 der älteren *Tristrams saga*) als Parade-Beispiel gelten.

Aufgrund zahlreicher Verdachtsmomente, die für einen Ehebruch Ísönds und Tristrams sprechen, möchte Ísönds Ehemann, König Markis von England, die Unschuld seiner Frau durch ein Gottesurteil bewiesen haben. Die schöne Ísönd soll sich einer **Eisenprobe** unterziehen und damit ihre Unschuld beweisen. Zusammen mit ihrem Geliebten Tristram klügelt sie folgenden Plan aus, der am Ende sogar das Gottesurteil positiv für die Liebenden zu entscheiden vermag: An dem festgesetzten Tag soll der unkenntlich als **Pilger** (*pílagrímr*, 73) verkleidete Geliebte die Königin vom **Boot** über den **Fluß** an Land tragen, dabei stolpern und auf sie stürzen. „En Tristram gekk þegar at bátnum ok tók hana í fang sér. Sem hann bar hana, mælti hun lágt til hans, at hann skyldi falla á hana ofan, er hun kœmi á sandinn upp, ok sem hann var kominn frá bátnum með hana skamt frá ánni, þá hafði hun upp klæði sín ok fell hann þegar á hana." (73) So kann Ísönd dann wahrheitsgemäß folgenden doppeldeutigen Reinigungseid schwören: „Aldri var sá karlmaðr fœddr af kvennmanni, at nær mér várkuðri kœmi nema þu, konungr, ok sá hinn píndi pílagrímr, er bar mik af bátnum ok fell á mik ǫllum yðr ásjándi" (74). Und als Ísönd dann das heiße Eisen trägt, gewährt ihr Gott „mit seiner großen Gnade eine schöne Reinigung" („ok gaf guð henni með sínni fagri miskunn fagra skírn", ibd.) Hier wie in der gesamten älteren *Tristrams saga* legt Róbert mit eingefügten Erzählerkommentaren großen Wert darauf, daß Gott die beiden Liebenden schützt. Ähnlich wie bereits Thomas, geht es Róbert um die göttliche Legitimation der Liebesbeziehung. Überhaupt dominiert auch in dieser Szene der älteren *Tristrams saga* das typische *Tristan*-Leidensvokabular von Kummer und Harm, und es wird der Ernst der Lage betont, in der sich Königin Ísönd befindet (72). Wichtig für die Quellenfrage der jüngeren *Tristrams saga* ist nun, daß diese Gottesurteil-Episode der älteren Saga von drei Erzählelementen bestimmt ist, nämlich dem **Fluß-, Boots- und Pilgermotiv.**

Anders motiviert erscheint diese Gottesurteil-Szene hingegen im 12. Kapitel der jüngeren *Tristrams saga*, hier – für die Quellenfrage bezeichnend –

allerdings nicht als Eisen-, sondern als Reinigungsprobe. Insgesamt wird diese Episode in der jüngeren Saga auf einige wenige Sätze zusammengekürzt, und dies übrigens im auffälligen Gegensatz zum ersten Teil des Kapitels, in dem ausgiebig und in der typischen Diktion der jüngeren Rittersagas bzw. Märchensagas von Tristrams Schlacht-Erfolgen erzählt wird. Überhaupt konzentriert sich das Interesse der jüngeren Saga über weite Strecken hin auf die kämpferischen Aktionen des Titelhelden und weniger auf die eigentliche *Tristan*-Problematik der fatalen Liebesbeziehung und das damit verbundene Leiden. Dennoch lassen einige charakteristische Strukturelemente der Episode Rückschlüsse auf die zugrundeliegende Quelle, auf den potentiellen ‚Prätext‘, zu: Um zu dem Ort zu gelangen, an dem die Reinigungsprobe vollzogen werden soll, muß Ísodd über einen großen **Sumpf** (*díki*) reiten, in dem ihr Pferd versinkt. Aus diesem **Morast** wird sie von ihrem unkenntlich als (mit einem Stab versehenen) **Bettler** (*stafkarl*) verkleideten Geliebten Tristram auf einen **Hügel** am Ufer die erhöhte Uferböschung (*bakki*) hinaufgezogen. Bei dieser Aktion muß sie über ihn steigen („en um dag einn þá er þau riðu, þá varð fyrir þeim eitt mikit díki, ok lá í díkinu hestr Ísoddar drottníngar; þá kom þar einn stafkarl ok kipti henni upp á bakkan, ok bar svo til at hon steig yfir hann“, 68). Wahrheitsgemäß kann Ísodd dann bei der nachfolgenden Reinigungsprobe doppeldeutig schwören, daß ihr außer ihrem Mann nur der Bettler nahegekommen sei, der sie aus dem Sumpf gezogen hatte („Ok er hon kom í Valland, þá finna þau biskup, ok bað hon sik svo skíra vera, at sá einn stafkarl hefði henni nær komit, annar enn bóndi hennar, er henni kipti yfir díkit; ok eptir þessi sögu gerði biskup henni skírslu ok verðr hon vel skír“, 68). Bei diesem *setting* und der dazugehörigen Motivkette des **Sumpfes**, des **Bettlers** und des **Hügels** scheint es eindeutig zu sein, daß für die besagte Episode der jüngeren *Tristrams saga* nicht die ältere *Tristrams saga* und damit der Thomas-Zweig der Überlieferung als ‚Referenztext‘ anzusehen ist, sondern vielmehr die Béroul-Branche des *Tristan*, die in den genannten Einzelheiten entsprechend motiviert. In Bérouls berühmter Episode von der ‚schlimmen/ morastigen Furt‘ (*le Mal Pas*)[18] erscheint Tristan als ein in Lumpen gekleideter **Bettler** (Vv. 3566-3574), der einem Aussätzigen (*li ladres*, Vv. 3662, 3684 u.ö.) ähnelt und an der Krücke (*puiot*, V. 3607 u.ö.) geht. Bérouls verkleideter Held sitzt zunächst auf einem **Hügel** (*la mote/ la muterne*) am Rande des **Sumpfes** („Sor la mote, au chief de la mare“, Vv. 3615, 3621, 3825 u.ö.) und betrachtet von dort aus mit sichtlichem Vergnügen das Spektakel der im Schlamm versinkenden Widersacher Yseuts und der Artusritter aus der begleitenden Hofgesellschaft, die er bisweilen auch absichtlich noch tiefer in den Morast hineinlockt (bes. Vv. 3802-3852). Schließlich trägt der verkleidete Bettler seine (rittlings auf ihm sitzende) Geliebte Yseut an den Rand des

---

[18] Bérouls *Tristan* wird nach der von Daniel Poirion besorgten Ausgabe (1989) zitiert. Vgl. hier Vv. 3563-3984, S. 327-59.

Sumpfes („A l'issue de cest gacel", V. 3948). Im Anschluß daran wird bei Béroul von der Reinigungsprobe Yseuts berichtet (Vv. 4139-4266), bei der es sich aber im bezeichnenden Gegensatz zur Thomasform der Erzählung um keine Eisenprobe handelt. In entsprechender und damit im Hinblick auf die potentiellen ‚Prätexte' verweiskräftiger Weise unterscheiden sich auch die beiden Versionen der *Tristrams saga*: Während die Königin in der altnorwegischen Saga eine Eisenprobe über sich ergehen lassen muß, entfällt diese in der altisländischen Saga, und dies steht wiederum im bezeichnenden Einklang mit Bérouls *Tristan*-Version.

Allerdings ist dazu zu bemerken, daß der burlesk-schwankhafte Duktus und die derbe sexuelle Komik, die Bérouls *Tristan* bestimmt, in der altisländischen jüngeren *Tristrams saga* nur sehr verkürzt und viel sachlicher wiedergegeben wird, so daß ein detaillierter Textvergleich kaum möglich ist.

Daß diese Episode der jüngeren *Tristrams saga* eher an der Béroul-Form der Erzählung als an der Thomas-Form orientiert ist, wurde in der älteren Forschung bereits von Wolfgang Golther gesehen.[19] In jüngerer Zeit haben vor allem Paul Schach (dies allerdings mit anderer Gewichtung), Bjarni Einarsson und Maureen F. Thomas in der jüngeren Saga Züge identifiziert, die eher Béroul- bzw. Eilhart- denn Thomas-Einfluß verraten (dazu unten unter IV.2.). Ausgehend von diesen Beobachtungen kann man zur weiteren Klärung der Frage nach den Text-Relationen in der altnordischen *Tristan*-Tradition neuere intertextuelle Forschungsansätze bemühen. Aus der Vielfalt der aktuellen Intertextualitätskonzepte[20] bietet sich für unseren Zusammenhang vor allem die Problematik der *Markierung von Intertextualität* an, ein Aspekt, der in einigen jüngeren Publikationen in den Vordergrund des Interesses getreten ist. Mit dem Phänomen der *markedness* bzw. der *markers* hat sich nach der phonologischen Forschung (Prager Schule) vor allem die anglistische Intertextualitätsforschung am Beispiel moderner angloamerikanischer Literatur des 19. und 20. Jahrhunderts befaßt (dazu unten). Ungleich schwieriger gestaltet sich eine Applikation der Kriterien auf die mittelalterliche Literatur im allgemeinen und auf die altnordische Literatur des 13. und 15.

---

[19] Vgl. Wolfgang Golther, Die Sage von Tristan und Isolde. Studie über ihre Entstehung und Entwicklung im Mittelalter, München 1887, hier S. 13-15 und S. 116-119; W. G., Tristan und Isolde in den Dichtungen des Mittelalters und der neuen Zeit, Leipzig 1907, hier S. 186. Golther macht hierfür vermittelnden Einfluß der *Grettis saga* (*Spesar þáttr*) geltend.

[20] Von der neueren Intertextualitätsforschung vgl. vor allem die Monographien und Sammelbände von Broich/Pfister (1985), Renate Lachmann (Gedächtnis und Literatur. Intertextualität in der russischen Moderne, Frankfurt a. M. 1990), Michael Worton and Judith Still (Eds., Intertextuality. Theories and practices, Manchester and New York 1990), Plett (1991), Susanne Holthuis (Intertextualität: Aspekte einer rezeptionsorientierten Konzeption, Tübingen 1993 [= Stauffenberg Colloquium, 28]) sowie Haßler (1997).

Jahrhunderts im vorliegenden speziellen Fall.[21] Dennoch soll im folgenden versuchsweise das Konzept des *markers* der Intertextualität auf die jüngere *Tristrams saga* appliziert werden. Als Indizien für Intertextualität im Sinne eines *markers* der literarischen Allusion könnten die Textelemente des **Bettlers**, des **Sumpfes** und des **Hügels** aufgefaßt werden, die allesamt auf Béroul als ‚Prä‘- oder ‚Referenztext‘ (oder zumindest auf *Tristan*-Material des Béroul-Zweiges wie u. a. Eilhart) verweisen. Insbesondere die **Bettlerfigur** (i. e. der verkleidete Geliebte im Bettlergewand) könnte im Licht intertextueller Markierungstheorie als eine sog. „Figur auf Pump" (Ziolkowski) bzw. „reused figure" (W. Müller) interpretiert werden.[22] Wolfgang G. Müller bezeich-

---

21 Zu der (für unseren Kontext relevanten) Problematik der Intertextualität in der mittelalterlichen französischen Literatur vgl. grundlegend F. Wolfzettel, Zum Stand und Problem der Intertextualitätsforschung im Mittelalter (aus romanistischer Sicht). In: F. Wolfzettel (Hrsg.), Artusroman und Intertextualität, Gießen 1990, S. 1-17 sowie jetzt Philippe Walter, Das romanische Gedächtnis: *Réécriture*, Intertextualität und Onomastik in der französischen Literatur des Mittelalters. In: Gerda Haßler (Hrsg.) [1997], S. 113-27 (mit weiterer Literatur). Philippe Walter hebt für die mittelalterliche französische Literatur vor allem den Aspekt der *Réécriture* hervor: „Tatsächlich projiziert die Rekurrenz der gleichen Themen und der gleichen Erzählschemata, das wiederholte Auftauchen der gleichen Personen in kaum veränderten Episoden, das Phänomen der *Réécriture* in das Zentrum der literarischen Poetik dieser Epoche und macht daraus einen konstitutiven Bestandteil der Romanästhetik [...] Für den Schriftsteller des Mittelalters geht es in der Tat weniger darum, dem Leser/Hörer eine originelle Geschichte mit vielen Peripetien zu bieten, welche mit Sachverstand ausgeglichen würden, als ihm vielmehr eine signifikante Zusammenstellung von Personen und Motiven zu Gehör oder als Lektüre zu geben, ein Konjunkt, das sich in den untersuchten formalen Dynamismus einfügt. So wird auch im Mittelalter die literarische Kreation eher durch die literarische Adaptation ersetzt. Die Produktion eines literarischen Textes stellt sich in dieser Zeit kaum als eine originelle poetische Kreation dar: sie wird mehr oder weniger als die *Réécriture* eines vorhergehenden Textes oder als die Verschriftlichung (das in Reime Setzen) eines mündlichen Textes aufgefaßt." (S. 113/14) Insbesondere dieser von Philippe Walter betonte Aspekt der *Réécriture* erweist sich als von besonderer Relevanz für die altnorwegischen Saga-Adaptationen (unter ihnen die ältere *Tristrams saga*) und auch für die jüngeren sog. ‚originalen Riddarasögur‘ (darunter die altisländische *Tristrams saga*), die sich als Neuschöpfungen an den älteren sog. ‚übersetzten Riddarasögur‘ orientierten. – Zu dem Komplex Intertextualität in der mittelhochdeutschen Literatur (Helden- und Artusdichtung) vgl. hier Anm. 25 f. – Zum Thema Intertextualität in der altnordischen Literatur vgl. bereits Heiko Ueckers Aufsatz von 1989 (Intertextualität und Dekonstruktivismus in der altnordischen Prosaliteratur? In: Otmar Werner (Hrsg.), Arbeiten zur Skandinavistik. 8. Arbeitstagung der Skandinavisten des Deutschen Sprachgebiets 27.9-3.10.1987 in Freiburg i. Br., Frankfurt a. M. 1989 [= Texte und Untersuchungen zur Germanistik und Skandinavistik, Bd. 22], S. 390-98), der damit die Intertextualitätsdiskussion in der deutschsprachigen Skandinavistik in Gang setzte.

22 Vgl. hierzu Theodore Ziolkowski, ‚Figuren auf Pump‘. Zur Fiktionalität des sprachlichen Kunstwerks. In: H. Rupp und H.-G. Roloff (Hrsgg.), Akten des VI. Internationalen Germanistenkongresses Basel 1980, Bern 1981, S. 166-76 und Wolfgang G. Müller,

net solche Formen von intertextueller Markierung entsprechend auch als
Interfigurality. Unter Anwendung von Jörg Helbigs neuester Markierungstheorie und -terminologie handelte es sich bei dem Wiederauftritt gerade
dieser Bettler-Figur in der jüngeren Saga um eine Markierung aus dem Bereich der Onomastik und damit um einen Fall explizit markierter Intertextualität.[23] In ähnlicher Weise dürfte man wohl auch die Textelemente des **Sumpfes** und des **Hügels** als *markers* von Intertextualität interpretieren, die beide
die Béroul-Form der *Tristan*-Erzählung, nicht jedoch die Thomas-Form,
aufrufen. Terminologisch könnte man für diese Form der Markierung am
ehesten an die von Carmela Perri für literarische Allusionen entwickelte
Kategorie der „definite description" anknüpfen[24] oder auf die unlängst in der
deutschsprachigen mediävistischen Forschung von Elisabeth Lienert für die
intertextuellen Verweise im *Nibelungenlied* verwendete Begrifflichkeit vom

---

‚Interfigurality': A Study of the Interdependence of Literary Figures. In: H. F. Plett
(Hrsg.), Intertextuality (1991), S. 101-21 sowie W. G. M., Namen als intertextuelle Elemente. In: Poetica 23, 1991, S. 139-65.

[23]   In seiner Studie über ‚Intertextualität und Markierung' von 1996 untersucht Jörg Helbig
„die Bandbreite von den unmarkierten bis zu den augenfälligsten Manifestationen von
Intertextualität" (S. 56) und verfolgt damit das Ziel, „das Gerüst einer Markierungstheorie zu errichten" (ibd.). Helbig geht es um die „Arten und Funktionen der als ‚markers'
identifizierten Signifikanten" (ibd.), die er auf der Basis englischsprachiger Literatur des
19. und 20. Jahrhunderts (S. 89) eruiert. Vgl. hier bes. das Kapitel über „Onomastische
Markierungen", S. 113-17. Zu den ‚Formen der Markierung von Intertextualität' vgl.
ferner: Carmela Perri (wie Anm. 24); Ulrich Broich. In: Broich/Pfister (Hrsgg.) 1985, S.
31-47; H. F. Plett (1991), S. 11/12 sowie Wilhelm Füger (Intertextualia Orwelliana.
Untersuchungen zur Theorie und Praxis der Markierung von Intertextualität. In: Poetica
21, 1989, S. 179-200, bes. S. 179-85), der – wie Helbig – in seinem Konzept am
Beispiel von George Orwells Roman *Nineteen Eighty-Four* ebenfalls zwischen ex-
pliziter und impliziter Markierung unterscheidet: „Dabei steht der Autor zunächst vor
der Entscheidung, ob diese Markierung explizit erfolgen soll, sei es durch Nennung des
Prätextes bzw. dessen Autors, durch ‚Figuren auf Pump' oder durch Addenda in Form
von Signalen auf graphischer Ebene; oder aber implizit, etwa mittels Homologie,
Analogie oder Kontrast zum Prätext." (S. 182)

[24]   Perri, Carmela, ‚On Alluding'. In: Poetics 7, 1978, S. 289-307. In ihrer Definition des
markers hebt Perri vor allem dessen deiktische Funktion und pragmatische Bedeutung
hervor: „‚allusion' means the marker in the alluding text, the sign – simple or complex –
that points to a referent by echoing it in some way. It is also generally assumed that allu-
sion-markers are possible to recognize, an assumption which entails that the echo be
sufficiently overt to be understood" (S. 290), „The allusion-marker echoes (by some
technical, phonological, or semantic repetition) a source text outside itself [...]" (S. 300).
Carmela Perri unterscheidet zwischen drei Formen der Markierung: „proper names",
„definite description" und „tacit or indirect referring expressions": „in using a definite
description, one denotes a referent by overtly expressing a relevant aspect of its conno-
tation"; „likewise in tacit or indirect reference [...] one or more of these aspects must be
expressed in order to refer" (S. 292).

Verweistyp „„Motiv-, Szenen-, Strukturzitat'"[25] rekurrieren, zumal eine solche Terminologie mit der *Tristrams saga* vergleichbare Sachverhalte zu beschreiben vermag. Überhaupt möchte ich für die hier in Frage stehenden altnorwegischen bzw. altisländischen *Tristan*-Versionen an einem ähnlich textbezogenen und deskriptiven Intertextualitätskonzept festhalten, wie es Elisabeth Lienert im Rekurs auf z. B. Karlheinz Stierle, Manfred Pfister und Friedrich Wolfzettel verwendet[26], da sich der Fall der hier betroffenen altnordischen Saga-Adaptationen bzw. -Neuschöpfungen ähnlich gestaltet wie der der untersuchten altfranzösischen bzw. mittelhochdeutschen Helden- bzw. Artus-Epen oder -Romane (dazu hier Anm. 21 und 25 f.).

Zum Abschluß sei noch darauf hingewiesen, daß auch der mittelenglische *Sir Tristrem* − neben der Saga ein weiterer getreuer Textzeuge des Thomas-Zweiges − mit der **Boots**-Version und der **Eisenprobe** ähnliche *markers* verwendet wie die ursprünglich altnorwegische *Tristrams saga*. Bezeichnenderweise wird hier jedoch charakteristisches Lokalkolorit hinzugefügt, wenn der betreffende Fluß den Namen Themse trägt und das Reinigungs-Urteil bei

---

25   Vgl. Elisabeth Lienert (1998) mit weiterer Literatur zum Thema ‚Intertextualität' in der mittelhochdeutschen Literatur. E. Lienert definiert wie folgt: „Zum Typ ‚Motiv-, Szenen-, Strukturzitat' sind alle motivischen und strukturellen Responsionen auf konkrete Szenen oder Handlungsschemata anderer Texte zu rechnen, vom präzisen strukturellen Verweis auf einen konkreten Text [...] bis hin zu einzeltext- oder gar gattungsübergreifend verfügbaren Strukturmustern wie dem arthurischen Doppelweg oder dem Brautwerbungsschema" (S. 280). − Zu den intertextuellen Verweisen in Wolframs von Eschenbach *Parzival* vgl. Ulrike Draesner, Wege durch erzählte Welten. Intertextuelle Verweise als Mittel der Bedeutungskonstitution in Wolframs *Parzival*, Frankfurt a. M. [u. a.] 1992 [= Mikrokosmos, Bd. 36], hierin bes. S. 37-68 (zum Intertextualitätsbegriff) und S. 147-69 („Aufbau eines neuen semiotischen Modelles zur Funktionsweise von Fremdtextreferenzen"). Für diese Literaturhinweise im Bereich der germanistischen Mediävistik danke ich Prof. Dr. Thomas Bein, Aachen.

26   Anders als Vertreter eines poststrukturalistischen bzw. ‚dekonstruktivistischen' Intertextualitätsbegriffs verwendet E. Lienert *Intertextualität* „nicht als normative, sondern als textbezogene deskriptive Kategorie [...], um zu beschreiben, wie und wozu Texte sich auf Texte im weiteren Sinn - mündliche wie schriftliche - beziehen." Dabei geht es ihr „primär um Verfahren und Funktion von Intertextualität in der sich verschriftlichenden Heldenepik, auch im Vergleich mit der Intertextualität höfischer Erzählliteratur" (S. 276). Vgl. ähnlich schon Manfred Pfister (in: Broich/Pfister, Intertextualität, 1985), S. 15: „Damit wird Intertextualität zum Oberbegriff für jene Verfahren eines mehr oder weniger bewußten und im Text selbst auch in irgendeiner Weise konkret greifbaren Bezugs auf einzelne Prätexte, Gruppen von Prätexten oder diesen zugrundeliegenden Codes und Sinnsystemen, wie sie die Literaturwissenschaft unter Begriffen wie Quellen und Einfluß, Zitat und Anspielung, Parodie und Travestie, Imitation, Übersetzung und Adaption bisher schon behandelt hat und wie sie nun innerhalb des neuen systematischen Rahmens prägnanter und stringenter definiert und kategorisiert werden sollen."

Westminster stattfindet.[27] Die Thomas-Form der *Tristan*-Überlieferung läßt
sich also an bestimmten Allusions-Markern erkennen, die entsprechend Eingang in die jeweiligen sog. ‚präsenten' Texte, hier die ältere *Tristrams saga*
und der mittelenglische *Sir Tristrem*, gefunden haben.

IV.2. Die Episode von der Figurengrotte bzw. Bilderhalle
(*la salle aux images*)

Als ein weiterer Prüfstein im Hinblick auf vorauszusetzende Prätexte und
damit auf die kontroverse Quellenfrage kann die bekannte Episode von der
Figurengrotte bzw. Bilderhalle, Thomas' berühmte *la-salle-aux-images*-Epi-
sode, dienen, dies aber gewissermaßen als ein Prüfstein *ex negativo*, denn
diese selbst in Thomas' *Tristan* leider nur fragmentarisch erhaltene Erzählung
findet sich weder bei Béroul noch in den ‚klassischen' mhd. *Tristan*-Ver-
sionen Gottfrieds (da dessen *Tristan* bereits vor dieser Episode abbricht) und
Eilharts. Neben Thomas und davon abhängig ist die bekannte Erzählung nur
in Róberts altnorwegischer Adaptation und – in kürzerer Form – in dem mittelenglischen *Sir Tristrem* (Vv. 2795-2849, S. 76/77), also in zwei Hauptver-
tretern der Thomas-Branche, vollständig erhalten.

Diese Episode gehört zu den eindringlichsten und zugleich besterzählten
Passagen der älteren *Tristrams saga*, weil hier eine erstaunlich modern und
nahezu psychologisch anmutende Form der Vergangenheits-und Lebensbe-
wältigung vorgeführt wird, eine literarische Gestaltung des Umgangs mit
vergangenem Glück und Leid.

Die Kap. 78-81 der älteren *Tristrams saga* erzählen davon, wie der von seiner Geliebten
Ísönd getrennte und inzwischen mit Ísodd verheiratete Held eine von einem Riesen aus-
gehöhlte Felsengrotte im Wald mit den künstlich gestalteten Figuren Ísönds, der Zofe Bring-
vet, des verleumderischen Zwergs und des bösen Ratgebers ausstattet, deren Lebensechtheit
überaus überzeugend erscheint. Alle Figuren, von Róbert als *likneski* bzw. *likneskja* für
‚Bildnis, Gestalt, Figur' bezeichnet, sind mit Haaren versehen und werden aufgrund ihrer Lebensechtheit auch von anderen Menschen für lebendig gehalten. So hält Tristrams Schwager
Kardín die Figuren für so lebendig, daß er beim ersten Anblick der Figur des die Grotte
bewachenden Riesen in Ohnmacht fällt und kurz darauf beim Anblick der Figur der Bring-
vet sofort in Liebe zu ihr entbrennt. Auch wenn Tristram die einzelnen Figurenteile nicht
selbst gezimmert bzw. geschmiedet, sondern dafür zahlreiche kunstfertige Zimmerleute und
Schmiede eigens beschäftigt hat, so geht doch der Plan der Figurenhalle, die letztliche
Zusammensetzung der Einzelteile und die überaus erfinderische Anbringung verblüffender
Details auf ihn als *spiritus rector* zurück. Hier ist vor allem die in der Figur der Ísönd an-
gebrachte Kräuterbüchse mit Goldröhrchen zu nennen, die betörenden Duft aus Mund und
Nacken ausströmt. In der Bilderhallen-Episode wird die Kunstfertigkeit und Kreativität des

---

[27] *Sir Tristrem* wird nach Kölbings Ausgabe (1883) zitiert; vgl. hier: Vv. 2223-2299, Kap.
CCIII-CCIX, S. 61-63.

Helden und damit der Künstleraspekt betont sowie der Aspekt des heimlichen Schaffens dank einer andere Menschen überragenden Kraft der Erinnerung hervorgehoben.

Für Tristram hat dieses heimlich angelegte und auch nur für ihn zugängliche Gewölbe die Funktion einer Kultstätte und zweiten Liebesgrotte, in der er die Gesellschaft Ísönds sucht und der gemeinsamen glücklichen wie auch der leidvollen Stunden gedenkt. Es verwundert wenig, daß das Verbum „*at minna, minnask*", sich erinnern, in diesem Passus häufig vorkommt, zumal die eigentlichen Handlungen erst durch die Kraft der Erinnerung Bedeutung erhalten. Zu einer psychologischen Deutung verleitet ebenfalls der Aspekt der ‚Heimlichkeit' von Tristrams Aktion. Neben dem gerade genannten Substantiv *líkneski* für ‚Figur', das in der Bilderhallen-Episode insgesamt zwanzigmal vorkommt und bei dem es sich offenbar um einen ‚Lieblingsausdruck' Róberts – und dies nicht nur in seiner *Tristrams saga*, sondern auch in seiner *Elis saga ok Rósamundu* – handelt[28], ist das Adverbium *leyniliga* für ‚geheim'/‚heimlich' offensichtlich ein weiterer von Róbert bevorzugter Ausdruck, der zugleich als Schlüsselwort für die Tristram-Existenz und als Ausdruck von deren innerem Konflikt anzusehen ist. Das Adverbium begegnet hier überaus häufig und markiert, daß Tristram seine Erinnerungen mit niemandem teilen will und auch nicht entdeckt werden möchte.

Besonders eindringlich mutet ferner die literarische Umsetzung widerstreitender Gefühlsregungen an, die stellvertretend an den Figuren ‚abgearbeitet' werden: In Erinnerung der Stunden des Liebesglücks liebkost Tristram die Figuren Ísönds und Bringvets, läßt aber – in Erinnerung der leidhaften Erfahrungen – seinen Zorn an der Figur des bösen Ratgebers des Königs aus: „[...] ok jafnan sem hann kom inn til **líkneskju** Ísondar, þá kysti hann hana svá opt sem hann kom, ok lagði hana í fang sér ok hendr um háls, sem hun væri lifandi, ok rœddi til hennar mǫrgum ástsamligum orðum um ástarþokka þeirra ok harma; svá gørði hann við **líkneskju** Bringvetar, ok mintist á ǫll orð þau, er hann var vanr at mæla við þær; hann mintist ok á alla þá huggan, skemtan, gleði ok yndi, er hann fekk af Ísond, ok kysti hvert sinn **líkneskit**, er hann íhugaði huggan þeirra; en þá var hann hryggr ok reiðr, er hann mintist á harm þeirra, vás ok vesaldir, er hann þoldi fyrir sakir þeirra, er þau hrópuðu, ok kennir þat nú **líkneskju** hins vánda ræðismanns" (S. 94-95, Hervorheb. S. K.-B.)

Für mittelalterliche Verhältnisse handelt es sich bei diesen Kapiteln der älteren *Tristrams saga* um ganz erstaunliche Einblicke in psychische Befindlichkeiten. Selbst wenn Róbert bei seiner Übertragung im Bereich der Ge-

---

[28] Darauf hat bereits Paul Schach 1969, S. 96 hingewiesen: „It might be added here that [...] Friar Róbert had a fondness for the words *líkneski* and *líkneskja*". Schachs Beobachtung kann hier bestätigt und mit Blick auf das Vorkommen von *líkneski* auch in anderen Róbert-Texten, darunter die *Elis saga ok Rósamundu* (Ausgabe Kölbing 1881, z. B. S. 22, 75, 87), ergänzt werden.

staltung von Innerlichkeit gegenüber Thomas' Vorlage generell kürzte, so ist seine verbleibende Beschreibung der Figurengrotte dennoch ein eindringliches Zeugnis für die im Norden durch kontinentalen Einfluß einsetzende Tradition einer ‚vertieften Innerlichkeit' und Gefühlsbetonung.

Bezeichnenderweise fehlt diese Bilderhallen-Episode in der jüngeren *Tristrams saga* völlig. Wenn ihr Verfasser nun tatsächlich die ältere *Tristrams saga* als alleinige *Tristan*-Quelle benutzt hätte, dann ließe sich eine solche Auslassung nur schwer begründen, zumal auch der auf die Thomas-Form der Überlieferung zurückgreifende mittelenglische *Sir Tristrem* – wie oben erwähnt – diese Episode enthält. Wie ebenfalls gerade ausgeführt, kann der gleichermaßen auf die Thomas-Form verweisende mittelhochdeutsche *Tristan* Gottfrieds aufgrund seines fragmentarischen Charakters nicht zum Vergleich herangezogen werden. Möglicherweise spricht die Auslassung dieser (für die Thomas-Form charakteristischen) Episode in der jüngeren *Tristrams saga* – wie im Falle der oben behandelten Gottesurteil-Episode – eher dafür, daß der isländische Autor hier nicht Bezug auf die ältere Saga und damit mittelbar auf die Thomas-Form der Überlieferung nimmt, sondern vielmehr auf die Béroul-Branche, die diese Erzählung nicht überliefert. Diese These müßte freilich an jeder einzelnen Episode der jüngeren Saga vergleichend überprüft werden, was hier nicht in allen Einzelheiten geschehen kann. In der Forschung sind bereits (allgemeiner) von Bjarni Einarsson, (spezieller) auch von Maureen F. Thomas einige ‚unhöfische' Episoden der jüngeren *Tristrams saga* benannt worden, die Béroul- oder potentiell auch Eilhart-, nicht jedoch Thomas-Einfluß verraten und die hier ergänzend aufgeführt werden können. Hierbei handelt es sich u. a. um die Erzählung von Tristrams Irland-Fahrt mit der Tötung der 60 Ritter, die Episode mit dem Schwertsplitter in seinem Kopf und seiner Heilung durch die Königstochter sowie das Erzählmotiv von Tristrams Kahlköpfigkeit, alles in allem Struktur- bzw. Motivelemente, die eher die ‚nicht-höfische' bzw. ‚spielmännische' *Tristan*-Tradition eines Béroul oder Eilhart denn die Thomas-Form der Überlieferung aufrufen.[29]

---

[29] Vgl. hier besonders Kap. 8/9, S. 44-48 der altisländischen *Tristrams saga* und dazu Einarsson, S. 29-34 und Thomas, S. 55-60, 81-85. Das Verdienst von Maureen F. Thomas' Aufsatz von 1983 besteht vor allem in der Aufdeckung nicht-höfischen Materials in der jüngeren *Tristrams saga*, das auf Bérouls bzw. Eilharts *Tristan*-Version als Referenztext verweist. Thomas schießt m. E. aber mit ihren Schlußfolgerungen bezüglich der Quellenverhältnisse über das Ziel hinaus, indem sie die Einflußrichtung umdreht. Einer ursprünglich altnorwegischen Saga-Fassung des 13. Jahrhunderts mißt sie keine Bedeutung bei, da sie ausschließlich von deren eingangs erwähnten späten Handschriften des 17. bzw. 18. Jahrhunderts ausgeht. In dieser Argumentation wird somit letztlich die späte Ballade *Tristrams kvæði* und die jüngere, altisländische *Tristrams saga* zur Quelle der älteren *Tristrams saga*. Ähnliche Kritikpunkte an Thomas wurden ausführlicher bereits 1987 von Paul Schach, bes. S. 95/96 erhoben. Im übrigen hat bereits auch Schach selbst die oben genannten Abweichungen der jüngeren von der älteren *Tristrams saga* und die Bezüge der erstgenannten zu Eilharts *Tristrant* gesehen, jedoch macht er

IV.3. Die Schlußkapitel der altnordischen *Tristan*-Überlieferung

In weitgehender Übereinstimmung mit Thomas' *Tristan* schließt die ältere *Tristrams saga* mit einem letzten Kampf des Titelhelden, bei dem Tristram von einem vergifteten Schwert lebensgefährlich verletzt wird. Zuhause in der Bretagne siecht er bei seiner Frau Ísodd an seinen Wunden dahin, und kein bretonischer Arzt kann die vergiftete Wunde heilen, denn dies vermag auf der ganzen Welt nur eine, nämlich Tristrams Geliebte, die heilkundige Königin Ísönd von England. Tristrams Wunsch, die Königin möge zu ihm kommen und ihn heilen, steigert sich bis zur Besessenheit. Freilich geht es ihm um die Heilung seiner physischen Wunde, aber zugleich um die tiefersitzenden psychischen Blessuren, nämlich um die Linderung der unerträglichen Liebesqual. Tristram zieht seinen Schwager und Freund Kardín ins Vertrauen und bittet ihn, als Kaufmann verkleidet nach London zu segeln und von dort Ísönd in die Bretagne zu holen. Als Wahrzeichen soll das Schiff bei seiner Rückkehr das berühmte weiße und blaue Segel hissen, sofern sich die Königin an Bord befindet, das schwarze jedoch im Falle der Rückkehr ohne die Geliebte. Von fataler Konsequenz ist nun aber die Tatsache, daß Tristrams Frau Ísodd das vertrauliche Gespräch der Männer heimlich belauscht hat, nun genau im Bilde über Tristrams Liebe zu einer anderen Frau ist und auf grausame Rache sinnt, auch wenn sie sich äußerlich nichts davon anmerken läßt. Als sich das zurückkehrende Schiff endlich unter weiß-blauem Segel der Küste nähert, rächt sich Tristrams Ehefrau umgehend mit folgender ‚guter Botschaft': „‚Unnusti!' kvað hun, ‚nú er Kardín kominn! Ek sá at vísu skip hans, ok hefir lítinn byr. Guð láti þat bera góð tíðindi ok þér til huggunar!' Sem Tristram heyrði þat er hun sagði, þá reistist hann þegar upp, sem hann væri heill, ok mælti til hennar: ‚Unnusta!' kvað hann, ‚muntu þá vera sannfróð, at þat er hans skip? Gør mér kunnigt eptir [því sem] satt er, með hverju segli hann siglir!' En hun svarar: ‚Ek kenni þat gørla, ok með svǫrtu segli sigla þeir ok hafa byr øngan, nema rekr aptr ok fram fyrir landinu!'" (111) Nachdem Tristram dies gehört hat, dreht er sich zur Wand und klagt verzweifelt darüber, daß Ísönd nicht zu ihm kommen will. Und diese heftigen Gefühlsregungen werden allesamt mit Partizip-Präsens-Formen zum Ausdruck gebracht, die hier als dramatischer Höhepunkt eingesetzt werden. Dann ruft Tristram seine Geliebte Ísönd noch dreimal beim Namen; beim vierten Mal stirbt er. Die beiden letzten Kapitel (S. 111/12) der älteren *Tristrams saga* erzählen von Ísönds Verzweiflung, die sie angesichts der Leiche ihres Geliebten empfindet. Sie wirft sich auf die Erde nieder, küßt und umarmt

---

dafür nicht Eilhart als Quelle geltend, sondern setzt statt dessen vermittelnden Einfluß seitens der jüngeren ‚originalen Riddarasögur', darunter besonders die *Rémundar saga*, voraus: vgl. dazu Schach 1960, S. 336 und Schach 1987, S. 88-92.

Tristram und stirbt neben ihm. Übereinstimmend mit Thomas kommentiert Róbert den Tod der Liebenden anschließend wie folgt: „Af því dó Tristram skjótast, at hann hugði at Ísond dróttning hefði gleymt hánum; en Ísond dó því skjótast, at hun kom of seint til hans." (112) Über Thomas hinaus fügt Róbert danach noch folgenden legendenhaften Schluß hinzu: Nachdem Tristram und Ísönd auf Drängen der Ehefrau auf verschiedenen Seiten der Kirche begraben worden waren, geschah es, daß aus jedem Grab ein Baum aufsproß, und zwar so hoch, daß beider Geäst oben an der Dachspitze seine Zweige vereinigte. Und: „daran kann man sehen, wie groß die Liebe zwischen ihnen gewesen ist" („ok má því sjá. hversu mikil ást þeirra á milli verit hefir", 112).

Der Schluß der älteren *Tristrams saga* ist hochdramatisch und poetisch; dazu tragen nicht zuletzt die in der Forschung verpönten Partizip-Präsens-Formen bei. Man kann jedoch keinesfalls das berühmt gewordene apodiktische Urteil Joseph Bédiers halten, daß Róbert in seiner Übertragung vor allem Thomas' poetische Aussagekraft zunichte gemacht hätte![30]

Ein wesentlicher Unterschied zwischen der älteren und der jüngeren *Tristrams saga* zeigt sich nun besonders auch in der Gestaltung der Schluß-Szene, dies vor allem im Hinblick auf die ‚triste' Atmosphäre bzw. auf die tragische Stimmung. Zwar erzählt auch die jüngere *Tristrams saga* in ihrem vorletzten Kapitel von Tristrams letztem Kampf, seiner Verwundung und der Reise seiner Schwäger nach England, um von dort die Geliebte zu holen. Ferner sind zwar auch in der jüngeren Version alle Erzählelemente der *Tristan*fabel vorhanden, jedoch neigt sie auch hier zu einer starken Raffung des Geschehens und zur Versachlichung der Darstellung. Beschreibungen, die Rückschlüsse auf psychische Befindlichkeiten, Gefühle und Innerlichkeit zulassen, werden zugunsten der Beschreibung der Handlung, und besonders auch der vorausgehenden Kampfhandlung, ausgespart. Salopp gesagt, geht es der jüngeren *Tristrams saga* vor allem um ‚action-Szenen'. Auch vermißt man hier die typischen Stilmittel zur Beschreibung von Innerlichkeit, darunter vor allem das Partizip Präsens, das in der älteren Saga als Ausdrucksmittel für Gefühle und Emotionen eingesetzt worden war. Überdies überlebt die schöne Ísodd ihren Geliebten in der jüngeren Saga noch um drei Tage, bevor sie dann – laut Aussage des Textes – ebenfalls vor Kummer stirbt („síðan sprakk hon af harmi", 76). Anders als in der älteren *Tristrams saga* vermag eine ‚triste' Atmosphäre oder eine tragische Stimmung nicht recht zu entstehen bzw. wird überhaupt nicht angestrebt. Dafür sorgt der Sagaverfasser am Ende mit einem Erzählerkommentar, in dem der Hoffnung Ausdruck verliehen wird, daß Gott den beiden Liebenden im Tod endlich die „Liebe und Freundschaft" in Aus-

---

[30] Vgl. Bédier II, S. 75: „Ce que le plus volontiers il [= Róbert] a supprimé de son original, c'en est la poésie." Die Bedeutung der Saga für die Rekonstruktion von Thomas' Text schätzt Bédier aber ungleich höher ein: „La *saga* est notre témoin le plus sûr du poème de Thomas. C'est par elle qu'il faut commencer" (II, S. 64).

sicht stellen möge, die ihnen im Leben nicht vergönnt war: „Nú þó at þau mætti ekki njótast lifandi, sagði sá, er söguna setti *saman*, þá biðjum vér þess guð sjálfan, at þau njótist nú með ást ok vingan, ok þess er at vænta, sagði hann, at svo sé. því at við miskunsaman er um at eiga" (78). Vor dem Hintergrund der gesamten Saga ist insbesondere dieser Erzählerkommentar nicht frei von sexuellen Anspielungen und entbehrt vor allem mit dem Hinweis auf Gottes Barmherzigkeit in dieser speziellen Angelegenheit nicht der Ironie.[31] Da das Ende der beiden Liebenden in Bérouls ebenfalls nur fragmentarisch überliefertem *Tristan*roman nicht erhalten ist, können an dieser Stelle keine weiteren Überlegungen über die Quellen der jüngeren *Tristrams saga* angestellt werden. An dieser Stelle läßt sich nur hypothetisch sagen, daß diese Form von ‚lockerem' Erzählerkommentar eher der bisweilen derb-,vulgären' Béroul- bzw. Eilhart-Form der Überlieferung denn der ‚höfischen' Thomas-Form u. a. der älteren Saga entspricht, in der – wie oben dargestellt – vor allem auch in den Schlußkapiteln eine ‚tragisch-triste' Atmosphäre herrscht.

Die jüngere *Tristrams saga* schließt dann noch ein ganzes Kapitel an, das in der älteren Saga kein Gegenstück findet, nämlich einen harmonischen Ausblick auf den Sproß aus Tristrams Ehe mit der schwarzhaarigen Ísodd namens Kalegras Tristramsson. Dieser Kalegras wird vom englischen König zum rechtmäßigen Erben erhoben, erweist sich als ein idealer Herrscher und hat zahlreiche Nachkommen. Eine solche harmonisierende Abrundung, das *happy end*, ist als ein typisches Gattungsmerkmal der jüngeren sog. ‚originalen Rittersagas' bzw. Märchensagas zu betrachten.[32]

V. Die Unterschiede zwischen der älteren und der jüngeren *Tristrams saga*

Zusammenfassend lassen sich aus den Unterschieden zwischen der älteren und jüngeren Version der *Tristrams saga* folgende Schlußfolgerungen ziehen. Erstens: die in der Forschung (vor allem von Paul Schach) vertretene These, daß die ältere *Tristrams saga* und damit der Thomas-Zweig der Überlieferung als alleinige *Tristan*-Quelle der jüngeren *Tristrams saga* zu betrachten sei, läßt sich in dieser Form nicht halten, zumal einige Episoden – darunter vor allem die oben behandelte Reinigungsprobe – strukturell und motivisch Einfluß der derberen Béroul-Überlieferung verraten. Die Auslassung der höfischen Elemente in der jüngeren Saga muß dabei nicht für ein Mißverständnis

---

[31]   Insbesondere diese Erzählerkommentare der jüngeren *Tristrams saga* sind von Paul Schach 1987, bes. S. 96-98 und Marianne Kalinke 1981, S. 198-215 zur Untermauerung ihrer Burleske- bzw. Parodie-These herangezogen worden.

[32]   Genereller zum Erzählverfahren, den Erzählstrategien und der Rolle des Erzählers in den Märchensagas vgl. Glauser 1983, S. 101-60 sowie S. 230.

der älteren Saga-Tradition[33] sprechen, sondern kann auch das Ergebnis einer anderen Quellenlage sein.

Als ein noch generelleres und zugleich gewichtigeres Argument kommt folgendes hinzu, das sich auf die Entwicklung des *Tristan*-Stoffes auf dem Kontinent bezieht: Bezeichnend ist, daß die mittelhochdeutschen *Tristan*-Dichtungen nach Gottfried wiederum auf Eilhart von Oberg und damit mittelbar auf die Béroul-Branche zurückgreifen: zu denken ist hier z. B. an die *Tristan*-Versionen Ulrichs von Türheim (zwischen 1230 und 1235) und Heinrichs von Freiberg (um 1290), die beide Gottfrieds *Tristan*-Fragment fortsetzten, oder den tschechischen *Tristram* (Hss. 1449 und 1483) sowie die deutsche Prosaauflösung (ält. Drucke von 1484, 1498).[34] Mit anderen Worten entspräche eine solche Bezugnahme der jüngeren Saga auf die Béroul-Branche und nicht auf die höfische Thomas-Form also auch den kontinental-europäischen Gepflogenheiten.

Ein eigenes Problem stellt die Frage dar, inwieweit für den Norden hinsichtlich der Rezeption von ,spielmännischem' *Tristan*-Material ursprünglich von altfranzösischem Béroul- oder nicht vielmehr von mittelhochdeutschem Eilhart-Material auszugehen ist.[35] Diese Frage kann hier nicht weiter verfolgt werden; es dürfte allerdings schwierig sein, konkrete Vermittlungswege für Eilhart-Material nach Island zu verifizieren, leichter wäre ein solcher Erweis für Béroul-Einfluß zu erbringen, zumal die Verbreitung anglonormannischer und altfranzösischer Quellen über englische Vermittlung zunächst nach Norwegen (und weiter nach Island) insbesondere seit Hákon Hákonarsons Tätigkeit als Literatur- und Kulturvermittler nachverfolgt werden kann (dazu hier Anm. 10 f.).

Zweitens: Kürzungen im Bereich des Höfischen und bei der Darstellung von Innerlichkeit zugunsten von stark handlungsbetonten Kampfszenen sollten nicht ausschließlich – wie von der Forschung vielfach vertreten – mit einer Neigung zur bloßen Unterhaltung erklärt werden, sondern es sollten überdies literatursoziologische Erklärungsversuche bemüht werden. Wie eingangs bereits angedeutet, sind die älteren altnorwegischen Rittersagas vor allem auch ideologisch Teil des königlichen Erziehungs- und Bildungsprogramms und richten sich an ein norwegisches höfisches Publikum. Anders liegt der Fall hingegen bei den isländischen ,originalen Riddarasögur' bzw. Märchensagas des ausgehenden 14. und 15. Jahrhunderts, die auf Island zu einer späteren Zeit und für einen anderen Rezipientenkreis entstanden als die

---

[33] Vgl. z. B. H.G. Leachs Urteil über die jüngere *Tristrams saga* (wie Anm. 15).
[34] Vgl. hierzu Ludwig Wolff/W. Schröder, Artikel Eilhart von Oberg. In: Die Deutsche Literatur des Mittelalters. Verfasserlexikon, Bd. 2, Sp. 410-18, bes. Sp. 412/13 und 417 sowie Buschinger/Spiewok (wie Anm. 7), Kommentar, S. 336-39, 344-50, 352-54.
[35] In der Forschung haben sich besonders Einarsson, mit anderer Gewichtung auch Schach, sowie Thomas für die Rezeption von Eilhart-*Tristan*-Material im Norden ausgesprochen: vgl. hier Anm. 29.

königlich-feudalhöfischen altnorwegischen Rittersagas. Wie Jürg Glauser 1983 ausgeführt hat, handelt es sich bei den jüngeren altisländischen Märchensagas um eine „für die neue isländische Oberschicht geschriebene Literatur durchaus internationalen Zuschnitts".[36]

Ähnliche literatursoziologische Überlegungen wie die hier am Beispiel der Textbeziehungen der älteren, ursprünglich altnorwegischen, und der jüngeren altisländischen *Tristrams saga* erwogenen hat bereits 1976 Ludvig Holm-Olsen für den Prolog des ebenfalls dem literarischen Milieu von Hákons Hof zugehörigen altnorwegischen *Königsspiegels* / der *Konungs Skuggsjá*, angestellt, der seiner Meinung nach „in its present form was composed by an Icelander who worked at a time when there was no longer a royal court in Norway, and who wanted to introduce *Konungs skuggsiá* to a different audience from that for which it was written."[37] Über die bloße ahistorische Unterhaltungsthese hinaus sollten bei der Betrachtung der Riddarasögur und verwandter Literatur solche literatursoziologischen bzw. -pragmatischen Aspekte mit in die Überlegungen einbezogen werden, um der historischen Dimension von Literatur gerecht zu werden. Und dies gilt nicht nur für die altnordische *Tristan*-Tradition.

Literatur

Ausgaben

[Béroul, *Tristan*] *Tristan et Yseut*. Roman de Béroul. Présenté, traduit et annoté par Daniel Poirion, Paris 1989 (= Imprimerie Nationale. Éditions).

Elis saga ok Rósamundu. Mit Einleitung, deutscher Übersetzung und Anmerkungen zum ersten Mal herausgegeben von Eugen Kölbing, Heilbronn 1881.

[Thomas, *Tristan*] *Le Roman de Tristan* par Thomas. Poème du XIIᵉ siècle. Publié par Joseph Bédier, Bd. I/II, Paris 1902, 1905 (= Société des Anciens Textes Français).

Thomas, *Les Fragments du Roman de Tristan*. Poème du XIIᵉ Siècle. Édités avec un commentaire par Bartina H. Wind, Genève / Paris 1960 (= Textes Littéraires Français).

[*Tristrams saga ok Ísoddar*]. Saga af Tristram ok Ísodd, i Grundtexten med Oversættelse af Gísli Brynjúlfsson, København 1851 (= Annaler for Nordisk Oldkyndighed og Historie 1851), S. 3-160.

Tristrams saga ok Ísöndar. Mit einer literarhistorischen Einleitung, deutscher Übersetzung und Anmerkungen zum ersten Mal hrsg. v. Eugen Kölbing, Heilbronn 1878; *Sir Tristrem*. Mit Einleitung, Anmerkungen und Glossar hrsg. v. Eugen Kölbing, Heilbronn

---

[36] Vgl. ausführlicher Glauser, bes. S. 23-28, 50-60, 219-33, Zitat: S. 26.

[37] Ludvig Holm-Olsen, The Prologue to *The King's Mirror*: Did the author of the work write it? In: Specvlvm Norrœnvm. Norse Studies in Memory of Gabriel Turville-Petre. Ed. by Ursula Dronke, Guðrún P. Helgadóttir et al., Odense 1981, S. 223-41, Zitat: S. 238.

1882 (= E. K. (Hrsg.), Die nordische und die englische Version der Tristan-Sage, Erster und Zweiter Theil).

Forschungsliteratur

(Das Verzeichnis enthält nur mehrfach verwendete Literatur; nur einmal zitierte Titel werden ausführlich in den Fußnoten aufgeführt.)

Behrmann, Thomas, Norwegen und das Reich unter Hákon IV. (1217-1263) und Friedrich II. (1212-1250). In: Hansische Literaturbeziehungen. Das Beispiel der Þiðreks saga und verwandter Literatur. Hrsg. v. Susanne Kramarz-Bein, Berlin / New York 1996 (= Ergänzungsbände zum Reallexikon der Germanischen Altertumskunde, Bd. 14), S. 27-50.

Blaisdell, Foster W., Some Observations on Style in the Riddarasögur. In: Scandinavian Studies. Essays presented to Dr. Henry Goddard Leach on the Occasion of his eighty-fifth birthday. Ed. by Carl F. Bayerschmidt and Erik J. Friis, Seattle 1965, S. 87-94.

Broich, Ulrich und Manfred Pfister (Hrsgg.), Intertextualität. Formen, Funktionen, anglistische Fallstudien, Tübingen 1985 (= Konzepte der Sprach- und Literaturwissenschaft, Bd. 35).

Einarsson, Bjarni, To skjaldesagaer. En analyse af *Kormáks saga* og *Hallfreðar saga*, Bergen / Oslo / Tromsø 1976.

Glauser, Jürg, Isländische Märchensagas. Studien zur Prosaliteratur im spätmittelalterlichen Island, Basel / Frankfurt a. M. 1983 (= Beiträge zur nordischen Philologie, Bd. 12).

Gunnlaugsdóttir, Álfrún, Tristán en el Norte, Reykjavík 1978 (= Stofnun Árna Magnússonar á Íslandi, Rit 17).

Hallberg, Peter, Norröna riddarasagor. Några språkdrag. In: Arkiv för Nordisk Filologi 86, 1971, S. 114-138.

Hallberg, Peter, Some Aspects of the Fornaldarsögur as a Corpus. In: Arkiv för Nordisk Filologi 97, 1982, S. 1-35.

Hauksson, Þorleifur und Þórir Óskarsson, Íslensk Stílfræði, Reykjavík 1994.

Haßler, Gerda (Hrsg.), Texte im Text. Untersuchungen zur Intertextualität und ihren sprachlichen Formen, Münster 1997 (= Studium Sprachwissenschaft, Beiheft 29).

Helbig, Jörg, Intertextualität und Markierung. Untersuchungen zur Systematik und Funktion der Signalisierung von Intertextualität, Heidelberg 1996 (= Beiträge zur neueren Literaturgeschichte, Folge 3, Bd. 14).

Huby, Michel, Prolegomena zu einer Untersuchung von Gottfrieds *Tristan*, Bd. I/II. Göppingen 1984 (= Göppinger Arbeiten zur Germanistik, Nr. 397/I und II).

Jónsson, Finnur, Den oldnorske og oldislandske litteraturs historie, Bd. I/II, København ²1923.

Kalinke, Marianne E., King Arthur, North-by-Northwest. The *matière de Bretagne* in Old Norse-Icelandic Romances, Copenhagen 1981 (= Bibliotheca Arnamagnæana, Vol. 37).

Leach, Henry Goddard, Angevin Britain and Scandinavia, Cambridge, London 1921 (= Harvard Studies in Comparative Literature, VI).

Lienert, Elisabeth, Intertextualität in der Heldendichtung. Zu *Nibelungenlied* und *Klage*. In: Wolfram-Studien XV. Neue Wege der Mittelalter-Philologie. Landshuter Kolloquium 1996. Hrsg. v. Joachim Heinzle et al., Berlin 1998, S. 276-298.

Meissner, Rudolf, Die *Strengleikar*. Ein Beitrag zur Geschichte der altnordischen Prosaliteratur, Halle a. S. 1902.

Orkney Miscellany [Sonderheft: Würdigung Hákon Hákonarsons] 5, Kirkwall 1973.

Plett, Heinrich F. (Hrsg.), Intertextuality, Berlin / New York 1991 (= Research in Text Theory / Untersuchungen zur Texttheorie, 15)

Schach, Paul, Some Observations on *Tristrams Saga*. In: Saga-Book of the Viking Society, Vol. XV, **1957-1961**, S. 102-129.

Schach, Paul, The *Saga af Tristram ok Ísodd*. Summary or Satire? In: Modern Language Quarterly 21, **1960**, S. 336-352.

Schach, Paul, The Style and structure of *Tristrams saga*. In: Scandinavian Studies. Essays presented to Dr. Henry Goddard Leach on the Occasion of his eighty-fifth birthday. Ed. by Carl F. Bayerschmidt and Erik J. Friis, Seattle **1965**, S. 63-86.

Schach, Paul, Some Observations on the Influence of *Tristrams saga ok Ísöndar* on Old Icelandic Literature. In: Old Norse Literature and Mythology. A Symposium. Ed. by Edgar C. Polomé, Austin/Texas **1969**, S. 81-129.

Schach, Paul, Some Observations on the Translations of Brother Róbert. In: Les Relations Littéraires Franco-Scandinaves au Moyen Age. Actes du Colloque de Liège (avril 1972), Paris **1975** (= Bibliothèque de la Faculté de Philosophie et Lettres de l'Université de Liège, Fasc. CCVIII), S. 117-135.

Schach, Paul, *Tristrams Saga ok Ýsoddar* as Burlesque. In: Scandinavian Studies 59, **1987**, S. 86-100.

Shoaf, Judith Patricia, Thomas' *Tristan* and *Tristrams saga*. Versions and Themes, Diss. Cornell University 1964.

Thomas, Maureen F., The Briar and the Vine: Tristan goes north. In: Arthurian Literature III. Ed. by Richard Barber, Woodbridge/Suffolk 1983, S. 53-90.

Tómasson, Sverrir, Hvenær var *Tristrams sögu* snúið. In: Gripla 2, Reykjavík 1977 (= Stofnun Árna Magnússonar á Íslandi, Rit 16), S. 47-78.

Von Prosa zu Versgesang: *Vilmundur viðutan* in Saga, Rímur und Kvæði

HANS KUHN (CANBERRA)

Was immer man vom sog. isländischen Freistaat des Mittelalters halten mag – in literarischen Dingen haben die Isländer schon früh ihre Unabhängigkeit bewiesen. Zu einer Zeit, wo im übrigen Europa episches Erzählen nur in Versform denkbar war, entwickelten sie in den Sagas eine Erzählprosa von größter Lebendigkeit und Subtilität. Und als sich Europa im Spätmittelalter allmählich zur Prosaform des Romans vortastete, versiegte in Island nach und nach die Saga als produktives Erzählgenre und wurde von einer kunstvollen Form gesungener Versdichtung, den Rímur, abgelöst. Dies war und blieb eine exklusiv isländische Form der Epik über einen längeren Zeitraum hin, als es eine produktive Sagadichtung gegeben hatte; sie spielte dort auch eine größere Rolle als die einfacheren Kurzformen gesungener Erzähldichtung, die im übrigen Norden als Kæmpeviser und in Europa als Balladen bekannt waren. Erst um die Mitte des 19. Jahrhunderts drang auch in Island der Roman ein und verdrängte dann im 20. Jahrhundert die Rímur als produktives Genre.

Es ist merkwürdig, daß diese einzigartige Gattung, die bereits im *Flateyjarbók* belegt ist („Óláfs ríma Haraldssonar") und dann ein halbes Jahrtausend lang die dominierende epische Form blieb, und auf die die Isländer mit gleichem Recht stolz sein könnten wie die Sagas, in- und außerhalb Islands verhältnismäßig wenig Beachtung gefunden hat. Kaum mehr als ein Zehntel der erhaltenen Rímur-Zyklen sind gedruckt, und lange hat sich die Wissenschaft, bis auf wenige Ausnahmen (Finnur Jónsson, Sir William A. Craigie, Björn K. Þórólfsson, Ólafur Halldórsson) kaum mit ihnen beschäftigt. Natürlich war es in erster Linie eine Performance, ursprünglich offenbar auch getanzt, auf den Höfen bei der *kvöldvaka* überwiegend von wandernden Sängern/Dichtern vorgetragen, und mit dem Absterben der Heimindustrie und der Verstädterung im 20. Jahrhundert verschwand auch das traditionelle Publikum; reichlich spät erst hat das Volkskundearchiv in Reykjavík damit begonnen, die noch bestehende Überlieferung zu dokumentieren. Für die Ablehnung der Rímur durch die führenden Literaten im 19. Jahrhundert, belegt durch die berühmt gewordene Rezension eines Rímur-Zyklus von Sigurður Breiðfjörð durch Jónas Hallgrímsson im Jahre 1837, gab es zeitbedingte Gründe. Sie wollten Erlebnisdichtung, Natur-, Liebes- und Vaterlandsgedichte schreiben wie ihre romantischen Kollegen im übrigen Europa; für sie waren die Rímur mit ihren komplizierten metrischen Regeln und ihren Kenningar Unnatur, formale Künstelei, barocker Schwulst. Auch für die Abneigung der Wissenschafter gab es Gründe. Erstens waren die Rímur nicht anonyme ,Volksdichtung' à la Volkslied, Ballade und Sagas, die seit Herder und der Romantik zu besonderen, nicht zuletzt nationalen Ehren gekommen waren. Zweitens waren die Stoffe überwiegend nicht ,original', sondern abgeleitet, Umsetzungen einheimischer oder fremder Werke in eine andere Form, zudem eher den Ritter- und Märchensagas entnommen als den damals als ,historisch' und darum national verstandenen Isländer- und Königssagas, und dies war wiederum ein Minuspunkt in einer von der Romantik her kommenden Aesthetik.

Heute haben Originalität und Erlebnisdichtung nicht mehr den gleichen Stellenwert wie im 19. Jahrhundert, und mit gewachsenem Interesse für Intertextualität verdient es gerade der Umformungsprozeß, näher untersucht zu werden. Dies muß an konkreten Beispielen geschehen, und hier soll ein kleiner Versuch gemacht werden anhand der spätmittelalterlichen *Vilmundar saga viðutan* und ihrer Umsetzung in Rímur durch einen gewissen Ormur; dabei ist als Vergleichsabschnitt ein Textstück gewählt, für das eine weitere Episierung in Form eines färöischen kvæði vorliegt.

Die *Vilmundar saga* dürfte um 1400 oder wenig früher entstanden sein; die ältesten Handschriften stammen aus dem 15. Jahrhundert. Sie hat einige Züge mit der *Hálfdanar saga Eysteinssonar* gemeinsam, ohne daß dies, wie Finnur Jónsson[1] meinte, ein Abhängigkeitsverhältnis voraussetzt. Der Text ist greifbar in Bjarni Vilhjálmssons populären Ausgabe der *Riddara sögur* von 1954[2] und in der kritischen von Agnete Loth in *Late Medieval Icelandic Romances* von 1964[3]. Die Kapiteleinteilung der beiden Ausgaben weicht voneinander ab; ich halte mich an die jüngere und kritische.

Nur den letzten fünf Kapiteln hat es die Saga zu verdanken, daß sie als *riddara saga* klassifiziert wurde; die übrigen 19 (oder 17, nach Bjarni) bestehen aus gängigen Motiven der Vorzeitsagen. Kurz zusammengefaßt erzählt die Saga von einem russischen König Visivaldur, dessen unehelicher Sohn Hjarrandi hviða (,Wirbelwind') die meiste Zeit auf Wikingerzügen verbringt. Seine beiden Zwillingstöchter sind Kontraste: Sóley ist stark und heftig, Gullbrá sanft und schön. Sex und Gewalt sind hier, wie in der mei-

---

[1] *Den oldnorske og oldislandske Litteraturs Historie* II, København 1924, 118.
[2] Reykjavík, Bd. VI, 1-62.
[3] Copenhagen, Bd. IV, 137-201.

sten Erzählliteratur seit der *Ilias*, die Voraussetzungen des Geschehens. Sóley hat als erste mit einem unerwünschten Freier Ulfr ill-eitt („nur-böse') fertigzuwerden. Indem sie einem starken und bösen irischen Sklaven Kolr kryppa („Buckel') die Ehe verspricht, bringt sie ihn dazu, Ulfr zu ermorden. Bevor er seinen Lohn einkassiert, tauscht sie ihre Identität mit derjenigen ihrer Magd Öskubuska („Aschenbesen"). Als ein weiterer Freier für Sóley auftaucht, verschwinden Kolr und seine Gefährtin mit einer Schar Sklaven in ein unzugängliches Fort im Wald, und dort werden sie durch ihre Untaten zu einer Landplage. Die schöne Gullbrá, die natürlich noch mehr umworben wird als Sóley, ist, streng bewacht, von Hjarrandi mit einer Anzahl Edeldamen in ein Schloß eingesperrt worden. Nur wer dem Bruder in jeder Hinsicht gewachsen ist, soll sie zur Frau bekommen; minderwertige Freier werden sofort umgebracht, andere, nachdem er sie besiegt hat. Das ist die Szene, die Vildmundur viðutan, der Held von „draußen", vorfindet, als er, in der Wildnis ohne menschliche Kontakte aufgewachsen, sich zum ersten Mal in die Welt hinausbegibt. Er tötet den Berserker Ruddi, der Gullbrás Schloß bewacht, und zeigt sich Hjarrandi in allen Kampf- und Sportarten gewachsen, als dieser zurückkehrt. Die beiden schließen Bruderschaft, aber Vilmundur bleibt der Outsider und verbringt die meiste Zeit alleine auf der Jagd. Nun erscheint ein Prinz Buris von Blökumannaland (Walachei) mit einer Flotte von schwarzen Segelschiffen und einem Heer von Berserkern und Schwarzen und verlangt Prinzessin Gullbrá für sich. Hjarrandi kommt eben noch rechtzeitig an, um Truppen zu mobilisieren, aber wird von den Fremden geschlagen; Vilmundur rettet im letzten Augenblick die Situation. Später greifen die beiden Freunde Kolr und seine Räuberbande und seine Zauberschweine und die ebenso schreckeinjagende Öskubuska an und besiegen sie mit äußerster Anstrengung; wieder ist Vilmundur der Retter. Als er dem König den Kopf Öskubuskas (der vermeintlichen Sóley) überreicht, wird er verbannt und zieht sich in Kolrs Fort zurück. Nun erscheint der rechte Freier für Gullbrá, der schöne, reiche und höfische, aber zugleich kampf- und sportgewandte Prinz Guðifreyr aus Galizien (in Spanien), und damit die Saga mit einer doppelten Hochzeit enden kann, versöhnt Hjarrandi seinen Vater mit Vilmundur, und dieser bekommt Sóley, deren Identität mit Hilfe eines von ihm gefundenen goldenen Schuhs etabliert wird; Hjarrandi wird Guðifreyrs Schwester heiraten. Wie um dieses Übermaß an verfeinerten höfischen Sitten auszugleichen, verabschiedet sich der Erzähler mit obszönen guten Wünschen, die denn auch in einigen Manuskripten fehlen.

Diese Zusammenfassung läßt deutlich werden, wie sehr Jürg Glausers Begriff „Märchensaga" gerechtfertigt ist. Die Hauptfigur ist, wie der Märchenheld, ein Unbekannter ohne Familienbande, der plötzlich auftaucht und Aufgaben löst, an denen andere versagen. Er ist der Glückspilz, der verlorene Dinge (den goldenen Schuh) und verborgene Orte (die unterirdische Behausung von Sóleys Ziehmutter Silven) findet und zur rechten Zeit am rechten Ort ist. So stolpert er gleichsam in das streng bewachte Schloß, verbringt eine Nacht in Gullbrás Gemächern, misst sich mit Sóley in der Küche und setzt sich auf Hjarrandis Sitz in der Halle. Zugleich erinnert er an den im Wald isoliert aufwachsenden, weltfremden Parzival und andere wandernde Ritter mit ihren märchenhaften Abenteuern. Man kann, mit Gert Kreutzer, in dem Bauernsohn Vilmundur aus der Einöde eine bäuerlich-nationale Gegenfigur zur höfischen Welt sehen oder, mit Jürg Glauser, gerade seine schließliche Integration in die höfische Welt betonen[4], aber mir scheint sein Charakter als Märchenheld wichtiger. Damit kann er Identifikationsobjekt werden sowohl für die Erzähler und Hörer, die es nie zu Reichtum und Ruhm bringen, wie für die Heranwachsenden, die daraus Mut für einen ungewissen Lebensweg schöpfen. Auch andere Motive gehören zum Märcheninventar: die von einem eifersüchtigen Vater (hier: Bruder) eingeschlossene Prinzessin, deren Freier ihr Leben einsetzen müssen; das Monstrum Kolr, dessen Beseitigung die Voraussetzung ist für die Belohnung des Helden. Auch daß Vilmundur dieser Lohn erst versagt wird, passt zum Schema beispielsweise der Drachentötermärchen. Von zahlreichen Einzelzügen soll hier nicht die Rede sein; lediglich den typisch isländischen Märchenzug möchte ich erwähnen, daß der Held einziger Sohn eines *karl* und einer *kerling* ist.

Nach dem zweiten Weltkrieg wurden in Island eine Anzahl von Rímur-Zyklen gedruckt. Die Gesellschaft Rímnafélagið gab zwischen 1948 und 1976 elf Bände mit Texten heraus, 1952 erschien Sir William A. Craigies dreibändige Auswahl *Sýnisbók íslenzkra rímna*, die freilich nur Ausschnitte enthielt, und Ólafur Halldórsson edierte 1973-5 vier frühe Rímur-Zyklen in einer Serie *Miðaldarímur* der Stofnun Árna Magnússonar; aber dabei blieb es. Sonst sind nur einige ‚klassische' Rímurdichter des 19. Jahrhunderts wie Bólu-Hjálmar (1796-1875), Sigurður Breiðfjörð (1798-1846) und Símon Dalaskáld (1844-1916) in neueren Buchausgaben erhältlich.

Vilmundur rímur viðutan ist der letzte Band (1975) in Ólafur Halldórssons Reihe; ihm verdanken wir die Möglichkeit dieses Textvergleichs. Die Rímur sind, im Unterschied zu den Sagas, nicht anonym, aber der Name der Dichters wie auch derjenige der Frau, welcher der Rímur-Zyklus gewidmet ist, sind meist verschlüsselt, denn die Fiktion ist, daß die Rímur eine Art Liebesgabe seien, und besonders die Identität der geliebten Frau darf nach mittelalterlicher Gepflogenheit nicht enthüllt werden. Im mittelalterlichen Island standen ja laut *Grágás* drastische Strafen auf das Verletzen der Privatsphäre durch Liebesgedichte, und der einleitende persönliche

---

[4]   Die Diskussion ist referiert in JÜRG GLAUSER, *Isländische Märchensagas*, Basel/ Frankfurt 1983, 179 (Anm. 136).

Abschnitt einer jeden Ríma heißt denn auch *mansöngr* und handelt vielfach von der (unglücklichen oder hoffnungslosen) Liebe des Dichters, wie so manches Lied des Minnesangs. Wie gewöhnlich, werden diese Namensverschlüsselungen auch hier in die letzte Ríma eingebaut; dort (XVI 64-65) können die Namen „Sofia" (für die Geliebte) und „Ormur" (für den Dichter) herausgelesen werden. Jón Þorkelsson identifizierte 1888 diesen Ormur mit dem Sohn von Loftur ríki, was für das Werk eine Entstehungszeit im mittleren 15. Jahrhundert ergeben würde. Neuere Forscher halten dies aus sprachlichen Gründen für unwahrscheinlich und plädieren für die erste Hälfte des 16. Jhs., haben jedoch keine Anhaltspunkte, wer dieser Ormur war. Dagegen weiß man, daß im 16. Jh. der 1601 verstorbene Dichter und Polemiker Hallur Magnússon ebenfalls *Vilmundarrímur* geschrieben hat, und diese scheinen eine weitere Verbreitung gefunden zu haben als die früheren von Ormur. Eine Lücke in einem Manuskript von Ormurs Werk aus der Mitte des 17. Jahrhunderts wurde mit einer Bearbeitung der entsprechenden Teile von Hallurs Rímur ausgefüllt – Bearbeitung darum, weil das Metrum nicht das gleiche war. Hallurs Version soll auch Spuren in einigen späteren Manuskripten der Saga hinterlassen haben und wurde anfangs des 19. Jahrhunderts von einem isländischen Lehrer auf den Färöern ins Dänische übersetzt; diese Übersetzung wiederum war die Grundlage für eine Teilbearbeitung im traditionellen färöischen Balladenstil durch Jógvan Nolsøe[5] (1789-1876). Hallurs Zyklus ist leider nicht im Druck erschienen; so konnte ich ihn nicht zum Vergleich beiziehen. Wie die meisten Rímur-Dichter scheinen Ormur und Hallur nach einem Manuskript der Saga gearbeitet zu haben und folgen diesem ziemlich genau. Im Prinzip wird nichts dazuerfunden, aber auch nichts weggelassen; in diesem Bereich ist an der Buchprosa-Gläubigkeit der Isländer nichts auszusetzen.

Das Stück, das ich zum Vergleich gewählt habe, ist ein epischer Geimeinplatz: Buris' unhöfische Freierei und eine Schlacht in zwei Teilen, der erste mit der drohenden Vernichtung der „Guten" endend, bevor der vorher abwesende Held die Situation rettet und den Gegner vernichtet. Wie die meisten Vorzeitsagen ist auch die Vilmundar saga ziemlich atemlos handlungsorientiert, ohne viel Vorbereitung und Aufbau der einzelnen Szenen und mit wenig Dialog; in den letzten, ‚höfischen' Kapiteln ist das Tempo gemächlicher, mit mehr Beschreibungen, wenn auch kaum subtiler. Buris' Fähnrich Skjöldr, der die arrogante Forderung seines Herrn überbringt, ist zwar so wohlerzogen, „bitte" zu sagen (172.17 „at þer mundut uel giora" – nisl. „gerið svo vel"), aber verlangt gleich, daß ihr Vater die Braut selbst zum Schiff bringe, weil Buris seinen Leuten nicht zumuten könne, zur

---

[5] Die Identifizierung des Dichters ist Jóhan Hendrik Poulsen zu verdanken, s. die Einleitung ÓLAFUR HALLDÓRSSONs in *Vilmundar rimur viðutan*, Reykjavík 1975, S. 26 (Anm. 23).

Königshalle zu kommen; andernfalls folgten Gewalt und Verwüstung. Der König, wie Artus und andere Epenkönige eher ein präsidierender Vorsitzender als ein Entscheidungsträger, läßt sich nicht provozieren, sondern sagt, für die Frage sei Hjarrandi zuständig. Dieser ergreift denn auch gleich die nötigen Maßnahmen und tötet Skjöldur im Kampf, zieht aber den kürzeren vor dem gegenüber schneidenden Waffen magisch unverwundbaren Buris; erst Vilmundur wird es gelingen, ihm mit einer primitiven Schlagwaffe, dem stumpfen Ende einer Axt, den Kopf zu zertrümmern. Obwohl hier zwei Heere aufeinanderprallen, wird die Schlacht wie in den Sagas, aber auch wie in andern mittelalterlichen Epen, als eine Serie von Einzelkämpfen geschildert, mit Skjöldur und Buris auf der Angreifer-, Hjarrandi und Vilmundur auf der Verteidigerseite. Das Fußvolk zählt nicht; es wird denn auch von den Hauptkämpfern im Handumdrehen erledigt.

In Ormurs Nacherzählung werden diese beiden Szenen im Hauptteil der achten und am Anfang der neunten Ríma (VIII 31-IX 34) wiedergegeben; den 76 Zeilen Prosa entsprechen 229 Verszeilen, die 36 Zeilen des Mansöngr (IX 1-9) nicht eingerechnet. Nun enthalten allerdings die Verszeilen weniger Text als die Prosa, besonders in der 9. Ríma mit ihren durchwegs vierhebigen Zeilen; aber die Textmasse wird immer noch verdoppelt. Neubearbeitungen führen, wie Übersetzungen, meist zu einem Anschwellen des Textes, aber bei der Umsetzung in Verse gibt es spezifische Gründe dafür. In einem gesungenen (und getanzten) Text müssen die syntaktischen Einheiten kurz und selbständig sein, sonst verliert der Hörer den Faden, wofür Balladen, Volks- und Kirchenlieder reichlich Beispiele liefern[6]. In den Rímur, die ja zur Kunstdichtung gehören, gibt es indessen weniger Wiederholungen und Parallelismen als in der ‚zersungenen' Volksdichtung. Jede Strophe muß in sich abgeschlossen sein, und dieVerszeilen tendieren dazu, syntaktische Einheiten zu bilden; Enjambement wird erst im Barock ein Mittel der Kunstdichtung.

Auch die Prosa von *Vilmundar saga* ist einfach und parataktisch; aber in den 76 Zeilen gibt es 23 Nebensätze. In dem doppelt so großen Textmaterial der Rímur, d. h. in den 229 Verszeilen Erzählung ab VIII.31, gibt es 22 Nebensätze, und zwei davon sind Objektsätze, die durch das In-Erscheinung-Treten des Erzählers (das in der Saga fehlt) bedingt sind (IX 31.1 „Erzählen wir, was zuhause im Reich des Königs geschah" und IX 22.3 f. „Nun soll gesagt werden, daß sie, der Held und Vilmundur der starke, zusammenkammen"). Kurz, in den Rímur wird die einfache syntaktische Struktur der Prosaerzählung weiter vereinfacht.

Da Subjekt, Objekt und andere Satzteile in jeder Strophe neu gesetzt werden müssen, droht monotone Wiederholung; dies kann vermieden werden durch poetische Variationen des Wortschatzes. Ein noch gewichtigerer

---

[6]   s. LEIF LUDWIG ALBERTSEN, *Lyrik der synges*, København 1983.

Grund, den ererbten poetischen Wortschatz zu erhalten und auszubauen, sind die metrischen Erfordernisse, die ja auch in der Skaldendichtung die dichterische Phantasie beflügelt haben, in den Rímur aber durch das Hinzukommen des durch die mittellateinische Dichtung vermittelten Endreims noch kompliziert werden. Die Konvention verlangt, daß in jeder Ríma ein neues Metrum (und das bedeutet auch: eine neue Melodie) verwendet wird; diese Forderung metrischer Variation hat in der Rímur-Dichtung zu einer Fülle von Strophenformen und Reimschemata geführt[7]. Eine Ausnahme bildet das verhältnismäßig einfache Versmaß *ferskeytt* („vierkantig"), das gewöhnlich in der ersten und letzten Ríma eines Zyklus und zuweilen auch dazwischen verwendet wird, so in unserer Ríma IX. Es sind Vierzeilen-Strophen von vierhebigen Trochäen, abwechslungsweise klingend und stumpf, untereinander (1/3, 2/4) durch Endreim gebunden; die 4. Zeile hat oft, die 2. Zeile zuweilen Auftakt. Von den drei Stäben jeder Strophenhälfte müssen zwei im Anvers und der dritte in der ersten Hebung des Abverses stehen; Binnenreim wird in *ferskeytt* nicht gefordert. Als Beispiel die erste Strophe (besserer Lesbarkeit halber in normalisierter Orthographie): die Endreime sind *knör/kjör* und *sanni/manni*, die Stäbe *Herjans/hátta/hefja* und *ef/óður/ödrum*, in der 4. Zeile das Auftaktwort *sem*. Das Metrum von Ríma VIII ist *braghent* („dichtungsgereimt"); die Strophen bestehen aus einer sechshebigen und zwei vierhebigen Zeilen. Die hier verwendete Unterart heist *fráhent* („entreimt"), weil nur die Zeilen 2 und 3 durch Endreim gebunden sind, nicht aber die 1. Zeile. Die Stäbe in den Zeilen 2 und 3 sind verteilt wie in *ferskeytt*, während die erste Zeile allein ihre drei Stäbe hat. In Str. 22 sind also die Endreime (normalisiert) *höllu/öllu*, die Stäbe *Vilmund/virðar/vigra* und *dvalist/döglings/dulist*. Zuweilen sucht der Rímurdichter sein Publikum mit einem metrischen Schlußeffekt zu blenden, z. B. indem er in der letzten Strophe einer Ríma, in der er sich vom Publikum verabschiedet, alle Hebungen miteinander reimt; die Ríma VIII endet ohne solche Raffinessen[8].

Die Mittel poetischer Variation, um Wiederholungen zu vermeiden und den Bedarf nach Stäben, Binnen- und Endreimen zu befriedigen, sind poetische Synonyme, Kenningar und verblaßte Metaphern, die zuweilen zu Füllwörtern werden. Gegenüber der Skaldendichtung wird die schon dort begrenzte Zahl von Begriffen, die variiert oder metaphorisch verschlüsselt

---

[7]   Die gründlichste Orientierung bietet nach wie vor die mehr als 500-seitige Dissertation von Björn K. Þórólfsson, Rímur fyrir 1600, Kaupmannahöfn 1934 (Safn Fræðafjelagsins, XI).

[8]   Wohl aber mit einer Kenninghäufung, die den Hören auch imponieren konnte; in Übersetzung: „Ich liefere nun nichts weiter vor der Riesen- (bzw. Zwergen-, s. unten) Beute (dem Gedicht); deshalb soll ein Schaden an Odin-Rede (ein Aufhören dichterischen Sprechens) aus dem Sitz des Preislieds (der Brust, dem Sinn) hervorkommen".

werden, noch weiter eingeschränkt, was ihre Erkennung erleichtert – der
Hörer weiß ungefähr, was er zu erwarten bzw. zu erraten hat. In den hier
wiedergegebenen Textabschnitten werden folgende poetische Wörter verwendet:

Für ‚Fürst‘: *gramr* 8.31, 33: *þengill* 8.34: *fylkir* 8.37, 46, 59, 63, 9.14, 16; *hilmir* 8.35,
37, 55; *hersir* 8, 40, 50; *ræsir* 8.40; *vísir* 8.44, 9.31; *öðlingr* 8.36, 38, 42, 71, 9.24, 28;
buðlungr 8.33, 38, 66, 68, 9.15; *döglingr* 8.22, 35, 9.32, 33; *lofðungr* 8.58, 72; *niflungr*
8.39, 48; *siklingr* 8.52, 58, 9.10; *bragningr* 8.71; *mildingr* 8.29.
Für ‚(vornehme) Frau‘: *fljóð* 8.46; *grund* 8.34; *kæra* 8.49.
Für ‚Mann, Krieger‘: *garpr* 8.23, 28, 32, 9.21, 26, 33; *halr* 8.41, 53, 9.13, 22, 24; *hetja*
8.23, 66; *kappi* 8.40, 9.30; *rekkr* 8.30, 32, 40, 43, 9.26; *seggr* 8.52, 66; nur im Plural
bragnar 8.27, 33, 42, 54, 9.17, 19; *firðar* 8.63, 9.16, 17, 20, 28; *höldar* 8.25, 43; *ítar*
8.26, 9.5, 13, 30; *virðar* 8.64.
Für ‚Waffe‘: *björt stál* 8.28, 60; *brandr* 8.33, 66; *hneiti* 8.69; *hrotti* 9.29.
Für ‚Rüstung‘: *hringa* 9.21.
Für ‚Schlacht, Kampf‘: *hild* 855, 59; *róma* 9.12.
Für ‚Dichtung‘: *bragr* 9.11; *óðr* 9.1, 9.

Natürlich ist die Zahl der Grundwörter vor allem durch die Textauswahl
bestimmt, wo hauptsächlich von Kampf die Rede ist; Wörter für ‚Dichtung‘
erscheinen nur im *mansöngr* von IX. Aber auch der Fürstenpreis der Ska-
lendichtung handelt ja vor allem von Kampf, und es verwundert nicht, daß
die meisten der obigen Wörter auch im *Lexicon Poeticum* zu finden sind.
Das einzige neue Wort für ‚Fürst‘ ist *mildingr*, eine etwas hybride Ablei-
tung vom Adjektiv *mildr*. Die meisten übrigen *-ingr/-ungr*-Wörter sind von
Personennamen abgeleitet, bedeuten also ‚Nachkomme von Dagr, Buðli,
Lofti‘ usw. *Bragningr* ist zu dem Appellativ (pl.) *bragnar* gebildet und
bereits in der Skaldendichtung gut bezeugt. Unter den Wörtern für ‚Mann‘
ist (pl.) *ítar* ein Neukömmling; aus der Skaldendichtung ist *ítr* nur als Adjektiv ‚trefflich‘ bekannt. Unter den Waffenwörtern ist *hneiti* Schwert eine
Variante zu *hneitir*, wörtlich Schläger; in den Rímur vermischen sich die
beiden Typen von Nomina agentis. *Hringa* ist wohl eine Rückbildung aus
hringbrynja. Von den beiden Wörtern für ‚Frau‘ ist *grund* eine Halbkenning, aus dem häufigen Gebrauch in Kenningar wie *hoddgrund, bauga
grund, mengrund*. *Róma* für ‚Kampf‘ war wohl ursprünglich auch eine
Halbkenning, die sich aus dem häufigen Typus „Waffen-Lärm" verselb-
ständigt hatte, wird aber bereits in der Skaldendichtung öfters allein im
Sinne von ‚Schlacht‘ gebraucht. Auch das substantivierte Adjektiv *kæra* für
‚Frau‘ ist schon früher bezeugt.
     Bei den Kenningar finden wir die gleichen Begriffe dominierend, doch
fehlt der Fürst hier; sonst ist die Auswahl etwas reicher und sind die Wiederholungen seltener.

Für ‚(vornehme) Frau': *silki-þilja* 8.35; *falda þilja* 8.37; *nistils þilja* 8.48; *silki-þöll* 8.45; *auðþöll* 9.34; *þella gulls hins brenda* 9.4; *þorna tróða* 8.45; *bauga spöng* 8.36; *silki-spöng* 9.7; *veiga skorða* 9.4; *nistilgrund* 9.6; *falda rein* 9.7; *silki-Hildr* 9.2.
Für ‚Krieger': *nadda brjótr* 8.39; *geira brjótr* 8.68; *hjörva beitir* 8.5; *randa beitir* 8.34; *vigra bendir* 8.22; *hreytir gerða* 8.29; *hreytir spanga* 8.29; *meiðir þorna* 9.13; *fleina njótr* 9.23; *branda Týr* 9.14; *bauga Týr* 9.14.
Für ‚Waffe' (hier immer Vilmundurs Axt): *lurka Griðr* 9.19; *Griðr viga* 9.26; *gýgr spanga* 9.25.
Für ‚Rüstung': *Bjarka váðir* 8.54; *Bjarka hjúpr* 9.19; *Fjölnis dúkar* 9.18; *Fróða serkr* 9.22.
Für ‚Schild': *Hildar ský* 9.18; *bjalka strönd* 8.54; 9.19.
Für ‚Schlacht, Kampf': *malma þing* 8.55; *laufa þing* 8.60; *Hildar þing* 8.72, 9.15; *stála hjaldr* 8.65; *fleina róg* 8.67; *laufa róg* 8.67; *brodda kíf* 8.38; *odda hjal* 9.30; *branda gný* 9.18; *vápna kliðr* 9.31; *skjóma hríð* 8.61; *él vigra* 9.23; *fleina skúr* 9.27, *vápna gjóðr* 9.16; *vápna styrr* 9.11; *fleina iðja* 8.67; *Göndla stígr* 9.21^9.
Für ‚Kopf': *reikar fjall* 9.26 (‚Scheitel'); *heila múrr* 9.27 (‚Schädel').
Für ‚Herz, Sinn': *mærðar stallr* 8.73.
Für ‚Gold': *orma sáð* 8.41; *Draupnis eimr* 9.33^{10}; *Ægis brími* 9.34.
Für ‚Meer': *höll drafna* 8.31; *Ránar völlr* 9.32.
Für ‚Schiff': *kolgu brandr* 8.26.
Für ‚Dichtung': *miðjungs býti* 8.72; *Herjans hátta knörr* 9.1; *Hárs fley* 9.10; *Berlings far* 9.2; *Fjölnis gildi* 9.2; *Fjölnis drykkr* 9.3, *Rögnis ræða* 8.73.

Es fällt auf, daß alle Kenningar zweigliedrig sind; die *tvíkennt-* und *rekit-* Bildungen der Skalden fehlen[11]. Und die Kenningar sind überwiegend konventionell; man hat in der Rímur-Dichtung das Gefühl, das sei eine poetische Erbmasse, die nach metrischen Bedürfnissen eingesetzt werde und die Phantasie der Dichter kaum zu Neubildungen beflügle. Die Frauen-Kenningar zum Beispiel gehören alle mehr oder weniger zum gleichen Typ, mit „Brett" oder „Baum" als Grundwort und einem Kleidungsstück oder Schmuck als Bestimmungswort, oder aber mit einem Grundwort „Land". Dieser mehr oder weniger mechanische Gebrauch von traditionellen Kenningelementen führt zuweilen zu Verstößen gegen die Logik, und der Herausgeber des Textes kann es sich nicht versagen, dies dann und wann anzumerken. Bei den Krieger-Kenningar zum Beispiel ist *hjörva beitir* ‚der die Schwerter beißen läßt' korrekt, aber *randa beitir* ‚der die Schilde beißen läßt' unsinnig, eine mechanische Analogiebildung veranlaßt durch die vielen Krieger-Kenningar mit *randa* als Bestimmungswort (*randa týnir, randa rjóðandi, randa reynir*). Eine ähnliche Gedankenlosigkeit in der Kombination der Elemente zeit die Verbindung *Hárs fley* für ‚Dichtung', während *Berlings far* in Ordnung ist (*Berlingr*, wahrscheinlich aus älterem *Billingr*, ist in den Rímur ein geläufiger Zwergname). Der dem Riesen Suttungr

---

9 Erschlossen aus dem „golna stiege" der Hs.
10 Konjektur des Herausgebers für das „drófnis eym" der Hs.
11 In *Herjans hátta knörr* ‚Óðinns Versmaß-Schiff' bedeutet der zweite Genetiv keine neue metaphorische Ebene, er verdeutlicht lediglich.

abgetretene Dichtermet war das Rettungsboot für die auf den Schären ausgesetzten und vom Ertrinkungstod bedrohten Zwerge; „Oðinns Boot" ergibt in der Geschichte von Oðinns Erwerbung des Dichtermets keinen Sinn.

Die Schlacht-Kenningar sind oben nach der Bedeutung des Grundwortes geordnet: „Volksversammlung" (þing), „Gespräch, Streit" (hjaldr, róg, hjal), andere Schallwörter (gný, kliðr), „Sturm" (hríð, él, skúr) und ein paar isolierte; die Bestimmungswörter sind fast ausnahmslos Waffen. Von den Grundwörtern wird *kliðr* (von Vogellaut) nicht in der Skaldendichtung gebraucht; *gjóðr* hat hier nicht die ältere Bedeutung von ‚Meervogel', sondern die jüngere von ‚kalter Windstoß'. Die Unbekümmertheit des Rímurdichters zeigt sich auch in *Göndla stígr*, wo die individuelle Walküre Göndul in den Plural gesetzt wird. Vilmundrs Axt, mit der er den unverwundbaren Buris erschlägt, wird mit Kenningar bezeichnet, die „Riesin" oder „Hexe" als Grundwort haben; Rüstung erscheint als Kleidungsstück Böðvar Bjarkis oder eines Gottes. „Balken-Strand" für „Schild" scheint auch eine unwahrscheinliche Kenning. Statt *bjalka* würden wir ein Óðinsheiti erwarten wie in den Schild-Kenningar *Viðris bölkr, Jalks brík, Þundar ský;* der schattenhafte König Bjalki aus Bjalkaland in der *Örvar-Odds saga* ist kaum ein plausibler Kandidat für das Bestimmungswort. „Dichtung" erscheint als Zwergenschiff oder Odins Trank; *miðjungs býtr* ist die dem Riesen[12] (Suttungr) abgenommene Beute. „Gold", abgesehen von einer Variante des konventionellen Typs „Meer-Feuer" in *Ægis brími*, wird als „Dampf von (Odinns Ring) Draupnir" oder als „Drachensaat" bezeichnet, *sáð* wohl eher ‚Spreu' als ‚Samen'. Das Meer ist die „Wellen-Halle" oder „Ráns Feld", das Schiff ein „Wellen-Schwert" im Sinne von ‚Wasser-Zerteiler'.

Wie in der Skaldendichtung begegnen wir auch in den Rímur syntaktischen Entsprechungen zu Kenningar, was gegenüber dem eher kahlen Stil der *Vilmundar saga* Farbigkeit in die Verserzählung bringt. Bei der Charakterisierung von Buris bei seinem ersten Auftreten in 8.31 heißt es in der letzten Zeile: „Auf dem Schwert (mit der Schwertspitze) schläfert er Leute ein für die Wölfe"; gemeint ist natürlich der Todesschlaf. Und in Str. 57 wird dem heimkehrenden Hjarrandi von Buris und seiner Kriegsdrohung erzählt: „Er wird für den Raben (Beute-)Fleisch zerteilen". 9.21 ist eine suggestive Schlachtvignette mit einer Kenning und zwei syntaktischen Kenning-Entsprechungen: „An kühnen Helden zersprang hart der Brustpanzer auf dem Walküren-Steig (in der Schlacht; *gölna* durch Me-

---

[12] FINNUR JÓNSSON postuliert in *Ordbog til ... Rímur*, København 1926-28, 264 eine Bedeutung ‚Zwerg' für *miðjungr* wegen zweier Kenningar vom Typ „Zwergenschiff" für ‚Dichtung', in welchen das Wort vorkommt. Im vorliegenden Fall spielt das keine Rolle, da der Dichtermet auch die den Zwergen Galar und Fjalar abgenommene Beute war.

tathese aus *Gönla*); der Adler trank Blut aus Wunden und der Wolf stand beim Totschlag (über Leichen)". Die Raserei der Berserker wird zu Beginn der beiden Kampfszenen in fast identischen Worten geschildert; 8.62 „Die Schwarzen begannen laut zu brüllen und in ihre Schilde zu beißen"; 9.20 „Die Schwarzen begannen in die Schilde zu beißen, laut wie Wölfe zu brüllen".

Auch bereits aus der Skaldendichtung bekannt ist der periphrastische Gebrauch gewisser Verben, für die zur Not eine Funktion postuliert werden kann; im Grunde sind sie aber entbehrlich und dienen ebenfalls metrischen oder Reim-Erfordernissen. Am häufigsten wird in dem vorliegenden Abschnitt *ráða* umschreibend gebraucht (8.46, 49, 53, 9.32), seltener *gera* (9.7, 18), *vilja* (8.58, 64) und *verða* (8.69); auch die eben zitierten *taka*-Fälle könnten hier eingeordnet werden, vgl. auch 8.42. Nicht häufig sind in diesem Abschnitt die verblaßten Metaphern, die sich von den Kenningar insofern unterscheiden, als Grundwort und Beziehungswort zur gleichen Sphäre gehören, d. h. das Grundwort ist eigentlich entbehrlich. 8.53.2 „erindis lok réð öll að greina" könnte hier angeführt werden: Der vom Hof zurückkehrende Skjöldr berichtet seinem Herrn den ganzen Verlauf seines Botenauftrags, nicht nur dessen „Ausgang". In 9.10.2 ist „orða greinum" gleichbedeutend mit „orðum", *grein* gehört zu den häufigsten Füllwörtern in den Rímur. Ebenso bedeutet in 9.23.1 „með reiði hót" (mit Zorn-Drohung) das gleiche wie „með reiði"; in beiden Fällen sorgt das Füllwort für den gewünschten Endreim, und das dürfte überhaupt der gewöhnlichste Auslöser von Füllwörtern sein. In 9.1.1 „Herjans hátta knör" und 9.2.1 „Berlings bragða far" sind es die Bestimmungswörter *hátta* und *bragða*, die beide ‚Versmaß, Metrum‘ bedeuten, die überflüssig sind für die Kenningar. Schließlich sie als weiterers Element der Textanschwellung auf intensivierende Adverbien oder Vorderglieder wie 8.27.1 „*brigðu* margur", 8.33.2 „*býsna* marga" verwiesen, die bekanntlich im Neuisländischen in großer Vielfalt vorkommen.

Eine der seltenen Gelegenheiten, wo in der Sagaprosa der Erzähler selbst in Erscheinung tritt, ist ein Szenenwechsel, und dies wird in den mündlich vorgetragenen Rímur noch ausgebaut. Wo der Schreiber ein neues Kapitel anfängt, muß der Vortragende, falls er in der gleichen Ríma weiterfährt, dies mit Worten markieren, deshalb in 31.1, wo die Szene vom Wald zum Hof wechselt (und in der Prosa Kap. 15 anfängt), die bereits zitierten Worte „Greinum hitt, hvað görðist heima grams í ríki". Ebenso bei Beginn des Prosa-Kapitels 16; hier spricht der Rímur-Dichter 8.86.1 wieder in eigener Person: „Ich muß mich nun zuerst wieder den Jägern zuwenden". Das bereits zitierte „Nú skal herma..." in 9.22.3 bezeichnet nicht einen Szenenwechsel, sondern leitet den Höhepunkt der Schlachtbeschreibung, Vilmundrs Kampf mit Buris, ein.

Auch in der Saga wird Hjarrandis Kampf mit Buris lebhaft geschildert
(174.15ff.): „das (Schwert) traf den Junker quer durchs Gesicht, und das
Nasenbein zerbrach in ihm und der Oberkiefer, und die Zähne fielen alle
ins Gras." Das Lehnwort ‚Junker' für den groben Freier ist sicher ein humo-
ristischer Zug, und der Rímur-Dichter nützt das humoristische Potential in
8.70 noch weiter aus: „Da empfing der Kerl, obwohl er (sonst) bei Kräften
schien, einen Schlag auf die Schnauze, daß dem Troll die Zähne aus dem
Mund fielen; wie ich höre, konnte er (nur noch) wenig kauen" – eine Pro-
saübersetzung fängt natürlich die Schlagkraft des Verses nicht ein. Die
Saga fährt dann lediglich fort (174.17ff.): „Hjarrandi war dann geschwächt
vom Blutverlust und fiel mit großen Wunden (zu Boden), und eine große
Furcht befällt nun das Kriegsvolk." In der Ríma werden seine Erschöpfung
und sein Kollaps auf dem Schlachtfeld über zwei Strophen verteilt, präzisiert und mit poetischen Wörtern versehen: „(Str. 71) Blutverlust erschöpft
den Verwandten des Königs im Lärm der Wurfspeere (in der Schlacht); der
Fürstensohn hat lebensgefährliche Wunden, sie werden vorläufig nicht
geheilt/gepflegt. (Str. 72) Hjarrandi, ausdauernd, geht weg aus Hilds Ver-
sammlung (der Schlacht); er legt sich auf die Gefallenen neben toten Lei-
bern, der Fürstensohn, in großer Not." Ein ähnlicher Elaborierungsprozeß,
nun freilich ohne humoristischen Einschlag, zeigt sich bei Buris' Ende, der
in der Ríma seine Unverwundbarkeit gegenüber schneidenden Waffen
Óðinn verdankt. Die Saga (175.12ff.): „Vilmundur schlug mit beiden Händen mit der Axt Buris vorn auf die Brust, und der Hieb war so gewaltig, das
Buris zurückprallte, aber (die Waffe) biß nicht. Da wendet Vilmundr die
Axt und setzte den Hammer (das stumpfe Ende) gegen Buris' Ohren, und
sein Schädel zersprang in Stücke. Da wurden seine Leute von Schreck geschlagen." Die Ríma: „(23) Der Recke, stark im Sturm der Wurfspeere,
hieb mit Wut-Drohung (s. oben) vorn auf die Brust des Pfeil-Gebrauchers,
er glaubt damit den Narren zu besiegen. (24) Von dem Hieb prallt der starke Held zurück, er ist nahe daran zu fallen, (aber) der Prinz wurde nicht
verwundet, denn Óðinn half dem Kerl. (25) Die bittere Panzerplatten-Rie-
sin (die Axt) konnte den Ring-Týr (Krieger) nicht beißen. Vilmundur wendet den Axthammer gegen den Helden, der Hieb soll die Schläfe treffen.
(26) Der Recke richtete ihm die Totschlags-Riesin (die Axt) auf das Schei-
tel-Gebirge; der Kerl schmetterte sogleich zu Boden und ging den Weg zu
Hel. (27) Der Axthammer zerbrach die Gehirn-Mauer, der Hieb gilt dem
Kopf; Flucht brach aus in der Schar der Berserker im Pfeil-Schauer".
Man kann also sagen: Die Ambition des Rímur-Dichters ist weitgehend
formal. Er mag da und dort ein wenig näher ausmalen, aber sein Ehrgeiz ist
es nicht, eine Geschichte neu zu erzählen, geschweige, eine neue Geschichte zu erzählen, sondern eine schon feststehende Geschichte in ein
anderes Medium überzuführen. Es ist dieses Medium mit seinen strikten

Anforderungen technischer Art, das die Aufschwellung und stilistische Verwandlung des Erzählstoffes bewirkt. Auch die poetische Sprache ist selten innovativ; sie ist wesentlich ein fester Schatz poetischer Ausdrücke und mythologisch begründeter Kenningar, deren formalisierte Elemente zuweilen recht gedankenlos kombiniert werden. Sie verdichtet sich in den *mansöngvar* und in den Abschlußstrophen, aber auch hier, wo der Dichter in eigene Namen sprechen darf, hält er sich jedenfalls inhaltlich weitgehend an konventionelle Muster (das erneute Aussetzen des Dichtungsbootes; die ausgebliebene Anerkennung durch das Mädchen/die Frau; dunkle Andeutungen, wie andere Dichter die Naivität ihres weiblichen Publikums ausnützen – das Gefühl moralischer Überlegenheit kompensiert auch hier den mangelnden gesellschaftlichen Erfolg, was ein alter Künstlertopos sein dürfte). Kreativ sind die Rímur im metrischen und musikalischen Bereich, wobei wir für den letzteren natürlich erst in neuerer Zeit Aufzeichnungen haben[13]. Auch die Abschreiber scheinen in erster Linie darauf geachtet zu haben, daß das Formale stimmt, und es mit der Stimmigkeit des Inhalts weniger genau genommen zu haben. Als Beispiel die 1. Strophe der 9. Ríma: So, wie sie überliefert ist, bedeutet sie „Ich würde Odins Versmaß-Schiff von der Wahrheit der Worte abheben, wenn mir das Dichten nach Wunsch ginge wie einem anderen Lieder-Mann". Natürlich kann man sich „die Wahrheit der Worte" als ‚die wahren Worte = die Geschichte, wie sie wirklich war' erklären; aber der Topos des „Das-Schiff-Flottmachens" für das Wiederaufnehmen des Rímur-Vortrags macht es wahrscheinlich, daß der ursprüngliche Wortlaut „af orða *sandi*" hieß und daß „sandi" dann um des Endreims willen dem „manni" angeglichen wurde.

Mit der färöischen Nachdichtung von Buris' Werbung und der folgenden Schlacht sind wir auf vertrauterem Boden. Die Balladenform, in der die Färinger die Vorzeitsagenstoffe weitertradierten, hat zwar einige Gemeinsamkeiten mit den Rímur, aber ist sehr viel freier und beweglicher. Wie die Rímur werden die Balladen gesungen und auf den Färöern auch heute noch getanzt, und die Strophe entspricht metrisch dem *ferskeytt*, hat aber nur minimale Reimvorschriften (nur die Abverse haben Endreim; Alliteration kommt vor, ist aber eher zufällig) und ist frei in Bezug auf Auftakte und unbetonte Extrasilben zwischen den Hebungen.

Das macht den ganzen Apparat von poetischen Wörtern, Kenningar und Füllwörtern überflüssig. *Brandur* ‚Schwert' ist ein archaisches Überbleib-

---

[13] Die monumentale Sammlung *Íslenzk Þjóðlög* von Séra BJARNI ÞORSTEINSSON, Kaupmannahöfn 1906-9 (repr. 1974) enthält hundert Seiten Rímnalög. Vgl. auch HALLGRÍMUR HELGASON, Das Heldenlied auf Island, Graz 1980, und *Íslenzkar tónmenntir*, Reykjavík 1980, sowie SVEND NIELSEN, *Stability in Musical Improvisation*, København 1982. Hallgríms Idee, die Rímur-Melodien gingen auf altgermanische Zeit zurück, scheint mir etwas spekulativ.

sel, das aber in der färöischen wie in der dänischen Balladensprache fest
verankert ist. Anderseits haben wir typische Balladenzüge: Mehr „Szenen-
regie" und direkte Rede (Skjöldr und der König 16-29, der König und
Hjørandi 31-32, die Soldaten, die Gullbrá den verwundeten Bruder bringen,
77) Parallelismus (z. B. 28.1/29.1, 78.1/2), Wiederholungen und formel-
hafte Wendungen. Die ausgeprägte Strophen- und Liniensyntax gehört auch
zur Ballade: Parataxe (wozu auch ein A. c. i. wie in 10.3-4 gehört), syntaktische Einheiten von einer, höchstens zwei Zeilen, lieber Wiederholung als
Weiterführen eines Satzes über das Strophenende hinaus (solche Anknüp-
fungen an die Schlußzeile der vorangehende Strophe 42/43, 47/48, 50/51,
66/67). Der König von Rußland heißt hier Jatmundur [Edmund], und Prinz
Buris behält zwar seinen slawischen Namen (Boris), hat aber sein Reich
nicht in der eher obskuren Walachei, sondern in Afrika (Blámannaland),
was ja auch besser zu seinen schwarzen Truppen paßt. Vilmundur kämpft
hier erst auch mit dem Schwert und greift erst zuletzt zur primitiven
Schlagwaffe.

Dies ist eine erst spät, im 19. Jahrhundert, und von einem namentlichen
bekannten Verfasser komponierte Ballade und hat wohl darum mehr de-
skriptiv-stimmungsvolle Elemente (etwa die beiden Jäger im Nebel 6 f.)
und weniger Formeln, als man sie in *Sjúrðar kvæði* und anderen traditionellen färöischen Balladen findet; aber auch hier werden sie gebraucht.
64.1 „Sie schlagen oft zu, sie schonen wenig" kommt in vielen Kampfbe-
schreibungen vor (meist in der Form „Teir høggva títt, teir líva lítt"), und
auch die folgende Zeile mit dem Sinn „Es war kein Kinderspiel" existiert in
vielen Varianten („ei var" / „af bar" / „ei bóru" / „barnagaman"). Auch 25.1
„Ornar nú blóð í heimakongi" / 56.2 „ornar hansara blóð" ist formelhaft;
vgl. den englischen Ausdruck *to get hot under the collar*. 14.2 „alt fyri
uttan sorg" ist für die Erzählung entbehrlich, aber kommt anderswo in
vielen Varianten („glað firi uttan ekka", „glaður uttan sút", „allt fir uttan
sút") vor. Formelhaft ist weiter der Strophenanfang „Tað var" + Personen-
name + Apposition (5, 39, 41, 58).

Ohne die Möglichkeit eines Vergleichs mit Hallurs rímur ist es etwas
gewagt, Einzelheiten als spezifisch färöisch zu reklamieren. Wenn in Str.
16 Skjøldur verlangt, das Essen solle aufhören, während er seine Botschaft
vorbringe, so ist das Hallurs Erfindung; dieses Detail findet sich auch in
jüngeren Sagahandschriften. Anderseits ist zu vermuten, daß gewisse drastische und humoristische Züge erst auf den Färöern hinzukamen. Skjøldurs
beleidigende Herausforderung wird hier ausgesponnen, und dies paßt zu
der Balladentradition, das Geschehen als eine Serie dramatischer Szenen,
mit Vorliebe für direkte Rede, zu schildern, Die Hohnrede beginnt in Str.
19, steigert sich bis Str. 24, und nach der (im Vergleich zu Ormur) weniger
beherrschten Antwort des Königs (25-27) kulminiert sie in den beiden

folgenden Strophen: „(28) König Buris, der Kämpe, schert sich nicht darum, eine Weile auf ihn zu warten; er zündet die Burg an und erwürgt dich wie einen Hund. (29) Er schert sich nicht darum, für dich einen Galgen mit Holz und Stricken [Lehnwort aus dem Dänischen] zu errichten; er hängt dich auf an seinen Armen und bricht dir den Hals in Stücke". In Str. 35 wacht Buris auf und „kallar han á sin røvarahól", was nichts mit färöisch *hól* ‚Prahlerei' zu tun hat, sondern eine Entlehnung aus dänisch *røverhule* ‚Räuberhöhle' ist (das färöische Wort für ‚Räuber' ist, wie im Isländischen, *ránsmaður)*. Typische Balladenhyperbolik bestimmt Str. 48. In 47 versetzt Buris Hjørandi einen so gewaltigen Hieb, daß „große Funken fliegen." Dies führt zu einem veritablen Waldbrand: „(48) Funken flogen wie Schmiedefeuer, groß war Zischen und Krach, die Flamme steckte den nächsten Wald an, da zeigte sich ein heller Brand". Auch beim Kampf zwischen Buris und Vilmundur stieben die Funken (Str. 64), und in 67/68 ist es Vilmundurs Schwert, das bis in den Wald fliegt. Vorher (60 ff.) bahnt sich Vilmundur einen Weg durch das feindliche Heer wie ein Schnitter, er schlägt so heftig zu, daß die Schwertspitze in der Erde steckenbleibt (61.4), und seine Opfer liegen am Boden wie Gras (62.4), mit klaffenden Brust- und Bauchwunden (61.3).

Es ist wahrscheinlich kein Zufall, daß Jógvan Nolsøe für seine Balladenbearbeitung gerade diese Episode aus den *Vilmundar rímur* Hallurs wählte. Sie paßt zum Geist der Heldenballaden, die wohl, wie heute die meisten Forscher meinen, den spezifisch norwegisch-färöischen Beitrag zum nordischen Balladenschatz darstellen, während die Ritterballaden und die historischen Balladen in Dänemark und Schweden ein empfänglicheres Publikum fanden. Ihre Mischung von Gewalttätigkeit, Übermut, Übertreibung und Humor hätte wohl Dietrichs Helden (wie sie in den Dietrichsepen erscheinen) mehr angesprochen als die Ritter am Runden Tisch von König Artus, obwohl es ja auch diesen nicht an Kampfeslust mangelte. Das Ende von *Vilmunds kvæði* erinnert ein wenig an den altnordischen Wunschtraum von Valhöll als einem Paradies für Kampfhähne. Die Heilung der Wunden geschieht zwar hier nicht über Nacht, sondern braucht sechs Wochen und sechs Tage; aber dann fährt man gleich in die Brünne, um zum nächsten Kampf aufzubrechen. Wer eine echte Wiedergabe färöischer Balladen erlebt hat, der hat wohl empfunden, daß in ihnen eine barbarisch-primitive Vitalität und Kampf- und Lebensfreude überlebt.

Anhang

Aus der *Vilmundar saga*, in: Late Medieval Icelandic Romances, edited by AGNETE LOTH, Vol. IV, Copenhagen 1964, pp. 172-175.

15. <E>irn huern dag uoru menn ute staddjr hja kongs atsetune. þeir sa skip af hafi sigla. þau uoru stor med suaurtum seglum. þau ber skiott at landj. og baru þeir tjðlld af skipum. þessu *næst uoru menn sendjr fra straundu og kuomu fyrer kong. sa het Skjðlldr er fyrer þeim uar. hann kuaddj kong og m(ælti) „sa kongs(on) hefer sennt mig til ydvar er Buris heiter. hann er son Rodians kongs af Blaukumannalandj. hann er nu komen fyrer ydrar hafner. med þeim erindum at hann uill fá ydra dottr er Gullbra heiter. þuiat hennar prydj ferr nu uida um heimen. og bad hann at þer mundut uel giora. og færa honum til siofarens ydra dottr. og semdj þit þar yckarn kaupmala. þui hann uill eigi onada sitt folk at ganga heim til hallarjnar. en ef þer uilet eigi suo gera. þa / (S. 173:) tekr hann ydra d(ottur) med herfange. en drepr ydr sialfa. og eydjr ydart ʀike". kongr m(ælti) „þetta mal kemr eigi suo miog til mjn. þuiat Hiar(andj) hennar brodir rædr hennar gipting. og uænter mig at hann mune einhuer suðr gefa þer her vm". Skiðlldr seger at kongs(on) uill eigi leingi uera uonbidjll hennar. „og mege þer suo til ætla at þegar á morgen er ydr uis ofridr. *ef þer synet konuʀar. og sited j frid". og gengr hann nu til skipa. Hiar(andj) kom nu heim af skoginum. og uoru honum sðgd þesse tidendj. en hann bad þegar kueda uid ludra og uar lidj safnat at nalægum bygdum. og uar timen helldr stuttr. og uar nu hark mikjt j borginge et huer bio sig med sinum uopnum. En at morne dags kueda uid ludrar j budum Buris. og lætr hann setia upp merkj sitt. og uar uida þackjn uðllren af hans her. og uoru flest blamenn og berserkjr. Hiarandj for j mote med sinum her. og uar þat litell her hia her Buris. Eckj uar V(ilmundur) en af skoginum / (S. 174:) komjn. og þotte monnum hann nu sanna nafn sitt. og uera uid vtan. Skiðlldr bar merkj Buris og uar hann bædj sterkr og storhðggur. Hiar(andj) geck j gegnum lid Buris. og stod eckj uid honum. Skiðlldr snyr nu j mot honum. og leggr til hans med spiote. hann stokk j lopt upp og lagdj Skiðlldr j iðrdina og laut epter. Hiar(andj) leggr suerdit um hrygg honum. og tok hann j sundr um þuert. og suerdet sauck <j> iordjna at haundum honum. þa kom Buris mot Hiar(anda). og hofu þeir sitt einuigi med suo storum hðgum. at sa þottizt bezt hafa sem first þeim uar. Buris uar suo magnadr. at hann bitu eigi jarn. En hlifar hiugguzt af Hiar(anda). og þuj baruzt sár á Hiar(anda). hann spennir nu sitt suerd tueim haundum. og hauggr til Burjs. þat kom vm þuert anlited á jungkiæranum. og brotnadj j honum nefet og tanngardren hin efri og hrundu tennrnar allra j gras. mæddj Hiaranda þa blodras. og fell hann med storum sárum. og slær nu felmte miklum á folkjt.

16. <J> þessv bile kemr V(ilmundr) heim til borgarenar af skoginum. og uar kongs d(otter) komen / (S. 175:) á flotta. og ætladj at fela sig. V(ilmundr) spyr nu huat um er. og kuoduzt menn ætla at Hiarandj mundj daudr. V(ilmundr) for þa til bardagans og uoru þa allir komner á flotta. og er menn sá V(ilmund) uard sa margr fullhugi sem adr uar hræddr og tektz nu bardagen j audru sinne. og uar V(ilmundr) nu fremztr j fylkingunj. Buris sokte nu á mot honum. og hio til hans. V(ilmundr) bra uid skilldinum. og klofnadj hann nidr at mvndrida. en suerdz oddren nam á honum ennet. og uar þat lited sár. og blæddj miðg. V(ilmundr) snaradj suo fast skiðllden at Buris uard laust suerdjt. V(ilmundr) hio med tueim haundum til Buris med auxenj framan á bringuna. og uard suo mikjt hðggit at Buris kiknadj uid. en eigi beit. V(ilmundr) snyr þa auxenj og sette hamaren uid eyra á Buris. og molbrotnadj j honum hausen. þa urdu menn hans felmsfuller. og brast flotte j lidj þeirra. en V(ilmundr) og borgarmenn ellta þa til skipa. og gengu sumer á kaf. en

sumer uoru drepner à landj og gafu eigi fyre vpp en allt þat jllþydj uar drepit suo at alldrj eirn madr uar epter af hans monnum.

Aus den *Vilmundar rímur viðutan* (Íslenzkar miðalarrímur IV), ed. ÓLAFUR HALLDÓRSSON, Reykjavík 1975, pp. 102-112.

8. Ríma

22.
Vil(mund) kalla uirdar þenna uigra bendi.
sa hefur dualezt j dòglings haullu.
og dulizt þo fyrer lidenv avllv.

23.
Hann hefur unit Hiaranda huidv j huerium leike.
hygg eg þesse hetiann snarpa.
æ holmi sigre flesta garpa.

24.
Þo mun eg fleira frædà þig j frettum minum.
sav menn skip med suortvm uodvm.
sigla morg af jlsku þiodum.

25.
Holdar sau her skip þesse af hafenu uenda.
dromund margr dreif at leire.
drekar og adrar sneckiur fleire.

26.
Þegar at kappar koma uid land æ kolgu brondum.
ytar lata ackerenn hriota
ofan til gruns og bryggium skiota.

27.
Brigdu margur bla mann sazt j bragna flocke.
þeir munv ætlla illt at uinna.
og ecki neinum gridunum sinna.

28.
Gatu menn at Gull brar mundu garpar bidia.
ella brena allt med bali.
eda eyda land<id> biorttu stale.

29.
Vilie millding monnum þessum mægda synia.
þa mun hoskur hreyter gerda.
Hiarande kongson reyndur verda.

30.
Reikar sidan reckur j burtt fra rædvm kuenna.
snyrte madur snyzt til skogar.
snar og skytur ueidar nogar.

31.
Greinum hitt huad giordizt heima grams j rike.
her skip morg af hollu drafnna.
helldu inn til kongsens hafna.

32.
Þegar at garpar geingu aa land og gyrter stale
reisa tiolld uid rana<r> uollu.
reckar næri kong(sens) hollu.

33.
Buris heiter budlungs sonn. sa brognnum rædur.
blamenn hefur hann bysna marga.
æ brande sæfer lyd fyrer uarga.

34.
Þesse hyggr þeingils dottur þyda at fanga.
rikur kallar randa beiter.
roskuan mann þann Skiolldur heiter.

35.
Þu skallt heim til hallar gáá og hilmer finna.
dogglings uilldi eg dottur gilia
dyr mun þesse silke þilia.

36.
Fyrer audling grein þu ætt land vortt og alla pryde
uonbidill nockru uil eg med aungu
verda rikrar bauga spongu.

37.
Seig þu at færi mier fylker sialfur fallda þiliu.
þa mun heptazt hatur og pina.
ef hilmer kemur med dottur sina.

38.
Ef audling neitar vnga brude os at gipta.
þa skal buazt uid brodda kifi.
og budlung sialfvan suipta lifi.

39.
Skiolldur geck sem skipade hann. at skiotu bragdi.
med nadda briota nedan fra skeidvm
niflung fann med ordum greidum.

40.
Þesse kom fyrer kongsens bord med kappa snialla.
reckurenn kuaddi rikann herssi
ræser spyr huer uæri þesse.

41.
Halurenn greiner heitit sitt og hermdi hid sanna.
kongson nockurr er komin at ladi.
kuintur og pryddur orma sade.

42.
Audlingson hefur otal lids af ymsum þiodum.
Buris þiona bragnar snialler.
af Blauku manna land eru aller.

43.
So er hann rikur at reckar mega þad reiknna uarlla.
hann helldur sig med holda teita
hingad uill hann bonordz leita.

44.
Wil eg þier jnna uiser skiott j uorri rædv.
hann uill gilia grund so fina.
Gullbra riku dottur þina.

45.
Ef þu uillt iata þyda at gipta þornna trodu.
sier bad færa silke þaullu
sialfan þig med lidenu aullu.

46.
Will hann gefa þier uinattu og þar med uirding sanna.
ef þu uillt færa fliod til skeida
fylkes syne sem hann red beida.

47.
Armod tekur hann ecki áá sier til ydur at finna.
kongson uill med kôsku meingi.
konnunar ecki bida leingi.

48.
Ef niflung uiltu neita at gipta nistils þiliu.
þa uill Buris bardaga heyia.
enn bradliga fer þu sialfur at deyia.

49.
Huortt skal kongson kæru fæa at kappenn sagdi.
skyr mier þad med skiotan letta.
Skiolldur red so kong at fretta.

50.
Herra kongurenn hof sitt tal med hægum ordum.
til min koma ecki malen þesse
mællti rikur Garda hesse.

51.
Hiarandi skal hoska gipta hringa þaullu.
Gulbra sęma giofunum finum
grein þu þetta herra þinum.

52.
Sikling bidr hann sitia j frid med seggi snialla.
Skiolldur geck til skeida sinna.
skiott og uillde kongson fina.

53.
Þegar at haluren herra sinum heilsa nade.
erindis lok Red aull at greina.
ecki let æ frettum seina.

54.
Buris uard j brioste reidur á *bragna kallar
þier skulud buazt med biarka uodum.
bialka straund og uopnum godum.

55.
Wær skulum magna malma þing at morne snemma.
hilmes land med hillde vina.
og hondla kongsens dottur suinna.

56.
Verdi eg fyst at uikia enn til ueide manna.
Hiarandi kom heim af skogi
hann mun buaz uid fleina rogi.

57.
Sagt uar honum ed sanna allt af siklings arfa
hann mun brytia brader hrafnni.
Buris er sa kenndur at nafne.

58.
Hiar(andi) uill hitta þenann hiorua beite.
lofdungsson uill landz menn kalla.
og let þa fara til stridsens alla.

59.
Þui uar helldur flockuren far af fylkes hendi
timen þotti tæpur at hillde
trausta menn at bua med skilldi.

60.
Sterka menn til strandar uelur med stalit biarta.
let Hiarandi ludur þeyta.
laufa þing uill kongson þreyta.

61.
Berserker(ner) blasa j hornn og buner at magna.
skioma hrid med skiotum sanne.
Skiolld hafa þeir at merkis manne.

62.
Blamenn toku at belia hatt og bita j skilldi.
æ fögrum uelli fromer segger.
fylkia lidenu huorer tueigger.

63.
Hiaran(di) klauf haus og tenn æ heidnvm monnum
fylk<es>son med fyrdum sniollum
fremstur stod j raunum aullum.

64.
Loddarar kliufa landz menn nidur og life rẹn[a.]
vill Hiar(andi) uirdum granda.
uegur hann nu til beggia handa.

65.
Brytiar sidan blamenn nidur. med bitru suerdi.
uird[a] sueiter uissv alldri.
uaskare mann j stala hialldri.

66.
Budlungson med brandi uedur at Buris merki.
Skiolld uill hitta hetian strida.
hoggua uar þa skamt at bida.

67.
Lucktizt þeirra leikurinn skiott j laufa rogi
skyfdi sundur Skiolld j midiu.
skiotur og aur j fleina jdiu.

68.
Buris hyggur budlungsyni bana at ueita
Hiarandi snyrr hartt æa moti.
og hoggr framan at geira briote.

69.
Beit þa ecki æa blamannz holld en biarte hneiti.
med hreysti hio þa hreyter spanga
so hans uard nefit j sundur ganga.

70.
Þa feck karll æa kiapten hogg þo kaskur þætti.
tennr fiellu traullz ur mune.
tyggia fra eg hann litit kune.

71.
Blodras mæder bragnings kund j brodda bialldri.
audlingson hefur under hættar.
ecki eru þær at sinne bættar.

72.
Hiar(andi) geck hardr j burt af hilldar þingi.
legz j ual hia likum daudum.
lof<d>ungson med storum naudum.

73.
Midla eg ecki meira vm sinn af midiungs byte.
þui skal rognis rædu galli
rida fram af mẹrdar stalli.

9. Ríma

1.
Herians mundaeg hatta knor
hefia af orda sanne.
ef mier geingi odur j kior.
sem audrum kuæda *manni.

2.
Berlings atta eg bragda far
at byta silke hilldi.
hu hefe eg ecki epter par
at auka fiolnes gilldi.

3.
Dyran ma eg ei droma kranz
j diktann mina færa
ne fremia nockrnn froman danz
af fiolnes dryck at næra.

4.
Þad hafa sialldan þackad mier
þellur gullz hins brenda,
þö viliad hafe eg vijsna kuer
veiga skordum senda.

5.
Vid meyarnar leika margir gladt,
mest j ordum hæla,
ætla þær ad allt mune satt,
þad ytar kunna ad mæla.

6.
Nijta fä þeir nistilg<r>und
og niota mælsku sinnar,
eg hef golldid alla stund
öeinardar minnar.

7.
Auka gióra þeir ängur og mein,
vngum silke spóngum,
þä feingid hafa þeir fallda rein,
fülsa vid þeim lóngum.

8.
Kann eg valla vmm kappa drött
kuædid läta renna,
misjafnt hefur þo morgum þött
vmm manvit þeirra kuenna.

9.
Ønnur liggur jdiann nær,
öduren þannenn spiallar,
fæst eg eckj ad flymta vmm þær
fare vel konur allar.

10.
Nü skal härs hid nijunda fley
numid af orda greinum,
vmm þä suinnu siklings meÿ
er situr j kastala einum.

11.
Af brödur hennar birteg fyr,
braguren vill þad sanna,
hann veik j burt vr vopna styr
j val til daudra manna.

12.
Ovijgur vard ordinn hann,
eptir suerda kömu,
huar mun hann Vil(mund) vidutan,
hann vijkur ei til römu.

13.
Fra ytum duelst j ódrum stad
vngur meidir þorna,
halurinn sannar heitid þad
honum var gefid til forna.

14.
Bardagan frettir branda tijr,
brodda skriddur hijde,
ad filkis arfe frægur og skijr,
fallinn munde j stride.

15.
Budlungs reid hann borg vmm krijng
brógnum saman ad stefna,
hann vill koma ä hilldar þing.
hlijra sijns ad hefna.

16.
Frækinn eggiar filkirs þiod
firdar ecke bijda,
var sä margur j vopna giod
hann villde giarnann strijda.

17.
Bragnar spenna bryniu geir,
boga og orfa mæle,
Vilmund filgia fyrdar þeir,
fyrre bugudu ä hæle.

18.
Byria giora þeir branda gnÿ,
og blödga fiólnis düka,
hóldar kliufa hilldar skij,
hófud af ymsum fiuka.

19.
Brógnum hlijfer bialka strónd,
og biarka hiupurinn fride,
Vilmund hefr j hægre hónd,
harda lurka grijde.

20.
Blämenn toku ad bijta j rendur,
belia hätt sem vargar,
fyrdar mistu fætur og hendur,
fielle kiempur margar.

21.
Af hraustum gorpum hringan sprack,
hart j golna stige,
aurnen blöd vr vndum drack
enn vlfurinn stöd ad vijge.

22.
Buris klijfur bitrum geir,
biarta frode serke,
nu skal herma ad hittust þeir
halur og Vilmund sterke.

23.
Reckurinn hiö med reide höt.
ramur j jele vigra,
framan ä briost ä fleina niöt
fölann higst ad sigra.

24.
Vid hóggid kyknar halurinn hnar
honum er büid vid falle.
ódlingson vard eckj sär
þvi Ödinn hialpar kalle.

25.
Beit þä eckj ää bauga tijr,
bitra gigur spanga,
Vilm(und) hamri ad halnum snijr,
hóggid skall vid vänga.

26.
Reckurinn honum ä reikar fiall.
reidde grijde viga,
garpurinn þegar ad grunda small,
og geck ä heliar stiga.

27.
Hamarinn molade heila mür,
hóggid skall vid kianna,
flöttinn brast vid fleina skür
j flocke berserkianna.

28.
Eptir runnu ódlings menn,
eggiar Vil(mund) dreinge,
flöttann räku fyrdar senn
og felldu giorvallt meinge.

29.
Holdar geingu ä heliar slod
hrotten skall j tónnum,
einginn fra eg eptir stöd
af óllum Buris monnum.

30.
Þegar ad endtist odda hial
og ytar strijde linna,
kappar giordu ad kanna val
og kongson villdu finna.

31.
Sä hefur verid j vopna klid
og varist med hreiste sanna.
Vil(mund) sokte visis nid,
j val til daudra manna.

32.
Dóglingsson fra dreingia ólld
dröttinn ried ad færa,
lógdu hann ä liosann skiolld,
og listugu vijne næra.

33.
Dijrann feingu drófnis eym,
döglings kiempur suinnar,
garpar fluttu gramsson heim
til Gullbrär systir sinnar.

34.
Audþoll grædde afreks mann,
jnnann lijtels tijma,
Vilmund skiott til skeida rann.
ad skipta ægis brijma.

35.
Jtar feingu otal fiär
eptir störa mæde
vænar skeidur og vilis bär,
vopn og dijrlig klædi.

36.
Holdar fluttu herfang sitt
heim til rijkrar borgar,
jtar mistu ångur stridt,
einginn kiende sorgar.

37.
Bragnar hreinsa borg og grund,
bæie og stræte kanna,
lijdir flitia å lægis grund,
lijkinn daudra manna.

38.
Gramsson er nu græddur fliott,
af gófugri silke hillde,
Vilmund beidde ferdar fliott
fódur sinn hitta villde.

39.
Frægur sijdan fódur sinn fann,
fleygir dråkons yria,
frænda sijnum fagnar hann
og fretta giorde ad spyria.

40.
Hoskum greiner hiorva þund,
hristir snarpra geyra,
huar þegn hefur verid vmm þessa stund,
og þad vid bar fleira.

Vilmunds kvæði, in: Føroya kvæði, ed. N. DJURHUUS / Chr. MATRAS, Vol.
IV, Copenhagen 1967, pp. 343-347.

1.
Lurtið nú eftir kvæði mínum,
vakurt er at hoyra,
meðan eg kvøði um bardagar,
tá svørðini smurdust í droyra.

2.
Jatmundur var á navni nevndur,
kongur í Garðaríki,
Hjørandi æt hans menskur son,
fåur var hansara líki.

3.
Hjørandi æt hann, kongins son,
reystur í øllum verki,
hann hevði sær ein stalbróður,
sum kallaðist Vilmundur sterki.

4.
Teir høvdu altið tað til vana,
burtur í skógv at ganga,
hvør fór tá í sína ætt,
at royna meiri at fanga.

5.
Tað var Hjørandi, kongins son,
burtur á skógvin fór,
Vilmundur fylgdi aftaná,
og báðir at fanga djór.

6.
Dimmur mjørki og toka tjúkk
niður á landið dró,
Vilmundur og kongins son
teir viltust burtur á skóg.

7.
Gingu teir í dimminum,
long var tíð og breið,
vakkaðu víða um villan skóg,
men alt gekk burtur av leið.

8.
Leingi viltist kongins son,
áðrenn hann vegin fann,
hitti so á gøtuna
og heim at borgum rann.

9.
Nú er har at taka til,
sum vert er eftir at skoða,
kongsmenn fyri borgum standa,
teir sóu ein skipaflota.

10.
Teir sóu skip við svørtum seglum
eftir sjónum líða,
hildu tað eftir fornum vana
ófrið hava at týða.

11.
Teir sóu stóran skipaflota,
seglini svørt sum ravn,
nú er á vási orrusta,
teir hildu at Borgarhavn.

12.
Tá sigldi í havn tann skipafloti,
og lagdist inn til stein,
hermenn sprungu á landið upp,
so ikki var eftir ein.

13.
Teir slógu sínar tjøldur upp,
skamt frá sjóvarstrand,
allir vóru blámenn grummir
komnir at taka inn land.

14.
Búðust nú væl til bardagar,
alt fyri uttan sorg,
tólv av svørtum blámonnum
teir sendu heim til borg.

15.
Teir riðu snart, sum mest teir máttu,
at flyta harraorð,
teir komu inn í høllina,
tá kongurin sat yvir borð.

16.
So mælti tann, sum orðið førdi:
„Haldið upp mat at skera,
standsið, meðan eg ørindi
frá harra mínum man bera!

17.
Skjøldur skalt tú nevna meg,
sum væl kann leika við brandi,
eg eri sendur frá Buris kongi,
sum stýrir Blámannalandi.

18.
Hann hevur frætt á skammri stund,
at tú hevur dóttur væna,
fáur finnur í nøkrum landi
frægari moy enn hana.

19.
Ei vil hann so mikið virða teg,
hann kemur um hana at biðja,
heldur vil hann skipa tær
at gera, sum vit munnu siga.

20.
Tú skalt tína væna dóttur
senda okkum í hond,
vit skulu hana til kongin leiða
niður til sjóvarstrond.

21.
Lat hann fáa dóttur tína,
stikk honum eingi skørð,
ella hann oyðileggur tín stað
bæði við eld og svørð!

22.
Tú hevur ikki reystleika
ímóti honum at standa,
lív títt er í hansara makt,
tú stendur í stórum vanda.

23.
Tað man verða títt feigdarverk,
vilt tú standa ímóti,
ikki bítur stál á honum,
heldur enn knívur á gróti.

24.
Tú hevur ikki í tínum landi
nakran slíkan mann
sum í einum einvígi
torir at berjast við hann."

25.
Ornar nú blóð í heimakongi,
hann tekur hart at njósa:
„Óvist er enn at gabba av,
hvør sigur hevur at rósa.

26.
Eg havi mær ein reystan son,
hann ræður fyri moy so góð,
nú kann hann ikki geva svar,
tí hann er burtur á skóg.

27.
Sonur mín er á skógvin burtur,
hann er ikki her hjá mær,
tá hann kemur til hallar heim,
tá skal hann geva tær svar."

28.
„Ei virðir kempan Buris kongur
at bíða pá hann um stund,
hann setir eld á borgirnar
og køvir teg sum ein hund.

29.
Ei virðir hann at reisa til tín
gálga av træ og strikkjur,
hann heingir teg á hondum sínum,
knakkar tín háls í stykki."

30.
Burtur fóru sendimenn,
sum vóru av Blámannaríki,
nú er kongsson afturkomin,
hann frættir tíðindi slíki.

31.
Kongurin spyr sín sæla son:
„Hvat er nú best at ráða,
skulum vit búgvast til bardaga
ímóti teimum at sláa?"

32.
„Vit skulu búgva til bardagar,
ikki um annað røða."
Fyrsti táttur úti er,
men nógv er eftir at kvøða.

33.
Táttur ein til enda er komin,
kvæðið verður longur,
nú skulu vit taka upp annan tátt,
hoyra nú hvussu gongur.

34.
Kongsson læt tá liðið samla
saman á náttartíð,
áðrenn dagur at lýsa tók,
tá var hann búgvin til stríð.

35.
Buris vaknar í síni tjøld,
áðrenn tað lýsti bjart,
kallar hann á sín røvarahól,
og biður teir reisa seg snart.

36.
Blámenn brutu upp ógvuliga,
bitu í skjøld við tonnum,
berserkar og kolbítar
at berjast mót Borgarmonnum.

37.
Hjørandi var fyri borgarheri,
ei vildu blámenn bíða,
teir møttu honum á slættari mark
og brustu saman at stríða.

38.
Hildu nú harðastu bardagar,
teir brúktu spjót og svørð,
hvør fell tá um tvøran annan
deyður niður á jørð.

39.
Tað var Hjørandi, kongins son,
hann gekk harðast fram,
feldi niður úr Blámanna heri
mangan tryldan mann.

40.
Eingin toldi hansara høgg,
men allir fullu á fløtu,
rendi so djúpt í herin fram,
hann ruddi sær breiða gøtu.

41.
Tað var Hjørandi, kongins son,
hann rendi í herin fram,
ruddi sær eina breiða gøtu
inn til merkismann.

42.
Skjøldur var tann berserkur,
sum blámannamerkið hevði,
rendi móti kongssoni
og spjót til hansara legði.

43.
Hann legði til hans við digrum spjóti,
ilt var fyri at vara,
kongsson sprakk í loftið upp,
sum hann var vanur at gera.

44.
Spjótið stóð í jørðini fast,
hann dvaldist nakað tá,
kongsson ripar við báðum hondum,
tá hann hetta sá.

45.
Høggið kom um tvørar herðar,
geislar skiltust frá,
tá fell Skjøldur berserkur,
og deyður á velli lá.

46.
Høgdi hann henda trylda berserk
sundur í lutir tvá,
slíkt man síggja Buris kongur,
sum nær var staddur hjá.

47.
Rendi hann móti kongssoni,
og ætlar hans høvur at klúgva,
høggur so hart av stinnum alvi,
stórir neistar flúgva.

48.
Neistar flugu sum smiðjueldur,
mikið var suss og skrál,
login festi í næsta skóg,
tá birtist bjarta bál.

49.
Tá mundi hoyrast langan veg,
vápnabrak og skrál,
Hjørandi, kongsson, finnur tá,
ei bítur á honum stál.

50.
Hjørandi reiggjar svørði hátt,
hann brúkar styrki alla,
høggið kom at Buris kongi
niður í beran skalla.

51.
Svørðið kom í beran skalla,
gleið sum eftir lunni,
loysti nøs og kjálkabein,
so tennur rutu úr munni.

52.
Kongsson var tá móður og stirdur,
av sárum, sum hann hevði fingið,
signaði niður á grønan vøll
og lá í óviti leingi.

53.
Nú kom fall á borgarher,
blámenn hildu skrál,
trokaðu fram við bitrum brondum,
og bóru at borgum bál.

54.
Vilmundur var á skógvin villur,
nú er hann komin at høllum,
frættir nú frá blámonnum
og teirra verki øllum.

55
Vilmundur nú at frætta fekk,
at stríðið stóð fyri borg,
kongins son var niðurfeldur,
fólkið flýtt av sorg.

56.
Tá ið hann fekk tey tíðindi,
ornar hansara blóð,
skundaði sær við miklari vreiði,
og klæddist í herklæði góð.

57.
Vilmundur tók ein tjúkkan hjálm
og setti sær á skalla,
fýrafolda ringabrynju,
slíkt kann kempur kalla.

58.
Tað var Vilmundur, kempan reysta,
heitt var hansara blóð,
skundar sær til bardagar,
har sum stríðið stóð.

59.
Herviliga han trokaði fram,
bæði við svørð og spjóti,
eggjaði teimum, sum undan flýddu,
at venda aftur ímóti.

60.
Fremstur hann í flokki var,
hann hjó, so brynjur stukku,
feldi blámenn fyri fót,
teir undan honum rukku.

61.
Ikki kundi hjálmur halda,
tá ið Vilmundur hjó,
klovnaði bæði bringa og búkur,
oddur í vølli stóð.

62.
Vilmundur rendi í herin fram,
tað fekk Buris at síggja,
blámenn fullu fyri fót,
sum grasið fyri líggja.

63.
Rendi hann móti Vilmundi,
hann vendi aftur ímóti,
legði tá hvør til annan hart
bæði við svørð og spjóti.

64.
Høgga títt og líva lítt,
av dró barnagaman,
eldur reyk úr svørðunum,
tá eggjar bóru saman.

65.
Buris kongur svørðinum brá,
móti Vilmundi hjó,
høggið kom á andlitið,
so út kom mikið blóð.

66.
Tá ið Vilmundur sviða fekk,
hann bregður við so snart,
trívur eftir Buris kongi
við so miklari fart.

67.
Trívur hann eftir Buris kongi
við so miklari skund,
svørðið stakk úr hondini,
tað fleyg so langt í lund.

68.
Svørðið fleyg ein langan veg,
tað stakk úr hondini leyst,
trívur hann tá eftir øksini,
hann hevði við síðu fest.

69.
Vilmundur reiddi øksina
við so miklum treysti,
høgdi so hart at Buris kongi,
stál stakk fyri bróstið.

70.
Ikki beit á bringubeini,
tó tað merkti skinnið,
kongurin gav so sterkt eitt skrál,
tað hoyrdist úti og inni.

71.
Buris kongur sviða fekk,
hann gav so sterkt eitt skrál,
Vilmundur hjó við báðum hondum,
tá helt ikki stál.

72.
Tungt var høgg av øksarkjafti,
ei mundi megnið feila,
hjálmur sprakk av Buris kongi,
hamarin stóð í heila.

73.
Tá ið Vilmundur hevði felt
Buris kong til vallar,
rendi hann móti blámonnum
og jagar burtur allar.

74.
Tóku so vápn og herklæði,
sum víða á vølli lá,
so mikið gull og gersimi,
ikki fekkst tølur á.

75.
So mikið gull og gersimi,
ikki fekkst tølur á,
komu so fram at kongssoni,
og sóu, hvar hann lá.

76.
Tá ið teir lívsmakt við honum kendu,
lættnaði hjartasorg,
breiddu undir hann breiðan skjøldur,
bóru so heim til borg.

77.
Bóru teir hann til borgar heim
og løgdu í eina song:
„Tak ímóti, systir góð,
og grøð tú handa drong!"

78.
Og grøddi hon hann í dagar,
og grøddi hon hann í tvá,
sætta dag í sjeyndu viku
fór hann í brynju blá.

Moraldidaktische Intention im Hildebrandslied und in isländischen Quellen[1]

GUDRUN LANGE (REYKJAVÍK)

Hier wird der Versuch unternommen, eine Neuinterpretation des althochdeutschen Hildebrandsliedes und nordischer bzw. isländischer Parallelen dazu zu geben. Es geht dabei vor allem um das Motiv des Vater-Sohn-Kampfes, und zwar um diejenige Variante, wo der Vater den Sohn tötet. Mit Hilfe des Methodenpluralismus der internationalen und interdisziplinären Mediävistik soll untersucht werden, ob den genannten Werken eine moralisch-didaktische bzw. pädagogische Funktion (*utilitas, prodesse, sensus tropologicus*[2]) zukommt.

Die Bedeutung des *Hildebrandsliedes* für die frühmittelalterliche Kulturgeschichte hat man schon früh erkannt. Es stellt, wie man sagt, nicht nur den einzigen Überrest althochdeutscher Heldendichtung dar, sondern gilt auch als „die dichterisch bedeutendste Leistung der althochdeutschen Literatur, ja überhaupt die wertvollste der Zeit bis gegen das Ende des 12. Jh.

---

[1] Dieser Artikel ist die überarbeitete und gekürzte Version eines öffentlichen Vortrages, den die Verfasserin am 22. Mai 1997 an der Universität Wien hielt.

[2] Vgl. in diesem Zusammenhang auch Lange, Gudrun: *Die Anfänge der isländisch-norwegischen Geschichtsschreibung. Studia Islandica 47*. Reykjavík 1989, S. 26, 29, 40, 42, 194-195 Anm. 147; dies.: „Andleg ást. Arabísk-platónsk áhrif og ‚integumentum‘ í íslenskum fornbókmenntum?" *Skírnir* 166, 1992, S. 99-103; dies.: „Didaktische und typologische Aspekte der Arons saga". *Arbeiten zur Skandinavistik. XII. Arbeitstagung der deutschsprachigen Skandinavistik. Studia Medievalia Septentrionalia* 2. Wien 1996, S. 178-193; dies., *Europäische Bildungsideale des Mittelalters in den Fornaldarsögur.* (Diss.) Wien 1997, S. 9-25, 99-100. Sowinski, Bernhard: *Lehrhafte Dichtung des Mittelalters*. Stuttgart 1971, S. 14-15; ders.: „Didaktische Literatur". *Handlexikon der Literaturwissenschaft*. München 1974, S. 90. Boesch, Bruno: *Lehrhafte Literatur. Lehre in der Dichtung und Lehrdichtung im deutscher Mittelalter*. Berlin 1977, S. 7-9. Schulze, Ursula: „Didaktische Aspekte in der deutschen Literatur des Mittelalters – Vanitas- und Minnelehre". *Propyläen Geschichte der Literatur* II. *Die mittelalterliche Welt 600-1400*. Berlin 1988, S. 461-462.

hin". Man betrachtet das Hildebrandslied auch als „das ältesterhaltene, kennzeichnendste und edelste Stück der völkerwanderungszeitlichen Hochform".[3]

Das Lied, dessen Verfasser unbekannt ist, ist auf der Vorderseite des ersten und der Rückseite des letzten Blattes einer lateinisch geschriebenen, theologischen Handschrift des Klosters Fulda eingetragen, nun allerdings in Kassel aufbewahrt. Man nimmt an, daß das Lied Anfang des 9. Jahrhunderts aufgezeichnet wurde.[4]

Das Überlieferte handelt von der Begegnung Hildebrands mit seinem Sohn Hadubrand zwischen zwei feindlichen Heeren. Hadubrand erkennt den Vater nicht, der ihn und seine Mutter als Gefolgsmann Theoderichs bzw. Dietrichs vor dreißig Jahren verlassen mußte, und mißtraut als Krieger Odoakars den freundlichen Worten Hildebrands. Er reizt den Vater zum Zweikampf, dessen Ausgang in der Handschrift nicht mehr überliefert ist, aus nordischen Quellen aber erschlossen werden kann: Hildebrand tötet den Sohn.

Die Fabel des Hildebrandsliedes gehört zum Sagenkreis um Dietrich von Bern, genauer in den Zusammenhang von Dietrichs „Heimkehr". Den historischen Einfall Theoderichs in Italien 489 und seinen Kampf gegen Odoakar deutet der Text als Rache für eine frühere Vertreibung, womit er zu erkennen gibt, daß er trotz seiner deutlichen Beziehungen auf Verhältnisse der Völkerwanderungszeit von den Ereignissen selbst schon entfernt ist.[5]

Man nimmt nicht zuletzt auf Grund sprachlicher Kriterien an, daß das Hildebrandslied, evtl. zuerst gotisch, im langobardischen Oberitalien entstanden und von dort dann über Bayern nach Fulda gelangt sei.[6]

---

3   Zitiert nach Lühr, Rosemarie: *Studien zur Sprache des Hildebrandliedes* I. Frankfurt a. M., Bern 1982, S. XX. Bez. Literatur zum Hildebrandslied und zur Heldendichtung siehe z. B. *Heldensage und Heldendichtung im Germanischen.* Hg. Heinrich Beck. *Ergänzungsbände zum Reallexikon der Germanischen Altertumskunde 2.* Berlin, New York 1988, S. 352-356. *Helden und Heldensage. Otto Gschwantler zum 60. Geburtstag.* Hg. Hermann Reichert und Günter Zimmermann. *Philologica Germanica* 11. Wien 1990. Vopat, Christiane: *Zu den Personennamen des Hildebrandsliedes. Beiträge zur Namenforschung. Neue Folge. Beihefte.* 45. Heidelberg 1995.
4   Siehe z. B. Broszinski, Hartmut: *Kasseler Handschriftenschätze.* Kassel 1985, S. 139.
5   Schlosser, H. D.: „Hildebrandslied". *Lexikon des Mittelalters* V. München und Zürich 1991, Sp. 12.
6   Siehe näher dazu Kolk, H. van der: *Das Hildebrandlied.* Amsterdam 1967, S. 72-73. Gutenbrunner, Siegfried: *Von Hildebrand und Hadubrand.* Heidelberg 1976, S. 183. Düwel, Klaus: „Hildebrandslied". *Die deutsche Literatur des Mittelalters. Verfasserlexikon* 3. Berlin, New York 1981, Sp. 1246-1247. Schlosser, H. D.: op. cit., Sp. 12-13.

Zum besseren Verständnis alles Weiteren folgt zuerst eine etwas aus-
führlichere Inhaltsangabe des Liedes: Hildebrand und Hadubrand, Vater
und Sohn, treffen sich zwischen zwei Heeren und rüsten sich zum Streit mit
Kampfgewand, Schwert und Panzer. Hildebrand, der ältere und lebenser-
fahrenere Mann, fragt Hadubrand nach Namen und Herkunft. Hadubrand
nennt seinen und seines Vaters Namen und erzählt die von älteren Leuten
gehörte Geschichte, daß sein Vater Hildebrand mit Theoderich wegen
Otachers (Odoakars) Feindschaft geflohen sei und das Kind „erbelos"
zurückgelassen habe, jedoch kaum am Leben sei. Hildebrand ruft „irmingot" zum Zeugen an, daß Hadubrand nie mehr einem so nahe Verwandten
gegenüberstehen werde und bietet ihm als Zeichen seiner Huld Ringe an.
Hadubrand weist den Alten zurück, redet davon, daß man mit dem Speere
Geschenke nehmen solle, Spitze wider Spitze,[7] daß er nur vor einem
schlauen Hunnen stehe, der ihn betrügen und töten wolle und deshalb auch
so alt geworden sei, und daß er erfahren habe, Hildebrand sei tot. Der Vater
gibt darauf dem Sohn zu verstehen, daß dessen Rüstung einen guten Herrn
verrate, der ihn noch nicht in die Verbannung getrieben habe. Hildebrand
ruft „waltant got" an und beklagt das Wehgeschick, das nun geschehen
müsse. Sechzig Sommer und Winter sei er außerhalb des Heimatlandes
umhergezogen und nie besiegt worden, nun aber solle er durch sein liebes
Kind fallen oder dieses töten. Der Sohn möge versuchen, die Rüstung von
einem so alten Manne zu gewinnen, wenn er dazu ein Recht zu haben glaube. Feige wäre es, jetzt den Kampf zu verweigern, da es Hadubrand so sehr
danach gelüste. Der Zweikampf solle entscheiden, wer von beiden die Rüstung verlieren oder beide Brünnen gewinnen solle. Hildebrand und Hadubrand reiten aufeinander los und zerhauen ihre Schilde.[8]
    Das Lied hört mitten im Kampf auf, und die Frage stellt sich, wer wen
tötet. Das Motiv des Vater-Sohn-Kampfes findet sich in der Literatur vieler
Völker in verschiedenen Varianten. Der Kampf endet entweder mit einer
Versöhnung, oder der eine tötet den anderen.
    In der altnordischen Saga von Dietrich,[9] die in Norwegen im 13. Jahr-
hundert geschrieben wurde, und im *Jüngeren Hildebrandslied*,[10] einer

---

[7] Diese alte Sitte bzw. Vorsichtsmaßnahme wird u. a. auch in der isländischen *Egils
    saga* (*Íslenzk fornrit* II. Reykjavík 1933, S. 144) beschrieben: „/.../ þá dró konungr
    [Aðalsteinn] sverðit ór slíðrum ok tók gullhring af hendi sér, mikinn ok góðan, ok
    dró á blóðrefilinn, stóð upp ok gekk á gólfit ok rétti yfir eldinn til Egils. Egill stóð
    upp ok brá sverðinu ok gekk á gólfit; hann stakk sverðinu í bug hringinum ok dró at
    sér /.../".
[8] Vgl. *Althochdeutsches Lesebuch*. Hg. Wilhelm Braune / Karl Helm / Ernst A. Eb-
    binghaus. Tübingen [16]1979, S. 84-85.
[9] *Þiðriks saga af Bern*. Hg. Henrik Bertelsen. II. København 1911, S. 347-353.
[10] *Denkmäler deutscher Poesie und Prosa aus dem VIII-XII Jahrhundert*. Hg. K.
    Müllenhoff / W. Scherer / E. Steinmeyer. II. Berlin [3]1892, S. 20-30.

spätmittelalterlichen Balladenfassung, endet der Kampf zwischen Hildebrand und seinem Sohn versöhnlich. Es gibt aber nordische Quellen, die
von einem tragischen Ende berichten, d. h. wo der Vater seinen Sohn tötet.
Das wichtigste Zeugnis aus der nordischen Überlieferung ist Hildebrands
Sterbelied in der isländischen *Ásmundar saga kappabana*, einer Vorzeitsaga aus dem 14. Jahrhundert, von der später noch genauer berichtet wird.
Die Verszeilen, welche vom Tod des Sohnes handeln, lauten folgendermaßen:

> *Liggr þar inn svási*
> *sonr at höfði,*
> *eftirerfingi,*
> *er ek eiga gat,*
> *óviljandi*
> *aldrs synjaðak.*[11]

Saxo Grammaticus sagt fast dasselbe in seiner lateinischen Dänenge-
schichte, die er Anfang des 13. Jahrhunderts schrieb. Hildebrand entspricht
dort dem Kämpen Hildeger:

> */.../ medioxima nati*
> *Illita conspicuo species cœlamine constat,*
> *Cui manus hæc cursum metæ vitalis ademit.*
> *Unicus hic nobis hæres erat, una paterni*
> *Cura animi, superoque datus solamine matri.*[12]

Auch eine spätmittelalterliche, färöische Ballade, das *Sniolvs-Lied*, erzählt
von Hildebrand, der seinen Sohn Grím tötet:

> */.../ Hildibrand so til orða tók*
> *av so tungum stríði:*
> *„Hatta er mín hin sæli son,*
> *eg havi tikið av lívi.“* [13]

Diese drei Quellen beweisen, daß man ein tragisches Ende des Hildebrandsliedes in Skandinavien kannte. Man kann deshalb annehmen, daß das
vollständige Lied vom Tod des Sohnes berichtete.

Das Motiv des tragischen Vater-Sohn-Kampfes findet sich auch in anderen Literaturen wie z. B. in der irischen Sage „Culainn und Conla" aus dem
9./10. Jahrhundert, wo der Held Cuchulain mit Hilfe eines Zauberspeeres
seinen Sohn Conlaoch tötet und dann dessen Tod beweint.[14] Ein zweites

---

[11]   *Fornaldar sögur Norðurlanda.* Hg. Guðni Jónsson. I. Reykjavík 1954, S. 406.
[12]   *Saxonis Grammatici Historia Danica.* Hg. P. E. Müller und J. M. Velschow. I.
       Havniæ 1839, S. 358.
[13]   *Føroya kvæði* IV. *Corpus carminum Færoensium* a Sv. Grundtvig und J. Bloch com-
       paratum. Hg. N. Djurhuus und Chr. Matras. Kopenhagen 1967, S. 10.
[14]   Siehe z. B. Kraml, Willibald: *Aided Odenfir Aife. Der Tod von Aifes einzigem Sohn.*
       (Diss.) Wien 1979, S. 72-78.

Beispiel ist das Königsbuch des Persers Firdausi um 1000, wo Rustam mit seinem Sohn Suhrab kämpft, ihn aber nur mit List und Hilfe eines Berggeistes besiegen kann. Erst als Rustam Suhrab zu Tode verwundet, entdeckt er in ihm den Sohn und klagt über seinen Tod. Das dritte Beispiel ist die mittelalterliche russische Byline „Ilja und Sokolnik". Dort kämpft Ilja von Murom mit seinem Sohn, besiegt ihn mit Gottes Hilfe, läßt ihn aber am Leben, als er ihn erkennt. Daraufhin versucht der Sohn, seinen Vater im Schlaf zu töten, aber Ilja hat ein Amulett, erwacht und tötet den Sohn.[15]

In beiden letztgenannten Quellen kämpfen Vater und Sohn, *ohne* sich zu kennen, die irische Sage aber und das Hildebrandslied weichen darin ab. Da wird der Vater gewarnt oder weiß von Anfang an, wer sein Gegner ist und steht in einem inneren Konflikt.

Zum Ursprung des Vater-Sohn-Kampf-Motivs gibt es hauptsächlich drei Thesen: erstens die Polygenese, d. h. eine unabhängige Entstehung der Sage bei mehreren Völkern,[16] zweitens die Möglichkeit einer Wanderfabel[17] und drittens indogermanische Urverwandtschaft.[18] Bei letzterer nimmt man auch einen gemeinsamen Mythus an, der auf Vorstellungen der Jahreszeitenmythen zurückgeht wie z. B., daß der alte Winter den jungen Sommer besiegt, oder die Nacht den Tag verschlingt, den sie gebar.[19]

Der Religionswissenschaftler Eliade dagegen spricht von Archetypen, d. h. Handlungen geschichtlicher Personen, die man als mythische Taten ansah, die sich wiederholten. Die primordiale Tat eines Gottes aber bestand darin, das „Chaos" zu besiegen und „Kosmos", Ordnung, zu schaffen.[20] Der Literaturwissenschaftler Jan de Vries nun glaubt, das Vater-Sohn-Kampf-Motiv sei ein solcher Archetypus und verbindet ihn mit einem Initiationsritual.[21] Darin folgt er Otto Höfler,[22] welcher darauf hinweist, daß

---

15 Siehe näher z. B. Kolk, H. van der: op. cit., S. 79-83. Busse, Br.: „Sagengeschichtliches zum Hildebrandsliede". *Beiträge zur Geschichte der deutschen Sprache und Literatur* 26, 1901, S. 7-25.

16 Siehe z. B. Busse, Br.: op. cit., S. 3, 43, 90. Düwel, Klaus: op. cit., Sp. 1243-1245.

17 Vgl. z. B. Schneider, Hermann: *Germanische Heldensage* I.1. Berlin und Leipzig 1928, S. 316. Heusler, Andreas: „Das alte und das junge Hildebrandslied". *Kleine Schriften.* Hg. H. Reuschel. Berlin 1943, S. 2. Baesecke, Georg: *Das Hildebrandlied.* Halle 1945, S. 52-54. Helgason, Jón: „Hildibrandskviða". *Ritgerðakorn og ræðustúfar.* Reykjavík 1959, S. 77.

18 Vgl. z. B. Jiriczek, Otto L.: *Deutsche Heldensagen* I. Straßburg 1898, S. 280.

19 Busse, Br.: op. cit., S. 40-41.

20 Eliade, Mircea: *Cosmos and History. The Myth of the Eternal Return.* New York 1959, S. 29-46.

21 Vries, Jan de: „Das Motiv des Vater-Sohn-Kampfes im Hildebrandslied" [1953]. *Zur germanisch-deutschen Heldensage.* Hg. Karl Hauck. Darmstadt 1965, S. 248-284. Siehe außerdem Gutenbrunner, Siegfried: op. cit., S. 155, 158.

22 Höfler, Otto: *Germanisches Sakralkönigtum* I. *Der Runenstein von Rök und die germanische Individualweihe.* Tübingen und Münster/Köln 1952, S. 94, 331-332, 350-355.

man in altgermanischer Zeit Krieger gewissen Göttern weihte, allen voran
dem Gotte Odin. Gemäß dieser Auslegung wäre Hildebrand ein Vertreter
Odins.

Was das Hildebrandslied betrifft, muß jedoch gesagt werden, daß die
These vom mythischen Ursprung ebenso wenig gesichert ist wie Interpreta-
tionen, die die Auseinandersetzung zwischen Vater und Sohn als exempla-
rischen Kampf geschichtlicher Kräfte nehmen.[23]

Die Meinungen der Forscher gehen auch auseinander bezüglich der Ge-
dankenwelt und Ethik des Liedes. Manche sehen Hadubrand als Missetäter
und seinen Tod als Strafe für Hochmut, Kampfeslust und Mißtrauen. Mit
der Frage nach dem Schuldigen verbindet sich oft die Ansicht, der Ausgang
des Zweikampfes sei eine Art Gottesurteil gewesen. Man zitiert dabei gerne
folgende Worte Hildebrands:

doh maht du nu aodlihho,   ibu dir din ellen taoc,
in sus heremo man   hrusti giwinnan,
rauba birahanen,   ibu du dar enic reht habes'. (Z. 55-57)[24]

Bekannt ist, daß bei den Germanen manchmal der Zweikampf entschied,
anstatt daß die Heere zweier streitender Parteien kämpften.[25]

Die Meinung jedoch, daß es sich um ein Gottesurteil handle, hat ebenfalls Kontroversen ausgelöst. Man kommt zu sehr unterschiedlichen Ergeb-
nissen bezüglich des religiösen Gehalts der Dichtung. Einige sehen im
Hildebrandslied christliche Anschauungen, andere heidnische, die dritten
eine Mischung von beidem, und die vierten gar keine religiöse Haltung.[26]
Dies rührt daher, daß man Hildebrands Anrufungen wie „wettu irmingot
obana ab hevane" (Z. 30) und „waltant got" (Z. 49) sehr verschieden interpretiert hat. Die einen sehen darin den germanischen Gott Odin,[27] die anderen den Christengott.[28]

Man meint auch, wenn das Ethos germanischer Heldendichtung im
Standhalten vor ausgloser Tragik bestehe, dann müsse Hildebrand sich
zwischen Rechtsbewußtsein und Pflichtgebot, zwischen Sippengefühl und
Ehrgebot bzw. Vaterliebe und Kriegerehre entscheiden.[29]

Nun ist die Sache so, daß Heidentum und Christentum vieles gemeinsam
haben wie z. B. Tugend- und Lastersysteme, die ja aus der Antike über-

---

23   Schlosser, H. D.: „Hildebrandslied". *Kindlers Literatur Lexikon* V. Zürich 1970, S.
     4443.
24   *Althochdeutsches Lesebuch*, S. 85.
25   Vries, Jan de: *Altgermanische Religionsgeschichte* I. Berlin und Leipzig 1935, S.
     258-259.
26   Siehe näher Kolk, H. van der: op. cit., S. 103ff.
27   Vgl. z. B. Vries, Jan de: „Das Motiv ...", S. 272.
28   Kuhn, Hans: „Heldensage und Christentum" [1960]. *Zur germanisch-deutschen
     Heldensage*. Hg. Karl Hauck. Darmstadt 1965, S. 420.
29   Vgl. Düwel, Klaus: op. cit., Sp. 1247f.

nommen wurden.[30] Die Frage stellt sich deshalb, ob das Lied nicht eine Warnung vor grenzenlosem Hochmut und permanenter Arroganz sei. Diese Interpretation wäre weder besonders an heidnische, germanische noch an christliche Ethik gebunden, denn die Forderung nach Mäßigung ist eine allgemeine Lebensregel.

Christliche und heidnische Ideale überschneiden sich auch im Begriff der Gefolgschaftstreue. Sowohl der christliche Ritter[31] wie der germanische Krieger[32] sollten ihrem Herrn und Gott treu ergeben sein. Hildebrand entschied sich für seinen Herrn Dietrich und nicht für Frau und Kind. Beim Kampf mit Hadubrand scheint er sich jedoch nicht zwischen Sippengefühl und *Kriegerehre*, sondern Sippengefühl und *Gott* zu entscheiden, was auch seine diesbezüglichen Anrufungen bezeugen. Die oberste Forderung an einen christlichen Ritter des Mittelalters aber war, in allem zuerst Gott zu folgen.[33]

Die Tatsache, daß das Hildebrandslied in einem theologischen Codex bewahrt ist, der biblische Didaktik enthält,[34] sollte in diesem Zusammenhang nicht unbeachtet bleiben. Man konnte das Lied als Exemplum verwenden, und da erhebt sich die Frage, ob man es nicht aus der Sicht *der* Zeit interpretieren sollte, in der es aufgeschrieben wurde, nämlich der des frühen Mittelalters.

Es gilt hier nicht, die geschichtlichen Anachronismen des Gedichtes aufzuspüren, sondern die Intention bzw. Funktion des Liedes zu erkennen. Eine moralische Interpretation im Sinne des *sensus spiritualis*[35] ist durch-

---

[30]   Siehe z. B. *Lexikon für Theologie und Kirche* VI (²1961, 806f.), X (²1965, 395ff.). Freiburg i. Br., Wien. Stelzenberger, Johannes: *Die Beziehungen der frühchristlichen Sittenlehre zur Ethik der Stoa*. München 1933. *Ritterliches Tugendsystem*. Hg. Günter Eifler. Darmstadt 1970, S. 93-94. Vgl. auch Lange, Gudrun: *Europäische Bildungsideale* ..., S. 21-25.

[31]   Siehe z. B. Lange, Gudrun: „Didaktische und typologische Aspekte ...", S. 180.

[32]   Siehe z. B. Heusler, Andreas: *Die altgermanische Dichtung*. Potsdam ²1941, S. 14-15.

[33]   Vgl. Lange, Gudrun: „Didaktische und typologische Aspekte ...", S. 187-188. Siehe auch *Norges gamle Love indtil 1387*. II. Hg. R. Keyser und P. A. Munch. Christiania 1848, S. 419-420. *Konungs skuggsiá*. Hg. Ludvig Holm-Olsen. Oslo ²1983, S. 56, 65.

[34]   Siehe näher dazu z. B. Broszinski, Hartmut: op. cit., S. 139. Morini, Carla: „Il Hildebrandlied e il Liber Sapientiae nel 2° Cod.Theol. nr. 54 di Kassel". *Annali dell' Istituto Universitario Orientale di Napoli, Sez. Filologia Germanica* 23, 1980, S. 181-188.

[35]   Siehe die in Anm. 2 genannten Werke und dort angegebene Literatur. Zur moralischen Intention mittelalterlicher Werke siehe ferner *Medieval Literary Theory and Criticism c. 1100 - c. 1375. The Commentary-Tradition*. Edited by A. J. Minnis and A. B. Scott with the assistance of David Wallace. Oxford 1988, S. 1-11, 115ff., 383-387. Moos, Peter von: *Geschichte als Topik. Das rhetorische Exemplum von der*

aus angebracht und kann sowohl Gegensätze wie Unstimmigkeiten besser erklären als viele andere Auslegungen. Das Hildebrandslied besteht fast nur aus Dialog, der geballt wiedergibt, worum es geht:
Der Vater ist demütig, will Frieden, zeigt sich versöhnlich, glaubt, liebt und hofft. Der Sohn dagegen ist hochmütig, will Krieg, zeigt sich unversöhnlich, ist maßlos, ohne Hoffnung und Mitleid. Der Vater scheint gottgläubig zu sein, der Sohn nicht. Der Vater ruft „irmingot" und „waltant got" an, der Sohn scheint nur auf seine eigene Kraft zu vertrauen. Sein Hauptlaster wäre somit die Hybris bzw. *superbia*, die Wurzel aller Sünden nach christlich-mittelalterlicher Auffassung[36].

Hildebrand ist alt, hat aber ein gutes Herz. Hadubrand ist jung und hat ein glänzendes Äußeres (vgl. Z. 46-47: *wela gisihu ih in dinem hrustim, / dat du habes heme herron goten*), das jedoch in Widerspruch zu inneren Qualitäten zu stehen scheint, denn er schmäht den alten und erfahreneren Mann (vgl. z. B. Sir 25:6) mit schändlichen Reden (Sir 23:12-13,15). Hadubrand hat zwar Tapferkeit (*fortitudo*), aber nicht Weisheit (*sapientia*). Ihm scheinen die wichtigsten Tugenden zu fehlen, die eine Führungspersönlichkeit[37] auszeichnen. Dazu gehört auch Gerechtigkeit (*iustitia*). In diesem Zusammenhang dürfte wohl die dominierende Rolle der Rüstung und ihre auffallende Beschreibung im Liede gesehen werden.[38] Nach mittelalterlichem Verständnis nämlich symbolisiert der Panzer nichts anderes als die Gerechtigkeit (vgl. Paulus im Epheser-Brief 6:14), d.h. die Rüstung eines mittelalterlichen Ritters hatte nicht nur weltliche, sondern auch geistliche Bedeutung.[39]

Antike zur Neuzeit und die historiae im „Policraticus" Johanns von Salisbury. Hildesheim, Zürich, New York 1988, S. 176-187.

36 Siehe z. B. Hempel, Wolfgang: *Übermuot diu alte – Der Superbia-Gedanke und seine Rolle in der deutschen Literatur des Mittelalters.* Bonn 1970. Vgl. in diesem Zusammenhang auch Zimmermann, Günter: „Wo beginnt der Übermut? Zu ‚Alpharts Tod'". *2. Pöchlarner Heldenliedgespräch. Die historische Dietrichepik.* Hg. Klaus Zatloukal. *Philologica Germanica* 13. Wien 1992, S. 165-182.

37 Die Ideale eines Herrschers sind dieselben wie die der Repräsentanten partikularer Gewalten; siehe näher dazu Nusser, Peter: *Deutsche Literatur im Mittelalter. Lebensformen, Wertvorstellungen und literarische Entwicklungen.* Stuttgart 1992, S. 152f. Wolfram, Herwig: *Splendor imperii. Die Epiphanie von Tugend und Heil in Herrschaft und Reich.* Graz, Köln 1963, S. 25 Anm. 31; 123. Moos, Peter von: op. cit., S. 570-582. Knapp, Fritz Peter: „*Nobilitas Fortunae filia alienata.* Der Geblütsadel im Gelehrtenstreit vom 12. bis zum 15. Jahrhundert". *Fortuna.* Hg. Walter Haug und Burghart Wachinger. *Fortuna vitrea* 15. Tübingen 1995, S. 101.

38 Vgl. *Althochdeutsches Lesebuch,* S. 84-85, Z. 4-6, 46-47, 56-57, 61-62.

39 Siehe näher dazu Wang, Andreas: *Der ‹Miles Christianus› im 16. und 17. Jahrhundert und seine mittelalterliche Tradition.* Frankfurt/M. 1975. Dinzelbacher, Peter: „Miles Symbolicus. Mittelalterliche Beispiele geharnischter Personifikationen". *Symbole des Alltags. Alltag der Symbole. Festschrift für Harry Kühnel zum 65. Geburtstag.* Hg. Gertrud Blaschitz u. a. Graz 1992, S. 49-79. Lange, Gudrun: „Didakti-

Weiterhin gälte hier die Lehre des Kirchenvaters Augustinus vom gerechten Krieg, *bellum iustum*, der zur Wiedererlangung geraubten Gutes dienen sollte.[40] Die im Lied vorausgesetzte Dietrichsage hat nämlich das historische Geschehen bereits umgedeutet: Hildebrand kommt nach dreißigjährigem Exil mit Dietrich nicht in fremdes Land, sondern in angestammtes Herrschaftsgebiet, das zurückerobert werden soll. Auf die Frage, warum Hildebrand den Sohn tötet, muß vielleicht geantwortet werden, daß Hildebrand im „Recht" ist. Er ruft „irmingot" an und erhält den Sieg. Hadubrand dagegen scheint im „Unrecht" zu sein,[41] er ist hochmütig[42] und vertraut nur auf seine eigene Kraft. Bereits Paulus Diaconus sagt in seiner Geschichte der Langobarden (I,8), daß der Sieg *nicht* in der Gewalt der Menschen liege, sondern vom Himmel komme.[43] Die Langobarden rufen Gott zum Zeugen an, daß er den Ausgang lenken möge.

Der ritterliche Zweikampf als nicht nur leiblicher, sondern vor allem spiritueller Kampf zwischen Tugend und Laster ist auch in mittelalterlichen Handschriften und anderen Bilddenkmälern dargestellt, als Symbolik der Auseinandersetzung zwischen Gut und Böse.[44]

---

sche und typologische Aspekte ...", S. 179-188. – Vgl. auch folgende Strophen der altisländischen *Guðmundar drápa Árna Jónssonar* (*Biskupa sögur* II. Kaupmannahöfn 1878, S. 209-210): „34. Búníng átti biskup vænan / blíðr at hafa í guðligu stríði: / bitrligt sverð með hjálmi hörðum, / hraustan skjöld ok brynju trausta; / spjót ok boga sem spora, ok skeyti, / spentar hosur, at fótum henta, / maðr er traustr á mjúkum hesti, / máttuligt beizl, þat er ek skal vátta. 35. Guðs orð líkir glósan sverði, / gilda trú hinum sterka skildi, / blezaða ást fyrir brynju trausta, / bjartlig ván sem hjálmur skartar, / bitrligt spjót fyrir bænir mætar, / brynhosa þröng fyrir heilagar göngur, / heit vel sendir hjarta skeyti hverr sá maðr er lærir aðra. 36. Skynsöm önd er riddari reyndar / röskr ok dýr, er búknum stýrir, / hestur mjúkr ok holdit veyka / hlýða þeim, sem temur með prýði, / víst eru sporarnir vökur með föstum, / vænast beizl fyrir tempran kæna, / gott skýrist fyrir glósu setta / Guðmundar líf allar stundir."

40 Vgl. dazu auch Lange, Gudrun: „Didaktische und typologische Aspekte ...", S. 180.
41 Vgl. in diesem Zusammenhang auch Dinzelbacher, Peter: op. cit., S. 58.
42 In den *Libri Salomonis* (Spr 16:5) heißt es, ein Greuel sei der Hochmütige, er werde bestraft. Auch die *Konungs skuggsiá* (S. 67) meint, wer sich sehr hochmütig benehme, mache sich gleichzeitig Gott zum Feinde.
43 *Pauli Historia Langobardorum*, ed. L. Bethmann et G. Waitz, in: *Mon. Germ. hist.*, *Script. rer. Lang.* Hannoverae 1878, S. 52. – Heil und Sieg liegen allein bei Gott, vgl. Wang, Andreas: op. cit., S. 215; ferner Bernhard von Clairvaux („Ad milites Templi. De laude novae militiae". *Sämtliche Werke*. Hg. Gerhard B. Winkler u. a. I. Innsbruck 1990, S. 284): „Noverunt siquidem non de suis praesumere viribus, sed de virtute Domini Sabaoth sperare victoriam /.../".
44 Siehe z. B. Goldschmidt, Adolph: *Der Albani-Psalter in Hildesheim und seine Beziehung zur symbolischen Kirchensculptur des XII. Jahrhunderts.* Berlin 1895, S. 46ff. Dinzelbacher, Peter: op. cit.

Zur Plausibilität der allegorischen Auslegung[45] eines literarischen Werkes wie des Hildebrandsliedes könnte man z. B. noch an ein Werk der höfischen Epik erinnern, den Tristan Gottfrieds von Straßburg. Da heißt es, als Tristan und Morold miteinander kämpfen:

si kâmen mit gelîcher ger
gelîche vliegende her,
daz sî diu sper zestâchen,
daz s'in den schilten brâchen
wol ze tûsent stucken.
dô gieng ez an ein zucken
der swerte von den sîten.
si giengen z'orse strîten.
got selbe möhte ez gerne sehen.

Nu hoere ich al die werlde jehen
und stât ouch an dem maere,
daz diz ein einwîc waere,
und ist ir aller jehe dar an,
hiene waeren niuwan zwêne man.
ich prüeve ez aber an dirre zît,
daz ez ein offener strît
von zwein ganzen rotten was.
swie ich doch daz nie gelas
an Tristandes maere,
ich mache ez doch wârbaere.
Môrolt, als uns diu wârheit
ie hât gesaget und hiute seit,
der haete vier manne craft,
diz was vier manne ritterschaft.
daz was der strît in eine sît.
sô was anderhalp der strît:
daz eine got, daz ander reht,
daz dritte was ir zweier kneht
und ir gewaerer dienestman,
der wol gewaere Tristan,
daz vierde was williger muot,
der wunder in den noeten tuot.
die viere und jene viere
ûz den gebilde ich schiere
zwô ganze rotte oder ahte man,
als übel als ich doch bilden kan. (V. 6857-6892)[46]

Hierauf folgt die Schilderung, wie Morold Tristan verwundet, und dann heißt es weiter:

---

[45] Siehe Anm. 2 und 35.

[46] Gottfried von Strassburg: *Tristan* 1. Nach dem Text von Friedrich Ranke neu herausgegeben, ins Neuhochdeutsche übersetzt, mit einem Stellenkommentar und einem Nachwort von Rüdiger Krohn. Reclam 4471[6], ³1984. Stuttgart 1987, S. 414-416.

nu sprichet daz vil lîhte ein man,
ich selbe spriche ez ouch dar zuo:
»got unde reht, wâ sint si nuo,
Tristandes strîtgesellen?
ob s'im iht helfen wellen,
des nimt mich michel wunder.
/---/
got unde reht diu riten dô in
mit rehtem urteile,
ir rotte ze heile,
ir vînden ze valle.
hie begunden sî sich alle
gelîche rottieren:
viere wider vieren. (V. 6978-7002)[47]

Morold wird nun tödlich verwundet und Tristan sagt:

der rehte und der gewaere got
und gotes waerlich gebot
die habent dîn unreht wol bedâht
und reht an mir ze rehte brâht.
der müeze mîn ouch vürbaz pflegen!
disiu hôhvart diu ist gelegen!« (V. 7075-7080)[48]

Hier findet – im Gegensatz zum Hildebrandslied – eine allegorische Auslegung *expressis verbis* statt (*Gott, Recht, Unrecht, Hochmut*). Eine moralisch-didaktische Intention kann jedoch auch dort vorhanden sein, wo sie nicht in einer ausdrücklichen *applicatio moralis* angeführt ist.[49] Dem Rezipienten bleibt es dann überlassen, das Gehörte oder Gelesene „zu seinem geistigen ,Nutzen' verantwortlich zu interpretieren. Ihn würde eine dem einfältigeren Leser vielleicht förderliche Eindeutigkeit nur langweilen oder abstoßen"[50].

Gleiche Tendenzen wie im Hildebrandslied, wo u. a. das Laster der Maßlosigkeit bekämpft wird, zeichnen sich auch in den nordischen bzw. isländischen Quellen ab. Wie schon gesagt, ist das wichtigste Zeugnis für den Ausgang des Hildebrandsliedes die isländische Saga von Asmund dem Kämpentöter. Ihr Verfasser ist unbekannt, und die älteste Handschrift stammt aus dem 14. Jahrhundert. Ihr Inhalt ist folgendermaßen:

Buðli, ein schwedischer König, hat eine Tochter namens Hilde. Zwei Zwerge, Alius und Olius, bitten um Aufnahme an Buðlis Hof. Auf Wunsch

---

[47]   Ibid., S. 422.
[48]   Ibid., S. 428.
[49]   Vgl. z. B. Bausinger, Hermann: „Didaktisches Erzählgut". *Enzyklopädie des Märchens* III. Berlin, New York 1981, Sp. 614-624. Moos, Peter von: op. cit., S. 180-187. Lange, Gudrun: „Didaktische und typologische Aspekte ...", S. 189 Anm. 7. Siehe auch die in Anm. 2 und 35 angeführte Literatur.
[50]   Moos, Peter von: op. cit., S. 185.

des Königs schmieden sie ein Messer, einen Ring und zwei Schwerter. Olius' Schwert jedoch ist dem König nicht gut genug, und er zwingt ihn, ein neues anzufertigen. Dieses Schwert aber belegt Olius mit dem Fluch, daß es den Enkeln des Königs den Tod bringen solle. Buðli läßt daraufhin die Waffe im Mälarsee versenken.

Helgi, der Sohn König Hildebrands vom Hunnenland, heiratet Hilde, die Tochter Buðlis. Deren Sohn, der auch den Namen Hildebrand erhält, wird ins Hunnenland geschickt und wächst bei seinem Großvater auf.

König Alf in Dänemark hat eine Tochter, die schöne Æsa. Alf und sein Freund Aki greifen Schweden während der Abwesenheit Helgis an. König Buðli wird getötet, und Aki bekommt Hilde zur Frau. Ihr Sohn ist Asmund, also ein Halbbruder Hildebrands.

Helgi fällt bei einem Kriegszug. Sein Sohn Hildebrand jedoch heiratet die Tochter des Königs Lazinus vom Hunnenland. Hildebrand erobert Sachsen und zwingt die Herzöge, Tribut zu zahlen. Dann kämpft er gegen die Dänen, um seinen Großvater Buðli zu rächen. König Alf wird getötet, während Aki auf Kriegszügen ist.

Sowohl Asmund als auch ein gewisser Eyvind wollen die schöne Æsa zur Frau haben. Sie will aber nur den heiraten, der nach einem Kriegszug mit schöneren Händen zurückkommt. Eyvind schont seine Hände, Asmund jedoch erkämpft sich Reichtum und Ruhm und kommt mit Goldringen beladen zurück. Æsa will Asmund heiraten unter der Bedingung, daß er ihren Vater räche. Sie erzählt ihm von dem versenkten Schwert, das Hildebrands Tod verursachen soll. Er findet es mit Hilfe eines alten Bauern, zweifellos des verkappten Gottes Odin. Danach schickt Æsa Asmund zu den sächsischen Herzögen.

Die Herzöge haben eine weise Schwester, der von der Ankunft Asmunds träumt, die ihrem Reiche Glück bringen soll. Asmund wird deshalb mit Freude empfangen und erfährt von der Tyrannei Hildebrands, der jedes halbe Jahr einen seiner Berserker mit einem der Herzöge kämpfen läßt, jedesmal den Sieg davonträgt und sich deren Güter aneignet, so daß sie fast kein Land mehr besitzen. Asmund verspricht zu helfen.

Hildebrand schickt einen Boten zu den Herzögen. Dieser bemerkt die Ähnlichkeit zwischen Asmund und Hildebrand und erzählt seinem Herrn davon. Hildebrand will seinen Halbbruder nicht erkennen und schickt einen seiner Berserker gegen ihn. Asmund tötet diesen und auch alle weiteren Berserker, die Hildebrand ihm schickt, indem er auf *höhere Mächte* vertraut.

Als Hildebrand vom Tode seiner Berserker erfährt, gerät er in Berserkerwut und tötet dabei seinen Sohn. Daraufhin mißt er sich mit Asmund, und die Halbbrüder kämpfen so lange, bis Hildebrands Schwert zerbricht und er tödlich verwundet wird. Hildebrand spricht dann das sogenannte Sterbelied. Asmund hat nun von beider Verwandtschaft erfahren und reist

wieder zurück zu Æsa, wo er einen unwillkommenen Freier tötet und von seinen Taten erzählt. Die Saga endet mit der Heirat der beiden.
Man hat dem Sterbelied Hildebrands in der *Ásmundar saga* schon früh Beachtung geschenkt. Es ist eine Elegie, wo Hildebrand rückblickend seine Taten erzählt und den Tod seines Sohnes beklagt. Im *Prosa*-Text der Saga wird ebenfalls vom Tode des Sohnes berichtet, aber nur sehr kurz. Da heißt es:

> *En í vanstilli* [berserksgangr] *þessu, er á honum var ok hann var á ferðina kominn, þá sá hann son sinn ok drap hann þegar.*[51]

Diese Passage kommt im Kontext etwas unerwartet. Hildebrands Sohn wird nirgend anderswo im *Prosa*-Text erwähnt, und sein Tod ist hier Nebensache. Wahrscheinlich hatte der Autor sein Wissen aus dem Sterbelied und wußte nichts Genaueres über die ungeheuere Tat, als sie mit der Berserkerwut Hildebrands zu erklären. Er konnte hier leicht von der *Egils saga* beeinflußt sein, wo der Vater des Haupthelden Egil in einem Berserkeranfall fast seinen Sohn tötet.[52]
Einige Ungereimtheiten bestehen zwischen Sterbelied und *Prosa*-Text der *Ásmundar saga*. Der Autor nimmt an, Hildebrand habe seinen Sohn getötet und sei dann am Rhein entlanggefahren, ehe er zum Zweikampf mit Asmund antrat. Im Sterbelied jedoch sieht es so aus, als ob Hildebrand den Körper seines Sohnes bei sich gehabt hätte.
Ungefähr hundert Jahre früher hat der dänische Geschichtsschreiber Saxo seine Quelle anders verstanden. Er nimmt an, auf Hildebrands Schild seien sein Sohn und andere Kämpen abgebildet gewesen. Andreas Heusler meint dazu, dies sei

> /.../ *ein deutliches Beispiel dafür, daß schon in mündlicher Tradition in eine Prosaerzählung Verse widersprechenden Inhalts eingelegt waren und Jahrzehnte hindurch ihre Stelle behaupteten.*[53]

Auffallend ist in beiden Quellen, dem althochdeutschen Hildebrandslied und der isländischen Saga, daß die Haupthelden mit einer bestimmten Art von Blindheit geschlagen sind. Weder Hadubrand noch die Halbbrüder, Asmund und Hildebrand, wollen etwas davon wissen, daß der Gegner ein naher Verwandter sein könne. Ob dies ihrem Hochmut zuzuschreiben ist oder mythologischen Ursprung hat? In der *Heimskringla* des isländischen Geschichtsschreibers Snorri Sturluson heißt es z.B.: „Óðinn kunni svá gera, at í orrostu urðu óvinir hans blindir /.../"[54]. Dies erinnert auch an das ed-

---

[51]   Op. cit., S. 405.
[52]   Op. cit., S. 101.
[53]   *Eddica Minora*. Hg. Andreas Heusler und Wilhelm Ranisch. Darmstadt 1974, S. XLIII.
[54]   *Heimskringla*. Hg. Finnur Jónsson. I. København 1893, S. 17.

dische Gedicht *Grímnismál*, wo König Geirröð seinen Ziehvater Odin zu
spät erkennt. Es geschieht, wie Odin weissagt:

> /.../
> *mæki liggia*
> *ek sé míns vinar*
> *allan í dreyra drifinn.*[55]

Mit der These, hier gehe es um die Hybris oder *superbia*, die Wurzel allen Übels, ist man bei der Interpretation der Saga als warnendem Beispiel
angelangt. Auch die Monotonität der Erzählung, die man bemängelt hat,[56]
weist darauf hin, daß es sich hier um ein Exemplum handelt. Neben heroi-
schem Geist findet man in der Saga auch die Ethik der eddischen
Hávamál[57], wie z. B. die Forderung nach Mäßigung,[58] welche eher realisti-
scher und verstandesmäßiger Art ist als gefühlsmäßiger. Man könnte z. B.
den Tod Hildebrands als Strafe für den Hochmut König Buðlis ansehen.
Von der Maßlosigkeit Buðlis jedoch wird gleich zu Anfang der Saga berichtet. Buðli nötigt, wie schon gesagt, die Zwerge Olius und Alius dazu,
zwei Schwerter zu schmieden, aber

> *Olius kveðst þat eigi vilja ok lézt eigi örvænt þykkja, at nokkut mikit mundi á liggja,*
> *ef þeir gerði nauðgir, ok kvað til hófs bazt at búa. Konungr kvað þá gera skyldu,*
> *hvárt er þeir gerðu nauðgir eða eigi.*[59]

An anderer Stelle wird von der weisen Schwester der sächsischen Herzöge berichtet, die den Rat gibt, „at ætla sér hóf".[60]

Auch Hildebrand ist maßlos, denn er „tók nú at gerast framgjarn mjök,
er aflinn óx"[61], und man beschwert sich über sein „ofríki"[62].

Die isländische *Ásmundar saga kappabani* zeigte dann wie das deutsche
Hildebrandslied allegorisch gesehen (*sensus tropologicus/moralis*) einen
Kampf zwischen Tugend und Laster.

Das Motiv, daß der Vater den Tod seines Sohnes verursacht, findet sich
noch in anderen isländischen Quellen wie in der altisländischen *Mágus
saga jarls*, einer Rittersaga um 1300. Die Geschichte erzählt von Kaiser
Edmund und seiner Frau Ermenga. Sie haben einen Sohn namens Karl.
Amund heißt ein Herzog des Kaisers. Er hat vier Söhne, von denen einer

---

55 *Eddadigte* II. *Gudedigte*. Hg. Jón Helgason. København ³1971, S. 22 (Str. 52).
56 Halvorsen, E. F.: *On the Sources of the Ásmundarsaga Kappabana. Studia Norvegi-
    ca* 5. Oslo 1951, S. 7, 23-24, 26, 37-38, 43-44, 53.
57 Siehe näher dazu z. B. Pálsson, Hermann: *Heimur Hávamála*. Reykjavík 1990.
58 Vgl. z. B. Guðnason, Bjarni: „Þankar um siðfræði Íslendingasagna". *Skírnir* 139,
    1965, S. 65-82.
59 Op. cit., S. 386.
60 Ibid., S. 391.
61 Ibid.
62 Ibid., S. 396.

Kaiser Edmund tötet. Die Söhne Amunds werden daraufhin geächtet. Der Kaisersohn Karl hat einen üblen Ratgeber, den Herzog Ubbi, welcher ihn stets zur Vaterrache aufhetzt. Die Söhne Amunds haben einen Schwager, Herzog Mágus, der zauberkundig ist und nichts unterläßt, um ihnen zu helfen. Die Saga endet schließlich mit der Versöhnung der streitenden Parteien.

Die Umstände, unter denen der Vater seinen Sohn tötet, sind folgende: Herzog Ubbi und sein Sohn Erling verfolgen Rögnvald, einen der Söhne Amunds, verlieren ihn aber aus den Augen. Rögnvald trifft Framar, den Neffen Ubbis, und gibt ihm sein Pferd und die Rüstung, besorgt sich selbst aber ein schlechtes Pferd und reitet weg. Framar reitet seinem Verwandten Erling, Ubbis Sohn, entgegen. Erling glaubt, daß da Rögnvald komme und tötet Framar. Dann nimmt er Rögnvalds Schild und dessen Pferd und reitet seinem Vater entgegen. Ubbi meint, Rögnvald komme, der Erling getötet habe:

Hann reiðir upp sverðið og vill eigi seinni verða, og höggur Ubbi Erlend til bana, svo að af tók höfuðið. Ubbi snýr þegar aftur og hrósar sigri sínum og þykir vel hafa farið.[63]

Wie schon gesagt, war Herzog Mágus zauberkundig. Er hatte Runen auf Rögnvalds Schild geritzt, so daß jeder, der ihn trug, Rögnvald selbst zu sein schien.[64]

Diese Passage der Mágus saga hat mit dem Hildebrandslied wenig gemein außer der Tatsache, daß hier der Vater seinen Sohn entgegen seinem Willen tötet. Man kann das wiederum als Bestrafung für die Arroganz und den Hochmut, ja Maßlosigkeit Ubbis ansehen. Ubbi wird nämlich als das genaue Gegenteil von Rögnvald beschrieben, welcher ein Mann der Mäßigung ist. Warnung vor der Hybris wäre somit die ethisch/moralische Komponente, die das Hildebrandslied mit der *Ásmundar saga* und *Mágus saga* verbindet. Auch eine gewisse Blindheit ist den Kämpen dieser *drei* Quellen zu eigen. Man kann sich fragen: Beruht ihre Blindheit nicht auf der Hybris, der Überheblichkeit?

Letztendlich darf noch an die Sohnestötung in der isländischen *Völsunga saga* erinnert werden, einer Vorzeitsaga, die auf Heldenliedern der Edda beruht und viel vom Nibelungenstoff enthält. Diese Saga hat auch Mythologisches, vor allem über Odin. Es wird u.a. von Sigmund und Sinfjötli, dem mit der Schwester gezeugten Sohn, berichtet. Vater und Sohn streunen in der Wildnis als Wehrwölfe herum und töten Leute, die in den Wald kommen. Sinfjötli protzt sich eines Tages, elf Männer auf einmal getötet zu haben, obwohl er viel jünger sei als der Vater. Sigmund fällt darauf seinen Sohn an und beißt ihn in die Kehle. Dann trägt er ihn auf dem

---

[63] *Riddarasögur.* Hg. Bjarni Vilhjálmsson. II. Reykjavík 1949, S. 337.
[64] Ibid., S. 341.

Rücken nach Hause. Sigmund bekommt von einem Raben eine Pflanze, welche er über Sinfjötlis Wunde legt, so daß dieser wieder lebendig wird. Später jedoch wird vom endgültigen Tod Sinfjötlis berichtet. Sinfjötli hat wegen einer Frau den Bruder seiner Stiefmutter erschlagen. Beim Leichenschmaus reicht ihm diese ein Horn mit vergiftetem Trank. Zweimal trinkt Sigmund, der vor Gift gefeit ist, das Horn für Sinfjötli aus, das dritte Mal aber läßt er seinen Sohn trinken:

> Þá var konungr drukkinn mjök, ok þvi sagði hann svá. Sinfjötli drekkr ok fellr þegar niðr.
> Sigmundr ríss upp ok gekk harmr sinn nær bana ok tók likit í fang sér ok ferr til skógar ok kom loks at einum firði. Þar sá hann mann á einum báti litlum. Sá maðr spyrr, ef hann vildi þiggja at honum far yfir fjörðinn. Hann játtar því. Skipit var svá litit, at þat bar þá eigi, ok var líkit fyrst flutt, en Sigmundr gekk með firðinum. Ok því næst hvarf Sigmundi skipit ok svá maðrinn.[65]

Hier tötet der Vater den Sohn für Maßlosigkeit gleich zweimal, das eine Mal für Ungehorsam und Hochmut, das andere Mal für Verwandtenmord, wobei aber auch er selbst nicht ganz frei von exzessivem Verhalten (Neid, Zorn,Trunkenheit) ist. Zweifellos ist mit dem Fährmann Odin gemeint, und dies wiederum mag auf eine mythische Wurzel der Heldendichtung hinweisen.

Selbstverständlich kann man Heldendichtung nicht nur spirituell, sondern auch im buchstäblichen Sinne verstehen. Es sei deshalb zum Schluß auf Hans Kuhn verwiesen, der in seiner Abhandlung „Heldensage vor und außerhalb der Dichtung" sagt:

> Lehren, die von vielen Wegen nur einen gelten lassen, sind selten im Recht.[66]

---

[65] Fornaldar sögur Norðurlanda I, S. 134.
[66] Kuhn, Hans: „Heldensage vor und außerhalb der Dichtung". Zur germanisch-deutschen Heldensage, S. 194.

Frühe Zeugen rahmenden Erzählens

MARINA MUNDT (BERGEN)

Bei allen Variationen des Typs Rahmenerzählung haben wir es mit der Umschließung einer oder mehrerer Erzählungen durch eine andere zu tun.[1] Wenn auch heute noch gelegentlich betont wird, daß die Personen des Rahmens dabei mehr als Erzähler/Vermittler auftreten und nicht so sehr als aktive Handlungsträger, so hat das natürlich nach wie vor für viele individuelle Rahmenerzählungen seine Richtigkeit, nur als genereller Zug und damit notwendiger Teil der Definition des Begriffs Rahmenerzählung kann diese Zusatzbedingung schon längst nicht mehr gelten und sollte deshalb wohl auch besser ganz aufgegeben werden. Der Gebrauch eines Rahmens ist ein struktureller Kunstgriff, der Rahmen selbst kann dabei sehr viel mehr, oder auch anderes, beinhalten als nur eine mehr oder weniger ausführliche Präsentation der erzählenden Person(en). Neueren Definitionen zufolge kann der rahmende Schluß gelegentlich auch fehlen (vgl. z. B. Harenbergs Lexikon der Weltliteratur Bd. IV); das dürfte jedoch allemal als Sonderfall oder sogar als Grenzfall rahmenden Erzählens anzusehen sein. Bei der im folgenden angestrebten Begriffsklärung für den Bereich der altnordischen Prosa sollen Beispiele dieser Art daher zwar nicht prinzipiell übergangen werden, nur sehe ich bei der Art des mir vorliegenden Materials keinen Grund, sie gesondert zu behandeln.

Bevor wir uns den für das Altnordische aktuellen Quellen zu dieser Frage zuwenden, sind ein paar an sich überholte, nichtsdestoweniger aber häufig unreflektiert wiederholte Auffassungen zu nennen. Sie gehören trotz allem mit zu den Voraussetzungen der folgenden Überlegungen und haben teilweise direkt den Anstoß dazu gegeben.

In aller älteren und fast aller neueren Literatur zum Begriff der Rahmenerzählung wird ausdrücklich darauf hingewiesen, daß diese im westlichen

---

[1] Vgl. z. B. Åsfrid Svensen, Tekstens mønstre, Oslo 1985, S. 259: episk verk der én fortelling er ramme omkring en eller flere andre, innfelte fortellinger.

Europa der Neuzeit weitverbreitete Technik aus dem Orient übernommen
sei. Wenn auch vereinzelt gesagt worden ist, daß man die verschieden
langen Traditionen schriftlicher Überlieferung stärker mit in Rechnung
stellen müsse, die erklären, weshalb die ältesten Belege alle aus dem Orient
stammen, so handelt es sich jedenfalls um einen längst erkannten und allgemein anerkannten Zusammenhang. Ich sehe denn auch keine Bedenken,
mich der Auffassung vom orientalischen Ursprung des rahmenden Erzählens anzuschließen, zumal es keinerlei neuen Funde oder Einsichten zu
geben scheint, die die Richtigkeit dieser Annahme in Frage stellen könnten.
Stärker revisionsbedürftig sind hingegen die (bis in die neueste Zeit) zahlreichen Aussagen darüber, wann die Technik des rahmenden Erzählens
nach Europa gekommen sein soll. Lange Zeit dominierend scheint dabei die
Auffassung gewesen zu sein, daß es erst seit dem *Decamerone* (1353) des
Boccaccio Rahmenerzählungen in Europa gegeben habe, weshalb denn die
Übernahme dieser morgenländischen Form (wenn auch da hauptsächlich in
Gedanken an die Rahmen mit fiktiver ‚geselliger Unterhaltung') gelegentlich direkt als „echtester Ausdruck des vollkommen neuen Lebensgefühls
der Renaissance"[2] überinterpretiert werden konnte. Solange man an der
falschen Vorstellung von einer so späten Übernahme der Rahmenerzählung
festhielt, konnten jedenfalls auch andere Werke wie z.B. Chaucers *Canter-
bury Tales* vom Ende des 14. Jahrhunderts und die altschwedischen Versionen der ‚sieben Weisen' *Sju vise mästare* (kurz vor und kurz nach 1400)
einen Ruf als frühe Beispiele europäischer Rahmenerzählungen genießen.
In Gero von Wilperts *Sachwörterbuch der Literatur* (7. Aufl., Stuttgart
1989) ist dieses Stadium zwar überwunden, denn da werden immerhin
schon Werke des 12. Jahrhunderts (Disciplina clericalis) und des 13. Jahrhunderts (Conde Lucanor) als erste europäische Ausformungen bezeichnet,
aber von altnordischer Literatur ist hier noch immer mit keiner Silbe die
Rede. Die eindeutige Bezeichnung und Besprechung eines wichtigen ge-
nuin altnordischen und verhältnismäßig sicher datierbaren Textes als Rahmenerzählung kommt indessen schon in einem 1937 gedruckten Aufsatz
von A. H. Krappe vor: Es handelt sich um ‚Gylfaginning', den ersten Teil
der *Edda* von Snorri Sturluson,[3] ein Werk des frühen 13. Jahrhunderts. Es
hat daher als eine der bedeutenden Verbesserungen des betreffenden Arti-
kels zu gelten, daß in der neubearbeiteten Fassung vom *Reallexikon der
deutschen Literaturgeschichte* 1977 in Band 3 des Werkes unter dem
Stichwort ‚Rahmenerzählung' ein eigener kleiner Abschnitt altnordischen
Texten dieser Art gewidmet ist. Da ist nun nicht nur von Snorris gerahmter

---

2   Erna Merker, Rahmenerzählung. Reallexikon der deutschen Literaturgeschichte III,
     Berlin 1928/29, S. 2.
3   Alexander Haggerty Krappe, Die Blendwerke der Æsir. Zeitschrift für deutsche
     Philologie 62 (1937), S. 113 ff.

Darstellung der nordgermanischen Mythologie die Rede, sondern auch von vier Götterliedern der (älteren) *Edda,* von den *Heiðreks gátur,* und von der *Morkinskinna,* einer vielzitierten ('halbverrotteten') Pergamenthandschrift von ca. 1275. Dieses Manuskript hat seit jeher das Interesse aller Fachleute auf dem Gebiet nordischer Königssagas wie auch realer frühmittelalterlicher Geschichte auf sich gezogen. Einmal enthält die *Morkinskinna* (die ihr vorangegangene Originalfassung vom Anfang des 13. Jahrhunderts ist verloren) eine lebendige Darstellung der Geschichte norwegischer Könige aus der Zeit nach Olaf dem Heiligen – weshalb sie denn auch als wichtigste Quelle Snorris für den 3. Teil seiner *Heimskringla* gilt – beginnend mit Magnus dem Guten und dann in durchaus sagamäßiger Abfolge weiter bis zum Ende von Eystein Haraldsson im Jahre 1157.[4] Zum anderen zeichnet sich die *Morkinskinna* dadurch aus, das sie eine beträchtliche Anzahl attraktiver *þættir* enthält, d. h. von eingeschobenen, kurzen und mehr oder weniger in sich abgeschlossenen Erzählungen, hauptsächlich über isländische Skalden und Abenteurer, die sich irgendwann bei dem jeweiligen norwegischen König aufgehalten haben. Wir werden gleich noch auf den Text zurückkommen.

Als Grundformen altnordischen Erzählens werden heutzutage gewöhnlich zwei benannt, die Sagas und die *þættir.* Saga bezeichnet, so Rudolf Simek 1995 – „schon seit dem 12. Jh. eine längere schriftl. Erzählung", wobei es sich um schöngeistige, historische oder auch hagiographische Originaltexte oder Übersetzungen handeln kann; „kürzere Texte werden dagegen als *þættir* bezeichnet ... Über Wurzeln, Entstehung und Gebrauch der S.s herrscht weiterhin keine völlige Einigkeit, wenngleich die Ursprünge aus mündl. Erzählkernen ... einerseits und der Übernahme von Großformen in Prosa aus der lat. Hagiographie andererseits heute weitgehend unbestritten sind ... Auch über die Arten der Rezeption, näml. den mündl. Vortrag ... von S.s durch Erzähler in der vorlit. Zeit einerseits und den Brauch des Vorlesens von S.s aus Hss. ab dem 12. Jh. andererseits, gibt es heute kaum mehr größere Meinungsverschiedenheiten."[5]

Das Wort *þáttr* ist hier dem modernen Sprachgebrauch entsprechend als kürzere und normalerweise freistehende Erzählung verstanden. Wie John Lindow in einer minutiösen Studie zur Entwicklung dieses Begriffs ausgeführt hat,[6] ist ein solcher Gebrauch des Wortes jedoch erst seit dem 15. Jahrhundert nachzuweisen, so daß wir hier für die frühen Jahrhunderte in

---

4   Am Ende der Handschrift fehlen offensichtlich ein paar Blätter; auf diesen war nach allgemeiner Auffassung die Handlung weitergeführt bis 1177.

5   Lexikon des Mittelalters Bd. VII, München 1995, Sp. 1251-54.

6   John Lindow, Old Icelandic þáttr. Early Usage and Semantic History. Scripta Islandica 29 (1978), S. 3-44.

einem Punkt präzisieren müssen, dahingehend, daß *þættir* zwar auch schon seit dem 12. Jahrhundert kürzere Texte bezeichneten, aber zunächst nur solche, die in andere Texte eingebettet waren.

Einen grundlegenden Unterschied im Aufbau von Sagas und þættir versuchte Bjarni Guðnason zu definieren, als er für die letzteren nicht nur den einfachen, meist einsträngigen Handlungsverlauf hervorhob, sondern damit gleich noch eine andere wichtige Beobachtung verband: Genealogien – so sagte er – und die Topographie, die in den Islendingasagas oft retardierende Momente darstellen, sind ausgelassen.[7] Eher das Gegenteil wurde bekanntlich vor ein paar Jahren für etliche *þættir* der *Flateyjarbók* beschrieben. Stefanie Würth zufolge läßt sich nämlich bei einem Vergleich dieser Kompilation von Ende des 14. Jahrhunderts mit entsprechenden Handschriften der Olafs sagas erkennen, daß Jón Þórðarson den Anfang einiger *þættir* änderte, um dadurch eine Unterbrechung in der linearen Erzählung der Saga zu schaffen. Unter den fünf Varianten, wie diese Zäsur im Haupterzählstrang erzielt wurde, nannte sie gleich als erste: „Ein sehr großer Teil der *þættir* beginnt mit einer mehr oder minder ausführlichen genealogischen Einführung der Hauptperson. Besonders häufig wird in denjenigen *þættir*, deren Hauptperson ein Isländer ist, die Geschichte der Familie ab dem ersten *landnámamaðr* unter den Vorfahren referiert, wodurch die im *þáttr* geschilderten Ereignisse fiktiv sind."[8] Soweit wir es dabei um Zusätze des Kompilators oder seiner unmittelbaren Vorlage zu tun haben, handelt es sich bei diesen genealogischen Angaben um einen für die gegenwärtige Untersuchung wegweisenden Befund. Im Lichte von Bjarni Guðnasons oben angeführter, nicht eben grundloser Generalisierung kommen wir nämlich nicht umhin festzustellen: Die eingefügten kleinen Erzählungen, durch Zusatz oder Aufschwellung ihres ersten Abschnitts als *þættir* eines ihrer gattungsspezifischen Merkmale beraubt, zeugen davon, daß der Redakteur nicht ganz verstanden hatte, was ein *þáttr* ursprünglich einmal war. Man kann daher Stefanie Würth nur zustimmen, wenn sie sagt, daß der Terminus in der *Flateyjarbók* offenbar nicht als Bezeichnung einer Textgattung verstanden sei, sondern lediglich auf die Funktion bestimmter Erzählabschnitte im Kontext eines größeren Gesamtwerkes hinwies. Bezeichnenderweise haben wir es dabei mit einem Werk vom Ende des 14. Jahrhunderts zu tun. Das ist Spätzeit, während wir hier natürlich hauptsächlich an Formen und Inhalten solcher *þættir* interessiert sind, die bei

---

[7]   Bjarni Guðnason, Þættir. Kulturhistorisk Leksikon for nordisk middelalder XX, Oslo 1976, Sp. 408.

[8]   Stefanie Würth, *Elemente des Erzählens. Die þættir der Flateyjarbók*. Basel und Frankfurt 1991 (= Beiträge zur nordischen Philologie 20), S. 43.

anerkannt hohem Alter zumindest potentiell noch deutlich von ihrer ursprünglichen Funktion zeugen können.

Vésteinn Ólason hat unseren ‚Text-Teilen' besonderer Art im Jahre
1985 einen eigenen Artikel mit dem Titel „Íslendingaþættir" gewidmet,
wobei es sich jedoch hauptsächlich um eine Studie literatursoziologischer
Art handelt. Auch er spricht jedenfalls einleitend von kurzen Erzählungen,
die meist in großen Königssaga-Handschriften überliefert sind, präzisiert
aber gleich darauf, daß diese oft von beachtlicher Selbständigkeit waren,
und daß es leicht sei sie aus einer Schrift herauszunehmen und an anderer
Stelle einzufügen, ohne daß das Gesamtwerk Schaden nehme, und sie seien
denn auch zuweilen ganz selbständig überliefert.[9] Die freistehenden und
meist ausführlicheren Versionen der *þættir* sind jedoch – gleichgültig wie
alt die Texte ursprünglich sind – fast ausnahmslos nur in späten Handschriften erhalten, d. h. in der Regel Handschriften des 15. Jahrhunderts.
Ein gutes, nur in Papierhandschriften aus dem 17. Jahrhundert überliefertes
Beispiel dieser Art ist der vermutlich alte *Þorsteins þáttr sögufróða*, die
gleiche Geschichte, die in einer kürzeren Fassung als *Íslendings þáttr sögufróða* in den Königssagas der *Morkinskinna* (13. Jahrhundert) und *Hulda*
(14. Jahrhundert) vorkommt.

John Lindows bisher letztem resümierenden Artikel zufolge ist ein *þáttr*
prinzipiell ein verhältnismäßig kurzes Stück erzählender Prosa (shorter than
other kinds of texts), und ist in der älteren Zeit gewöhnlich im Sinne von
‚Teil eines Ganzen' oder ‚Teil eines Textes' zu verstehen; später dann (d. h.
im hohen und späten Mittelalter) konnte der Begriff zunehmend auch zur
Bezeichnung mehr oder weniger unabhängiger Teile großer Kompilationen
gebraucht werden. Außerdem, so konstatiert Lindow ganz richtig, obwohl
es für die *Flateyjarbók* nur bedingt zutrifft, gibt es eine Reihe von Texten,
die – in der überlieferten Form als *þáttr* bezeichnet – bei näherem Hin-
schauen nichts anderes sind als Kurzversionen von Texten anderer Gattungen.[10]

Alle sagen, die *þættir* seien kurze Erzählungen, gehen aber in der Regel
kaum oder gar nicht darauf ein, wie kurz oder lang ein *þáttr* nun tatsächlich
sein kann. Einen Versuch, mit Hilfe konkreter Angaben eine Vorstellung
vom Umfang der *þættir* zu geben, unternahm jedoch Wolfgang Lange
schon Mitte der fünfziger Jahre. Da die Anzahl Seiten in gedruckten Ausgaben immer nur eben einen Anhaltspunkt für die Länge eines Textes ge-

---

9   Tímarit Máls og Menningar 46,1 (1985), S. 60.
10   John Lindow, Þáttr, *Medieval Scandinavia. An Encyclopedia*, hrsg. von Phillip
     Pulsiano und Kirsten Wolf, New York und London 1993, S. 661-62. Siehe speziell
     auch die dem Artikel beigegebene (Selected) Bibliography, die die der anderen Ver-
     fasser zwar nicht überflüssig macht, sie aber insofern ergänzt als hier etliche (noch)
     nicht publizierte Arbeiten mit aufgenommen sind, die auch mir leider nicht alle zu-
     gänglich waren.

ben kann, und die exakte Erfassung von Textlängen durch Computer noch
wenig verbreitet war, stellte nach Lage der Dinge Langes Antwort die
bestmögliche dar, da er für die einzelnen Stücke kurzerhand die Zeit teils
erprobte und teils (für andere) errechnete, die man zu ihrem Vortrag benö-
tigte. Für etwa 2/3 der von ihm berücksichtigten *þættir* brauchte man weniger als 20 Minuten sie in gemäßigtem Tempo vorzulesen. Nur 5 von 42
Beispielen erforderten mehr als 40 Minuten – „Das sind also Stücke, die
auf einen Sitz vorgetragen werden konnten", konkludierte Lange.[11] Im
übrigen meinte er offensichtlich, als Äquivalent für *þáttr* die deutsche
Bezeichnung ‚altnordische Novelle' verwenden zu können, ohne die
Struktur der Rahmenerzählung dabei direkt oder indirekt anzusprechen,
und hat in dieser Hinsicht denn auch bis zum Ende der 80er Jahre bei Her-
ausgebern und Übersetzern Nachfolge gefunden. Um wenigstens ein Beispiel dieser Art zu nennen: Die gleiche Auffassung macht sich geltend auch
in dem kleinen und im Grunde ausgesprochen instruktiven Kapitel ‚Totter-
nes litteraturhistorie', Teil einer ausführlichen Einleitung, die Margit Lave
Rønsholt ihrer 1986 in Kopenhagen gedruckten Anthologie TYVE TOT-
TER voranstellte. Hier steht unter anderem ganz richtig, daß *þættir* in der
ältesten Überlieferung nur als Teile größerer Sagas (sagaheҗheder) erscheinen; diese Teile ihrer konkreten strukturellen Funktion entsprechend zu
bezeichnen, wird jedoch auch in diesem Fall nicht versucht.

Während *Morkinskinna* und die Olafs sagas der *Flateyjarbók* schon
mehrfach unter Gesichtswinkeln behandelt worden sind, die ihre Struktur
als großangelegte Rahmenerzählungen sichtbar machen, wobei die zahlreichen eingeschobenen *þættir* deshalb denn auch als Binnenerzählungen
erkennbar werden, gleichgültig ob gerade dieser Ausdruck dabei als terminus technicus verwendet wurde oder nicht, steht dieses noch aus für einen
anderen großen Text, der zeitlich zwischen diesen beiden Bündeln norwegischer Königsbiographien liegt, nämlich die *Þiðreks saga*. Das dürfte
nicht zuletzt daran liegen, daß bei allen bisherigen Arbeiten zu den *þættir*
immer nur die sogenannten *Íslendinga þættir* behandelt wurden. Texte,
deren Helden aus anderen Personenkreisen stammen, fanden hingegen nur
in Zusammenhang mit den großen Sagas Beachtung, in denen sie überliefert sind, und da vor allem unter motivgeschichtlichen Aspekten.[12] Nach
allem, was bisher über die *Þiðreks saga* gesagt ist, nicht zuletzt aber wegen
ihres allgemein als sicher bezeichneten Einflusses auf die *Völsunga saga,*
können wir damit rechnen, daß sie irgendwann zwischen 1235 und 1260
entstanden ist, und da eher am Anfang als gegen Ende dieser Periode. Die
altnordische Geschichte Dietrichs von Bern gibt bekanntlich als Haupt-
handlung eine Biographie des Helden wie man sie aus keiner anderen

---

[11]   Wolfgang Lange, Bemerkungen zur altnordischen Novelle, ZfdA 88 (1957), S. 154.
[12]   Stefanie Würth, op. cit., S. 20-21.

Quelle kennt, daß nämlich die Spanne seines Lebens zu einem Rahmen wird, beginnend mit seiner Geburt und endend mit seinem mysteriösen Verschwinden: Als alter Mann, ohne großes Gefolge und deutlich reduziert, will er einem ungewöhnlich großen und schönen Hirsch nachsetzen, und muß, wie ihm scheint, zu lange auf sein eigenes Pferd und die Hunde warten. Da wird er von einem dämonischen schwarzen Pferd unserem Blickfeld entführt: *ser hann hvar stendr einn hestr allmikill með soðli. sa er svartr sem rafn. hann hleypr til hestzins ok hleypr a bak. Ok i þessu bili sla sveinarnir lausum hundunum. en hundarnir vilia eigi hlaupa eptir þessum hesti ... berr i sundr með hestunum. sua at sveinninn sa eigi Þiðrek konung. ok alldri hefir siðan til spurz.*[13] Eingeschlossen in die Biographie dieses Þiðrekr finden wir in Erzählstücken unterschiedlicher Länge die Geschichten oder Episoden aus dem Leben vieler wohlbekannter Gestalten der germanischen Heldensage, denen er begegnet, sei es als Gefolgsmann, als Gefolgsherr, als Feind oder Freund.[14]

Sobald man aufgrund dieser Befunde *þáttr* versuchsweise nicht mit dem farblosen ,Teil eines größeren Ganzen', sondern mit dem präzisen Terminus ,Binnenerzählung' gleichsetzt, erhellt sofort, weshalb es ursprünglich, d. h. in der ältesten Periode isländischer literarischer Tradition, durchaus richtig und sinnvoll war, denselben Text gelegentlich als *saga* zu bezeichnen und gelegentlich als *þáttr*: Letzteres war die korrekte Bezeichnung einer kleinen Erzählung, die in Gänze oder leicht gekürzt in eine Saga eingeschoben wurde. Es gibt bekanntlich als Teile der *Heimskringla* eine *Hálfdanar saga svarta* und eine *Haralds saga hárfagra,* daneben aber einen verhältnismäßig kurzen Abschnitt der *Flateyjarbók* mit dem Titel ,Hálfdanar þáttr svarta ok Haralds hárfagra'. Die **Njarðvíkinga saga*, als solche verloren, aber erwähnt in der *Laxdœla saga*, war nach allgemeiner Auffassung weitgehend der gleiche Text, der an anderer Stelle erscheint mit dem Titel *Gunnars þáttr Þiðrandabana*. Weiter hat man in Handschriften des 15. Jahrhunderts Belege für eine selbständige und relativ ausführliche *Stúfs saga* und andererseits in mehreren Königssagahandschriften, angefangen mit der *Morkinskinna*, einen *Stúfs þáttr*, der, meist dem Anfang des 13. Jahrhunderts zugeschrieben, dennoch letzten Endes als sekundär im Verhältnis zu der längeren Version der Saga beurteilt wird.[15] Schließlich haben wir einen Text, der in neuerer Zeit immer wieder *þáttr* genannt wor-

---

[13] *Saga Didriks konungs af Bern* udg. af C. R. Unger, Christiania 1853, S. 372-73.

[14] Vgl. hier die klare Unterscheidung zwischen ,Haupterzählung' und eingeschobenen Teilen, bei denen Þiðrekr streckenweise ganz vom Schauplatz verschwindet, die die kurze Inhaltsangabe von Eyvind Fjeld Halvorsen in *Kulturhistorisk Leksikon for nordisk middelalder* Bd. III (1958), Sp. 73-74 prägt.

[15] Vgl. im übrigen die bei Bjarni Guðnason, op. cit., Sp. 406-407 angeführten Beispiele.

den ist, obwohl er in der Handschrift, wo er steht – *Mǫðruvallabók* aus der
ersten Hälfte des 14. Jahrhunderts – eindeutig als *saga* bezeichnet ist:
Ölkofra saga.[16] Und hier – so werden wir sagen dürfen – wußte der Schreiber, was er tat: Der Text war zwar nicht besonders lang, aber eine Binnenerzählung war es jedenfalls nicht, womit er zu tun hatte, sondern eine
unabhängige Geschichte, die zudem in ihrem Aufbau weitgehend einer
normalen Saga entsprach.

Ist dieser Zusammenhang erst einmal erkannt, daß nämlich der Name
þáttr in der ältesten Zeit weniger mit seiner Länge zu tun hatte als damit,
daß er eingebettet/eingeschoben war in eine größere Saga, kommen wir
nicht umhin, alle *þættir*, denen – aus welchen Gründen auch immer – hohes
Alter zuerkannt wird, als frühe Zeugen rahmenden Erzählens zu werten.
Sieht man sich um nach einer Begründung, weshalb im altnordischen Raum
rahmendes Erzählen schon früh als Spezialform erkannt und gepflegt wurde, allen zugänglichen Nachschlagewerken zufolge jedenfalls wesentlich
früher als irgendwo sonst im westlichen Europa, liegt es nahe, zunächst
einen Spezialisten auf dem Gebiet der kleinen Erzählungen zu zitieren, der
im Grunde schon 1935 den richtigen Weg wies. Walther Heinrich Vogt, der
in seiner Einleitung zu einem kleinen Band ausgewählter Texte aus *Landnámabók* und *Morkinskinna* offen zugab, sich leider noch auf keine umfas-
sende Untersuchung über die *þættir* stützen zu können, argumentierte
nichtsdestoweniger dafür, und mit Gründen die auch heute nicht einfach
von der Hand zu weisen sind, daß als Entstehungszeit der ältesten *þættir*
der *Morkinskinna* am ehesten die Mitte des 11. Jahrhunderts in Frage
kommt.[17] Vogt dachte dabei – wie es scheint – nicht an die spezielle kul-
turgeschichtliche Rolle der Waräger, nennt aber genau den Zeitraum, in
dem mehr als je zuvor oder je danach die Möglichkeit bestand, daß Anfänge altnordischer Kunstprosa starke und direkte Impulse empfangen konnten
von der blühenden Erzähltradition der Perser, hauptsächlich durch den erst
in neuerer Zeit erforschten Anschluß der Skandinavier an die Seidenstra-
ße.[18] In Persien hatte man schon lange vor dem Jahr 1000 die (ursprünglich
indische) Form der Rahmenerzählung kultiviert. Arthur Christensen, der
1899 als junger Mann eine Auswahl persischer Erzählungen und Fabeln
(alle sind Binnenerzählungen!) herausgab und in der Einleitung auch schon

---

[16]   Der handschriftlich bezeugten Bezeichnung *saga* ist meines Wissens in neuerer Zeit
       nur Rechnung getragen in *Íslendinga sögur og þættir*, hrsg. von Bragi Halldórsson,
       Jón Torfason, Sverrir Tómasson und Örnulfur Thorsson, Reykjavík 1986.

[17]   *Kleine Erzählungen aus Landnámabók und Morkinskinna*, hrsg. von W. H. Vogt,
       Halle 1935 (= Altnordische Übungstexte VI), S. 2.

[18]   Für Lit. zu dieser Frage bis einschließlich Frühjahr 1993 s. Marina Mundt, Souvenirs
       from the Silk Road – as reflected in Icelandic Sagas from the Early Middle Ages.
       SAGNAÞING. Festschrift Jónas Kristjánsson, Reykjavík 1994, Bd. 2, S. 603 ff.

detaillierte Angaben zu einigen dieser Stücke machte,[19] die später ohne Rahmen als selbständige Erzählungen weitergelebt haben, sollte sich im weiteren Verlauf seines Lebens noch mehrfach mit dieser Gattung beschäftigen. Wie beliebt und wie alt der Gebrauch von Rahmenerzählungen bei den Persern war, ist deshalb bei Christensen wiederholt zur Sprache gekommen. Ich zitiere im folgenden, was er nach über 30 Jahren in Forschung und Lehre zu diesem Thema gesagt hat; die Sätze stehen in einer Abhandlung mit dem Titel *Heltedigtning og fortællingslitteratur hos Iranerne i Oldtiden*:

Vi har direkte Vidnesbyrd om, at der paa Sasanidetiden har eksisteret flere Underholdningsbøger paa Pehlevi af den samme, i indisk Litteratur yndede Kompositionsform som Pancatantra, nemlig med en Rammefortælling, hvori andre Fortællinger er indskudt. I alle disse Bøger var de indlagte Fortællinger, Fabler og Æventyr i hvert Fald overvejende af indisk Oprindelse, medens Rammefortællingerne i mange Tilfælde synes at have været skabt selvstændig af de persiske Bearbejdere, med eller uden Benyttelse af indiske Motiver.[20]

Als Vésteinn Ólason 1985 feststellte, daß den *þættir* erst in neuester Zeit einige Aufmerksamkeit auch in der Forschung zuteil geworden ist, mahnte er mit folgenden Worten zur Vorsicht bei aller künftigen Beschäftigung mit dieser Form: „Þeir verða ekki skildir eða skýrðir nema með hliðsjón af öðrum fornum bókmenntum og fornri menningu og þjóðlífi yfirleitt" (op. cit., S. 60). Das ist zweifellos richtig, und erinnert, was die Volkstümlichkeit der *þættir* angeht, an eine Aussage John Lindows über den *Hreiðars þáttr* und eine Handvoll andere verhältnismäßig alte Texte der gleichen Art:

the tone of þættir accords far more closely with folktales than with, say, fabliaux or related genres which might conceivably have given impulse to þættir.[21]

Die Beobachtung ist wertvoll, da sie zeigt, woher die Anregung jedenfalls nicht gekommen ist. Wenn ich für den früh entwickelten Brauch rahmenden Erzählens im Norden mit Impulsen rechne, die von nahöstlichen, vornehmlich persischen Vorbildern ausgegangen sind, und die praktischen Voraussetzungen für eine Beeinflussung dieser Art werden heute kaum noch von jemanden in Frage gestellt, so ist es hauptsächlich aufgrund von drei weiter oben angesprochenen Tatsachen:

---

[19] *Fortællinger og Fabler af Persiske Rammeværker*, Kjøbenhavn 1899 (= Studier fra Sprog- og Oldtidsforskning Nr. 40), s. besonders S. 4 und S. 10.

[20] Arthur Christensen, *Heltedigtning og fortællingslitteratur hos Iranerne i Oldtiden*, København 1935 (= Festskrift udg. af Københavns Universitet i anledning af Hans Majestæt Kongens Fødselsdag 26. September 1935), S. 52-53.

[21] Vgl. *Hreiðars þáttr heimska* and AT 326. ARV 34 (1978), S. 178. Als weitere relativ alte *þættir*, bei denen ein Zusammenhang mit internationalen *folktales* vorzuliegen scheint, nennt Lindow bei dieser Gelegenheit u. a. *Auðunar þáttr*, *Hróa þáttr* und den *Þorsteins þáttr austfirzka*.

1) *þáttr* wird seit dem 12. Jahrhundert zur Bezeichnung einer kurzen Geschichte benutzt.

2) Der Begriff *þáttr* wird in der ältesten Etappe nordischer Überlieferung nur gebraucht, wenn es sich um eine Binnenerzählung handelt. Alle þættir des 12. und frühen 13. Jahrhunderts sind daher prinzipiell als frühe Zeugen rahmenden Erzählens zu werten.

3) Die Technik der Rahmenerzählung ist aus dem Orient übernommen; sie ist nirgends in Europa früher nachgewiesen als im Bereich der altnordischen Sprachen.

Nichts spricht daher dagegen, wohl aber einiges dafür, daß es auf Island auch in der vorliterarischen Zeit schon Rahmenerzählungen gegeben hat. Die mehr bodenständigen Seiten alten Volkslebens, die Vésteinn Ólason 1985 in seinem Artikel zur besseren Definition des Phänomens *þáttr* herangezogen hat, werden daher denn auch in ihrer Bedeutung nicht reduziert, sondern eher komplettiert und teilweise vertieft durch den Schluß, den ich bei einer Gesamtschau der für diese Zeilen neu durchgesehenen Quellen meine ziehen zu müssen, daß nämlich der literarische Begriff *þáttr* ursprünglich genau das bezeichnete, was man im Deutschen eine Binnenerzählung nennt.

Die Technik rahmenden Erzählens ist von den Warägern nach Skandinavien und weiter nach Island gebracht worden. Diese Annahme wird gestützt durch den Umstand, daß gerade bei den Fornaldarsögur (= Vorzeitsagas), und zwar unter den älteren, zwei vollentwickelte Rahmenerzählungen vorkommen, die *Qrvar-Odds saga* und die *Egils saga einhenda*.[22] Beide sind inhaltlich, was sich aufgrund von Beiträgen der letzten 60-70 Jahre immer mehr herauskristallisiert hat, streckenweise von Erzählungen der Waräger durchsetzt und dürften daher in ihrer ursprünglichen Form, und damit in ihrer grundlegenden Struktur, etliche Jahrzehnte älter sein als Snorris *Gylfaginning*.

In seiner Gesamtkonzeption wesentlich jünger und auf die Zeit um 1300 oder kurz nach 1300 datiert, finden wir einen Text, der meist als kurze *fornaldarsaga* behandelt wird und ebenfalls eine Rahmenerzählung ist. Der Titel lautet *Nornagests þáttr*.[23] Hier ist also das Ganze, d. h. der Rahmen und die eingefügten Binnenerzählungen, als *þáttr* deklariert, und die Bezeichnung ist richtig insofern, als dieser Text in der Fassung von ca. 1300 nicht als selbständige Erzählung überliefert ist, sondern – ohne weitzurück-

---

[22] Weshalb in diesem Fall der Rahmen wahrscheinlich als der älteste Teil des Ganzen anzusehen ist, habe ich an anderer Stelle begründet, vgl. Sur l'histoire cadre de la Saga d'Egill le manchot. LE TEXTE ET L'IDEE 1993/No. 8, S. 189-202.

[23] Als aktuelle Aufarbeitung aller mit dem *Nornagests þáttr* zusammenhängenden Fragen bietet sich die sorgfältig kommentierte Ausgabe von Adele Cipolla an: *Il racconto di Nornagestr. Edizione critica, traduzione e commento*. Verona 1996.

greifende Genealogie und ohne Abschluß und Ausblick nach Gests Tod – als attraktive Episode eingefügt ist in die Bekehrungsgeschichte von Olaf Tryggvason: Ein alter Mann, der sich Gestr nennt, bittet um Obdach am Hof des norwegischen Königs. Olaf Tryggvason, der ihn für einen eher ungewöhnlichen Gast hält, fordert ihn auf, Geschichten aus seinem Leben zu erzählen. So erfahren wir, daß drei Nornen bei seiner Geburt entscheidende Worte sprachen über seine Zukunft. Eine von ihnen bestimmte, daß er nur so lange zu leben habe, bis die Kerze an seiner Wiege heruntergebrannt sei. Die Kerze wurde damals vorsichtshalber schnell gelöscht und er hat sie jetzt noch bei sich, d. h. nach rund 300 Jahren. Verwoben in Episoden seiner Lebensgeschichte finden wir – im Prinzip ähnlich, nur sehr viel kürzer als in der *Þiðreks saga* – Berichte über Helden der nordischen Vorzeit, die er selber getroffen hat, wie z. B. Starkad, Sigurd den Drachentöter und die Söhne von Ragnar Lodbrok. Der Rahmen wird geschlossen, indem Gestr sich taufen läßt, und die Kerze wieder angezündet wird. Als sie heruntergebrannt ist, erlischt sein Leben gleichzeitig mit ihr.

Da im *Nornagests þáttr* – ähnlich wie beim *Sörla þáttr* – einige sonst nicht überlieferte, aber nachweislich alte Erzählstränge eingeflochten[24] sind, liegt die Vermutung nahe, daß es irgendwann auch eine unabhängige **Nornagests saga* gegeben hat. Wie die ausgesehen hat, ist indessen nicht leicht zu sagen. Zwar gibt es eine Überlieferung der Geschichte von Nornagest, wo sie nicht als Binnenerzählung erscheint, sondern als freistehender Text zwischen *Bandamanna saga* und *Orms þáttr Stórólfssonar;* das ist in GKS 2845, 4to, einer Pergamenthandschrift aus dem 15. Jahrhundert.[25] Der in dieser Handschrift belegte Titel ‚Nornagests saga' wurde jedoch leider erst sehr viel später von einem Sachkundigen hinzugefügt.

---

[24] Siehe Marina Mundt, *Zur Adaption orientalischer Bilder in den Fornaldarsögur Nordrlanda*, Frankfurt/M. 1993, S. 10 und 171-73.

[25] Vgl. *Katalog over de Oldnordisk-Islandske Håndskrifter i Det store kongelige Bibliotek og i Universitetsbiblioteket*, København 1900, S. 49-50; Cipolla, op. cit., S. 263-64.

Es sol geoffenbaret sein / Ich bin genant wieland.
Friedrich von Schwaben, Wielandsage und Vǫlundarkviða

ROBERT NEDOMA (WIEN)

I.

In der Wielandsage sind zwei charakteristische *plots* der germanischen Heroik miteinander verschränkt: zum einen wird von der Begegnung mit einem Wesen der ‚anderen Welt' erzählt, zum anderen geht es um (die Reziprozität von) Rechtsverletzung und Rechtswiederherstellung.[1]

Wieland, ein kunstfertiger Schmied und (so die eddische *Vǫlundarkviða*) ein Albe, der in den ‚Wolfstälern' lebt, besitzt große Schätze. Er wird von König Nidhad beraubt, gefangengesetzt und gezwungen, für ihn zu arbeiten; um den Schmied am Entkommen zu hindern, werden ihm die Beinsehnen durchtrennt. Der verkrüppelte Wieland nimmt grausame Rache: zuerst enthauptet er die beiden Königssöhne, dann schwängert er die Königstochter, zuletzt fliegt er – in Vogelgestalt bzw. mit einem Flugapparat – davon. Das Recht ist insofern wiederhergestellt, als der Bastard die Schätze Wielands erben wird: Nidhad hat keine direkten männlichen Nachkommen mehr.

Die an sich unheroische Geschichte ist in zweierlei Hinsicht auffällig: zum einen tritt nicht (wie üblich) der bedrohte menschliche Krieger als Protagonist auf, sondern der bedrohliche unmenschliche Gegner, und zum anderen findet die Konfrontation nicht (wie üblich) in der Außenwelt statt, sondern

---

[1]   Zu den Handlungsschemata germanischer Heldensagen zuletzt vor allem Walter Haug, Die Grausamkeit der Heldensage. Neue gattungstheoretische Überlegungen zur heroischen Dichtung. In: Studien zum Altgermanischen. Fs. Heinrich Beck, ed. Heiko Uecker (= Reallexikon der Germanischen Altertumskunde, Ergänzungsbd. 11; Berlin – New York 1994), 303-326 (zur Wielandsage: 323 ff.); Wolfgang Haubrichs, Von den Anfängen zum hohen Mittelalter. Die Anfänge: Versuche volkssprachlicher Schriftlichkeit im frühen Mittelalter (ca. 700-1050/60) (= Geschichte der deutschen Literatur von den Anfängen bis zum Beginn der Neuzeit I,1; Frankfurt/Main [2]1995), 81 ff. (zur Wielandsage: 101 ff.).

im eigenen Bereich, in den der außerweltliche Kontrahent hereingeholt wird.[2] So betrachtet, bietet die Wielandsage eine Art inverse Variante der 'Urfabel' vom Kampf gegen das Ungeheuer.

Im Gegensatz zu den meisten anderen Heldensagen ist die Wielandsage nicht im germanischen *heroic age*, der sog. Völkerwanderungszeit, verhaftet – allem Anschein nach hat es entweder tatsächlich keine historische 'Matrix' gegeben oder diese wurde bereits früh verdeckt. Nicht zuletzt durch die (zumindest tendenziell) fehlende Faktizität scheint die Wielandsage seit alters her recht offen für die Aufnahme von Motiven verschiedener Art und Herkunft gewesen zu sein. Das Streben nach einer dem jeweiligen Überlieferungskontext adäquaten narrativen Form führt im Falle des Velentabschnitts der als Helden(sagen)enzyklopädie angelegten *Þiðreks saga af Bern* zur Verarbeitung einer wahren Fülle von erzählerischem 'Lehngut' und, damit zusammenhängend, auch zu einer strukturellen Überformung der Prosageschichte:[3] es ist eine Art *summula artificii* im kleinen entstanden.

In geringerem Ausmaß läßt aber auch bereits das altertümlichste literarische Denkmal der Wielandsage, die eddische *Vǫlundarkviða*, 'Variation durch Attraktion' erkennen. In diesem wohl erst sekundär heroisierten[4] Heldenlied ist der Kern – in Heuslers Worten: das Urgranit – der Sage verknüpft mit einer märchenhaften Fabel:

> Die drei Brüder Slagfiðr, Egill und Vǫlundr begegnen am Strand des 'Wolfssees' drei Walküren, denen sie – ohne daß dies *expressis verbis* gesagt wird – die abgelegten Schwanenhemden (*álptarhamir* Einleitungsprosa Z. 7 f.)[5] rauben. Die drei Paare leben einige Zeit zusammen, doch die Walküren entfliegen im neunten Jahr. Slagfiðr und Egill machen sich auf die Suche nach ihren Frauen, Vǫlundr aber bleibt in den 'Wolfstälern' zurück (Einleitungsprosa und Str. 1-5).

Schwanenfrauenfabel und Rachesage sind nicht nur durch wörtliche Gleichläufe, sondern auch durch motivische Details (Gefangenschaft, sexuelle Beziehung, Flugfähigkeit, Flucht) miteinander verwoben bzw. aufeinander bezogen.[6]

---

[2]   Vgl. Haug, Fs. Beck [Anm. 1], 324.

[3]   Zum Velentabschnitt der *Þiðreks saga* zuletzt Robert Nedoma, Die bildlichen und schriftlichen Denkmäler der Wielandsage (= Göppinger Arbeiten zur Germanistik 490; Göppingen 1988), 194 ff.; Edith Marold, Die Erzählstruktur des *Velentsþáttr*. In: Hansische Literaturbeziehungen, ed. Susanne Kramarz-Bein (= Reallexikon der Germanischen Altertumskunde, Ergänzungsbd. 14; Berlin – New York 1995), 53-73.

[4]   Grundlegend noch immer: Alois Wolf, Gestaltungskerne und Gestaltungsweisen in der altgermanischen Heldendichtung (München 1965), 81 ff.; ders., Franks Casket in literarhistorischer Sicht. In: FMSt 3 (1969), 227-243.

[5]   Textzitate nach: Edda. Die Lieder des Codex regius nebst verwandten Denkmälern, ed. Gustav Neckel / Hans Kuhn (Heidelberg ⁵1983), 116-123.

[6]   Vgl. etwa Anne Burson, Swan Maidens and Smiths: A Structural Study of *Vǫlundarkviða*. In: SS 55 (1983), 1-19: 4 ff.

Die literarischen und bildlichen Denkmäler der Wielandsage stammen durchwegs aus Skandinavien und England. Neben der *Vǫlundarkviða* und dem Velentabschnitt der altnorwegischen, mittelbar oder unmittelbar auf niederdeutschen Grundlagen fußenden *Þiðreks saga af Bern* ist als frühestes (wenn auch nur indirektes) Denkmal der im *Exeter Book* (zweite Hälfte des 10. Jahrhunderts) überlieferte altenglische *Deor* zu nennen, in dem Welund und Beadohild als exemplarisch leidenden Personen je eine Strophe gewidmet ist.[7] Noch älter sind zwei Bildquellen, die das Rachethema in den Mittelpunkt der Darstellung rücken: Franks Casket (Runenkästchen von Auzon; Northumbrien, um 700) und Bildstein Ardre VIII (Gotland, wohl 750-800).

Aus der Blütezeit der mittelhochdeutschen Literatur im 13. Jahrhundert ist indessen kein literarisches (und auch kein bildliches) Denkmal der Wielandsage auf uns gekommen, wohl wegen der mangelnden Höfisierbarkeit der eigentümlichen, aus hochmittelalterlicher Sicht zweifellos altmodischen Fabel: Wieland entstammt eben der ,Gegenwelt', dem nichthöfischen Bereich – und ein unheimlicher Handwerker ist nur schwer als Protagonist eines mittelhochdeutschen Heldenepos vorstellbar. Nichtsdestoweniger belegt eine Reihe von Zeugnissen Kenntnis der Sage: in der Dietrichepik wird Wieland nicht selten erwähnt, zum einen als Vater Witeges, zum anderen als Schmied hervorragender Waffen.[8]

Zu erwähnen bleibt noch eine eigenartige Passage aus der späten *Heldenbuch-Prosa* (Text nach der 1479 in Straßburg gedruckten Fassung):

> *Wittich ein held.*
> *Wittich owe sein brůder.*
> *Wielant was der zweier wittich vatter. Ein herczog, ward fertriben von zweien risen die gewanen jm sein lant ab. Da kam er zů armůt. Vnd darnach kam er zů künig Elberich vnd ward sein gesöll. Vnd ward auch eyn schmid in dem berg zů gloggensachsen (glocken sassen* var.). *Darnach kam er czů künig hertwich (hertůch* var.). *vnd von des tochter macht er zwen sün.*[9]

Zweifellos sind hier gewisse Reminiszenzen an die Geschichte vorhanden, wie sie der Velentabschnitt der *Þiðreks saga* erzählt (Wieland zunächst Schmiedegeselle im Inneren eines Berges, dann Dienstmann eines Königs, schwängert die Prinzessin), doch die Figur Wielands ist hier offenbar be-

---

[7]   Dazu Robert Nedoma, The Legend of Wayland in *Deor*. In: Zs. für Anglistik und Amerikanistik 38 (1990), 129-145.

[8]   Die Zeugnisse sind verbucht bei Nedoma, Wielandsage [Anm. 3], 44 f.

[9]   Das deutsche Heldenbuch. Nach dem muthmaßlich ältesten Drucke, ed. Adelbert von Keller (= Bibliothek des litterar. Vereins in Stuttgart 87; Stuttgart 1867), 3; Heldenbuch. Nach dem ältesten Druck in Abbildung, ed. Joachim Heinzle (= Litterae 75; Göppingen 1981-1987). I, 2 (Faksimile). II, 227 f. (Varianten aus der wohl um 1480 entstandenen handschriftlichen Fassung Diebolds von Hanowe).

reits vom alten Sagenkern abgelöst und in neue Stoffzusammenhänge eingebettet.

II.

Im Mittelpunkt des über 8000 Verse umfassenden späthöfischen Minneund Aventiureromans *Friedrich von Schwaben* steht die Erlösung von Prinzessin Angelburg durch den schwäbischen Fürstensohn Friedrich. Man kann den Text als eine Art Traditionalitätspuzzle fassen: der unbekannte Autor konstituiert und organisiert sein Werk auf Basis von meist unmarkierten Schemazitaten (gestörte Mahrtenehe), Episodenzitaten und umfänglichen Textentlehnungen aus höfischen Romanen (vor allem aus Hartmanns *Erec*, Wirnts *Wigalois* und Strickers *Daniel*) sowie Motivzitaten („Schwanenfrauen").[10] Die vielfältigen Prätextbezüge bezeugen die Beschlagenheit des Verfassers (und tendenziell wohl auch seines Publikums) in der ‚Repertoireliteratur'.

Sprache, Überlieferung und ‚Realitätspartikel' im Text[11] lassen kaum Zweifel daran, daß der Roman dem schwäbischen Raum entstammt. Am ehesten ist das Werk im späten 14. Jahrhundert oder im frühen 15. Jahrhundert verfaßt worden, jedenfalls aber zwischen 1314 und 1464.[12] Erhal-

---

[10] Zur ‚Intertextualität' des *Friedrich von Schwaben* jüngst Klaus Ridder, Mittelhochdeutsche Minne- und Aventiureromane. Fiktion, Geschichte und literarische Tradition im späthöfischen Roman: ‚Reinfried von Braunschweig', ‚Wilhelm von Österreich', ‚Friedrich von Schwaben' (= Quellen und Forschungen zur Literatur- und Kulturgeschichte 12 [246]; Berlin – New York 1998), 129 ff. (grundlegend; das Schwanenfrauenmotiv wird indessen nicht be[tr]achtet); vgl. ferner Kurt Gärtner, Zur Rezeption des Artusromans im Spätmittelalter und den Erec-Entlehnungen im ‚Friedrich von Schwaben'. In: Artusrittertum im späten Mittelalter, ed. Friedrich Wolfzettel (Gießen 1984), 60-72: 62 ff.

[11] Jüngere Beiträge zu den außerliterarischen (landespolitischen) Wirkungszusammenhängen sind: Klaus Graf, Genealogisches Herkommen bei Konrad von Würzburg und im ‚Friedrich von Schwaben'. In: Jb. der Oswald von Wolkenstein Gesellschaft 5 (1988/1989), 285-295: 294 f. (u.ö.); Brigitte Schöning, „Friedrich von Schwaben". Aspekte des Erzählens im spätmittelalterlichen Versroman (= Erlanger Studien 90; Erlangen 1991), 143 ff.; Ridder, Minne- und Aventiureromane [Anm. 10], 167 ff. 190 f. 206 ff. (dazu die Rez. von Klaus Graf in: ZfdA 129 [2000], 104-110: 108 ff.).

[12] Der Terminus post quem ergibt sich aus der Erwähnung der Titelfigur des 1314 abgeschlossenen Romans *Wilhelm von Österreich* (*Friedrich von Schwaben* V. 4827), der Terminus ante quem aus einem Schreibervermerk in der ältesten Handschrift (I, fol. 181ᵛ 23; Abbildung bei Franz Unterkircher, Die datierten Handschriften der Österreichischen Nationalbibliothek von 1451 bis 1500 [= Katalog der datierten Handschriften in lateinischer Schrift in Österreich 3; Wien 1974]. II: Tafeln, 199 Abb. 265). – Zur Datierungsproblematik zuletzt Paul Sappler, ‚Friedrich von Schwaben'. In: Positionen des Romans im späten Mittelalter, ed. Walter Haug /

ten sind sieben Handschriften in zwei Versionen;[13] zum Druck ist der *Friedrich von Schwaben* nicht gelangt.

Von der Stiefmutter Flanea verwunschen, lebt Angelburg mit zwei Gefährtinnen tagsüber in Hirschgestalt im Wald. Friedrich will die Erlösungsbedingungen – er muß insgesamt dreißig Nächte mit Angelburg verbringen, ohne mit ihr zu schlafen und ohne sie zu sehen – erfüllen, scheitert aber: liebeskrank geworden, bricht er das Sehverbot. Erst nach zwanzig Jahren, und zwar bei dem *aller liechtesten brunnen klär* (V. 1793)[14], begegnen die beiden einander wieder: Friedrich nimmt die Gewänder der drei seit seinem Versagen in Tauben verwandelten, in Menschengestalt im Brunnen badenden Frauen an sich und gibt sie erst zurück, nachdem ihm Angelburg die Ehe versprochen hat. Als sie im neunten Jahr glücklichen Zusammenseins stirbt, heiratet Friedrich die Zwergenkönigin Jerome, deren Minnegefangener er während seiner Suche nach Angelburg gewesen ist.

Bereits in der ältesten und älteren Forschung hat man auf einige Parallelen zwischen *Friedrich von Schwaben* und *Vǫlundarkviða* hingewiesen:[15] (1) Name des Protagonisten: Friedrich nennt sich in den beiden Handschriften I und W in zwei Aventiuren Wieland,[16] zuerst in V. 1871:

Burghart Wachinger (= Fortuna vitrea 1; Tübingen 1991), 136-145: 144 Anm. 6; Schöning, „Friedrich von Schwaben" [Anm. 11], 226 f.; Graf, ZfdA 129 [Anm. 11], 104 f.

[13] Übersichten über die handschriftliche Überlieferung des *Friedrich von Schwaben* zuletzt bei Schöning, „Friedrich von Schwaben" [Anm. 11], 41 ff.; Ridder, Minne- und Aventiureromane [Anm. 10], 391 ff. (I[a] allerdings nicht wie angegeben um 1400, s. Schöning, „Friedrich von Schwaben" [Anm. 11], 44 ff.). – Version α (repräsentiert durch I[a]) unterscheidet sich von der Vulgat-Version β (repräsentiert durch S D H M F und I[b]) vor allem durch das Fehlen der Jerome-Erzählung, aber auch durch ‚Minustext' an einigen Stellen; W nimmt eine Mittelstellung ein (Jerome-Partien vorhanden, aber kürzerer Text und einige Lesarten wie I[a]).

[14] Textzitate nach: Friedrich von Schwaben, ed. Max Hermann Jellinek (= Deutsche Texte des Mittelalters 1; Berlin 1904) (einzige Ausgabe, nach S [LB Stuttgart, Cod. HB XIII 3]). – Auszüge aus W (HAB Wolfenbüttel, Cod. Guelf. 69.10 Aug. 2°) bringt K. H. Hermes, Die Wielandsage im Friedrich von Schwaben. In: Germania [Berlin] 7 (1846), 95-115: es handelt sich um die V. 1-64, 1871-1874, 3961-3963, 4183-4657, 4916-4918, 5772-5784, 8061-8068 entsprechenden Stellen. I (ÖNB Wien, Cod. 2984) ist unediert.

[15] Einzelnachweise für die ersten beiden Punkte erübrigen sich (s. die unten, sub Anm. 18-22 genannte Lit.). – Auf die übrigen Parallelen machen u.a. aufmerksam: C[arl] Pschmadt, Die Quellen des Friedrich von Schwaben. In: ZfdA 53 (1912), 309-328: 318 ff.; Johannes Bolte / Georg Polívka, Anmerkungen zu den Kinder- und Hausmärchen der Brüder Grimm. II (Leipzig 1915), 348 Anm. 2; Hermann Schneider, Germanische Heldensage. II,2: Englische Heldensage, festländische Heldensage in nordgermanischer und englischer Überlieferung, verlorene Heldensage (= Grundriß der german. Philologie 10,3; Berlin – Leipzig 1934), 78 f.; Georg Baesecke, Vor- und Frühgeschichte des deutschen Schrifttums. I: Vorgeschichte des deutschen Schrifttums (Halle/Saale 1940), 296; Jón Helgason, Tvær kviður fornar: Vǫlundarkviða og Atlakviða (Reykjavík 1962), 42; Dieter Welz, Zeit als Formkategorie und Erzählproblem im ‚Friedrich von Schwaben'. In: ZfdA 104 (1975), 157-169: 166; Ursula Dronke, The Poetic Edda. II: Mythological Poems (Oxford 1997), 286.

1869 *Er sprach vil werdeß megetin*
      Es sol geoffenbaret sein
      Ich bin genant wieland
      Vnd hōn mǎnig land erkant
      Vnd rytt ainer aubentŭre nauch (I, fol. 38ᵛ 13-17).

(2) ,Schwanenfrauenmotiv': Eine (übernatürliche) Frau badet mit zwei Gefährtinnen in einem Gewässer; im *Friedrich von Schwaben* entwendet der Titelheld ihre abgelegten Vogelkleider (V. 4399) und zwingt eine der Frauen, Angelburg, zur Ehe; auch die drei Brüder in der *Vǫlundarkviða* vermögen die drei Walküren, denen sie offenbar die *álptarhamir* (Einleitungsprosa Z. 7 f.) rauben, für längere Zeit an sich zu binden.

(3) Dauer des Zusammenseins: In der *Vǫlundarkviða* entfliegen die drei Walküren nach dem Ablauf von sieben Jahren (*siau vetr* Einleitungsprosa Z. 13. Str. 3,1) bzw. im neunten Jahr (*enn inn níunda nauðr um skildi* Str. 3,5-6); auch die Ehe Friedrichs und Angelburgs endet im neunten Jahr:

7093 *Da es gieng in das nūnd jar*
      (Was ich sag das ist war),
      Von got ir sterben die frǎw erkannt.

(4) Triaden: In beiden Texten treten drei Vogelfrauen und drei Brüder auf; Vǫlundr ist wie Friedrich der dritte/jüngste Bruder (*þriði* Einleitungsprosa Z. 4; *júngst brŭder* V. 63).

(5) Der jagende Protagonist: Sowohl Vǫlundr (und seine Brüder) als auch Friedrich (und seine Brüder) sind als Jäger charakterisiert (*veiddo dýr* Einleitungsprosa Z. 4, *Kom far af veiði veðreygr skyti* Str. 8,5-6 = 4,1-2; *Friedrich von Schwaben* V. 63 f. 648 ff. passim).

III.

In der Tat wäre eine ,Dialogizität' zwischen dem *Friedrich von Schwaben* und der *Vǫlundarkviða* höchst bedeutsam, ist doch aus dem hochdeutschen Raum, der der Heldensagenforschung als Heimat oder zumindest als wichtiges Traditionsgebiet der Wielandsage gilt, mit Ausnahme des späten und sagenhistorisch wenig ergiebigen Stücks aus der *Heldenbuch-Prosa* (s. oben, I.) kein Denkmal auf uns gekommen: der *Friedrich von Schwaben* schlösse diese Lücke wenigstens indirekt.

---

[16] Bei ae. *Wēland* neben *Wēlund*, mnd./anorw. *Vēlent*, mhd. *Wielant* : aisl. *Vǫlundr* (< *Walund-*) handelt es sich um einen jener in der germanischen Heroik alles andere als seltenen „Heldennamen in mehrfacher Lautgestalt" (so der Titel von Andreas Heuslers bekanntem Aufsatz in: ZfdA 52 [1910], 97-107 = Kleine Schriften II [Berlin 1969], 546-554).

Die *Vǫlundarkviða*, überliefert im Codex regius der *Lieder-Edda* (entstanden um 1270), gehört einer Gruppe älterer Heldenlieder an, die in ihrer metrischen Gestalt, in ihrem Wortschatz (Appellativa wie Propria) und – mit Ausnahme des Wielandlieds – auch in ihren Stoffgrundlagen südliche Herkunft erkennen lassen. In ihrem Grundbestand wird die *Vǫlundarkviða* in die Zeit vor 1000 zurückreichen.[17]

Die Brücke zwischen dem deutschen späthöfischen Roman und dem nordischen Eddalied wurde mit Hilfe verschiedener rekonstruierter Zwischenglieder zu schlagen versucht: der Verfasser des *Friedrich von Schwaben* habe aus einem verlorenen mittelhochdeutschen Wielandlied[18] oder aus einem auf der Sage basierenden (schwäbischen) Angelburgmärchen geschöpft;[19] nach anderer Ansicht sei die Quelle des deutschen Romans ein altfranzösisches Galantlied[20] oder eine ältere norwegische Fassung der *Vǫlundarkviða* (sozusagen eine **Vǫlundarkviða in forna*) gewesen.[21] Ferner sah man im *Friedrich von Schwaben* mündliche niederdeutsche Überlieferung verarbeitet.[22] (Nur in den ersten beiden Fällen wird das Fortleben einer alten Sagentradition auf ‚südgermanisch'-hochdeutschem Gebiet bean-

---

[17] Zur Frage der Datierung von (älteren) Eddaliedern zusammenfassend zuletzt K[urt] Schier, Edda, Ältere. In: Reallexikon der Germanischen Altertumskunde [2]VI (1986), 355-394: 378 ff.

[18] Wilhelm Grimm, Die deutsche Heldensage (Gütersloh [3]1889; Darmstadt [4]1957), 311. 326 (oder „aus mündlicher Überlieferung": Grimm dachte sonach im ersten Fall an ein niedergeschriebenes Lied); Schneider, Germanische Heldensage II,2 [Anm. 15], 78 f.; Baesecke, Vor- und Frühgeschichte I [Anm. 15], 296 f.; [Hellmut Rosenfeld], ‚Wielandlied'. In: Die deutsche Literatur des Mittelalters. Verfasserlexikon. [1]V: Nachträge (1955), 1124-1132: 1127; Werner Betz, Die deutsche Heldensage. In: Deutsche Philologie im Aufriß, ed. Wolfgang Stammler. III (Berlin [2]1962), 1871-1970: 1923 f.; Jón Helgason, Tvær kviður fornar [Anm. 15], 41 f.; Heiko Uecker, Germanische Heldensage (= Sammlung Metzler 106; Stuttgart 1972), 83 (unter Vorbehalt).

[19] Pschmadt, ZfdA 53 [Anm. 15], 320. 326 f.; ähnlich bereits zuvor Ludwig Voss, Überlieferung und Verfasserschaft des mhd. Ritterromans Friedrich von Schwaben (Münster 1895), 46 f.

[20] William Henry Schofield, The Lays of Graelent and Lanval, and the Story of Wayland. In: PMLA 15 (1900), 121-180: 133 ff. (das Galantlied wird mit Hilfe von *Lai de Graelent* und *Lai de Lanval* rekonstruiert); zustimmend Ludwig Wolff, Eddisch-skaldische Blütenlese. In: Edda, Skalden, Saga. Fs. Felix Genzmer, ed. Hermann Schneider (Heidelberg 1952), 92-107: 93 ff.; Einar Ól. Sveinsson, Íslenzkar bókmenntir í fornöld. I (Reykjavík 1962), 420.

[21] Dronke, Mythological Poems [Anm. 15], 286.

[22] Otto Luitpold Jiriczek, Deutsche Heldensagen I (Straßburg 1898), 25 f. („aus ziemlich entfernter Kenntnis der Sage", gemeint ist sonach wohl eine Prosaquelle); B[arend] Sijmons, Germanische Heldensage. In: Grundriß der germanischen Philologie, ed. Hermann Paul. III (Straßburg [2]1900), 606-734: 642; P. Maurus, Die Wielandsage in der Literatur (= Münchener Beiträge zur romanischen und englischen Philologie 25; Erlangen – Leipzig 1902), 52; Schöning, „Friedrich von Schwaben" [Anm. 11], 76 f.

sprucht.) Es kommt hier nicht darauf an, Wahrscheinlichkeiten gegeneinander abzuwägen: letztlich wird in allen Modellen – zwangsläufig – mit hypcthetischen (Text-)Größen, unsicheren Kontinuitäten und/oder Überlieferungsbahnen operiert. In der rezenten Literatur äußert man sich nur selten zu der Art der Zusammenhänge, der *Friedrich von Schwaben* wird jedoch nach wie vor als (indirektes) Denkmal der Wielandsage betrachtet und behandelt.[23]

Zu bedenken bleibt indessen dreierlei: 1. Zwischen den tatsächlich überlieferten Texten, der *Vǫlundarkviða* und dem *Friedrich von Schwaben*, besteht eine nicht unbeträchtliche zeitliche und räumliche Distanz. 2. Eine Verknüpfung von (reduzierter) Schwanenfrauenfabel und Wielandsage läßt sich nur in *einem* sicheren Fall, eben dem der *Vǫlundarkviða*, nachweisen; auffällig bleibt, daß der Velentabschnitt der *Þiðreks saga*, ein Text mit ausgeprägt ‚inkorporierendem' Charakter, das Schwanenfrauenmotiv nicht verarbeitet hat. 3. Von dem Kern der Wielandsage, der Rachefabel, findet sich im *Friedrich von Schwaben* keine Spur.

IV.

Im folgenden gehe ich auf die oben (II.) angeführten Parallelen zwischen *Friedrich von Schwaben* und *Vǫlundarkviða* in umgekehrter Reihenfolge ein.[24]

Ad (5): Daß sowohl Friedrich als auch Vǫlundr (und ihre Brüder) als Jäger auftreten, ist kein Indiz für eine Verbindung zwischen den beiden Texten; in einem späthöfischen Minne- und Aventiureroman wie dem *Friedrich von Schwaben* sind Jagdszenen alles andere als unerwartet.

Ad (4): Brüdertriaden (in der Regel mit dem dritten Bruder als Hauptfigur) gehören zum stehenden Inventar von Dichtung, Sage und Märchen;[25]

---

23   So etwa Lotte Motz, New Thoughts on *Vǫlundarkviða*. In: SBVS 22,1 (1986), 50-68: 55 f.; John McKinnell, The Context of *Vǫlundarkviða*. In: SBVS 23,1 (1990), 1-27: 14; Mitsunobu Ishikawa, Das Schwanenjungfraumotiv in der Wielandsage – ein notwendiges Glied der Schmiedesage? In: Begegnung mit dem ‚Fremden': Grenzen – Traditionen – Vergleiche. Akten des VIII. Internationalen Germanisten-Kongresses Tokyo 1990, ed. Eijirō Iwasaki (München 1991), XI, 376-384: 376 f.; Edith Marold, Egill und Ǫlrún – ein vergessenes Paar der Heldendichtung. In: skandinavistik 26 (1996), 1-19: 4 (das Schwanenfrauenmotiv habe sich an das Motiv der schützenden mythischen Frau angesetzt; im ganzen spekulativer Ansatz).

24   Vgl. Nedoma, Wielandsage [Anm. 3], 94 ff. (dort auch die Grundzüge der folgenden Argumentation).

25   Dazu zusammenfassend etwa E[ugen] Mogk, Dreizahl. In: Reallexikon der Germanischen Altertumskunde [1]I (1911-1913), 487-488; Max Lüthi, Drei, Dreizahl. In: Enzyklopädie des Märchens III (1981), 851-868: 853 ff.; vgl. ferner Wolfgang Lange, Zahlen und Zahlenkompositionen in der Edda. In: PBB/H 77 (1955), 306-348: 321.

die Dreizahl hat hier umso weniger Signifikanz, als Friedrichs Brüder nicht in die Taubenfrauenhandlung involviert sind.

Ad (3): Auch der Umstand, daß die Verbindungen der beiden Protagonisten im neunten Jahr ihr Ende finden, ist kaum aussagekräftig. Spannen von neun Jahren (im engeren Sinn) begegnen auch sonst verschiedentlich,[26] und dieselbe kombinierte Zeitangabe wie in der *Vǫlundarkviða* – sieben volle und zwei angebrochene Jahre – findet sich in der Heldensagenüberlieferung auch in der *Kudrun*: die Titelheldin erleidet in der Fremde *siben jâr* Not, in *dem niunden jâre* kehrt Hartmut zurück, um sie zu heiraten (Str. 1021 f.).[27]

Ad (2): Was das weitverbreitete ‚Schwanenfrauenmotiv‘[28] betrifft, so wird die auf den ersten Blick schlagende Motivgemeinschaft zwischen den beiden Texten durch den scheinbar nebensächlichen Umstand relativiert, daß die drei Walküren der *Vǫlundarkviða* Schwanenfrauen sind, denen offenbar ihre *álptarhamir* (Einleitungsprosa Z. 7 f.) entwendet werden, Angelburg und ihre Gefährtinnen hingegen *dry tuben weiß* (V. 543 u.ö.),[29]

---

[26] Ich nenne hier nur *Gautreks saga konungs* c. 4 bzw. *Víkarsbálkr* Str. 3,8 (Starkaðr ist neun Jahre bei Roßhaar-Grani; Die Gautrekssaga in zwei Fassungen, ed. Wilhelm Ranisch [= Palaestra 11; Berlin 1900], 14 f.). Weitere Belege aus der *Lieder-Edda* bei Lange, PBB/H 77 [Anm. 25], 306-348: 334 f.; vgl. allgemein E[ugen] Mogk, Neunzahl. In: Reallexikon der Germanischen Altertumskunde [1]III (1915-1916), 312-314: 313 f.

[27] Kudrun, ed. Karl Bartsch / Karl Stackmann (Wiesbaden [5]1980). Zur Stelle vgl. ferner Ernst Martin, Kudrun (Halle/Saale [2]1902), 226 f. (ad Str. 1021,3. 1022,1).

[28] Stith Thompson, Motif-Index of Folk-Literature. A Classification of Narrative Elements in Folktales, Ballads, Myths, Fables, Mediaeval Romances, Exempla, Fabliaux, Jest-Books, and Local Legends. I-VI (Copenhagen [2]1955-1958): II, 34 sub D 361.1 (mit weiteren Referenzen: B 652.1, F 302.4.2, K 1335). – Wichtige Lit. zu Schwanenfrauenmotiv bzw. -fabel: Helge Holmström, Studier över svanjungfrumotivet i Volundarkvida och annorstädes (Malmö 1919); Stith Thompson, The Folktale (New York 1946 = 1951), 88 ff.; A. T. Hatto, The Swan Maiden: a folk tale of north Eurasian origin? [1961] In: Ders., Essays on Medieval German and Other Poetry (Cambridge etc. 1980), 267-297, 354-360; Inge Kleivan, The Swan Maiden Myth among the Eskimo. In: Acta Arctica 13 (1962), 5-49; Motz, SBVS 22,1 [Anm. 23], 52 ff.; Ishikawa, Begegnung mit dem ‚Fremden‘ XI [Anm. 23], 376 ff. (mit kühnen Hypothesen über eine „mit Schamanismus verschmolzene Schmiedesage" [S. 383], die von Mittel- bzw. Nordeurasien einerseits in den Westen [Wielandsage], anderseits bis nach Japan gedrungen sei). – Die frühesten Quellen scheinen aus Indien und China zu stammen: zum einen *R̥gveda* X,95 bzw. *Śatapatha-Brāhmaṇa* XI,5,1 (Purūravas und Urvaśī; nicht sicher, da die Erzählfolie zum Teil ‚unausgefüllt‘ bleibt), zum anderen *Hsüan-chung chi* (Autor: Kuo P'u, 276-324); s. Hatto, Essays [s. vorhin], 287 ff. 272 f.; vgl. ferner Wolfram Eberhard, Typen chinesischer Volksmärchen (= FF Communications 120; Helsinki 1937 = [2]1993), 56 sub Nr. 34,0.

[29] Nach Ausweis von Rezeptionszeugnissen des 15. und 16. Jahrhunderts – scil. Ulrich Fuetrers *Namenkatalog* (*tawben weys* Str. 38,6) sowie zwei Meisterliedern aus UB Heidelberg, Cpg 343 (um 1550; *drey tauben* Nr. 145 [Jorg Wachter], Str. 9 76. *drey tauben weis* Nr. 154, Str. 5 40) – ist die Taubengestalt Angelburgs und ihrer Gefähr-

denen Friedrich *ir gewand* wegnimmt (V. 4399): Schwäne und Tauben gehören, wie Hatto überzeugend ausführt,[30] zwei verschiedenen Entwick-
lungsstufen der altertümlichen Fabel an.

Den Bodensatz der (initialen) Erzählsequenz, den ‚Realhintergrund' für das zeitlich
beschränkte Zusammensein von überirdischer Vogelfrau und irdischem Mann, der ihr
während eines Bades in einem See o.ä. das Federkleid raubt, bildet letztlich wohl das
Paarungs- und Migrationsverhalten großer Zugvögel, die zugleich Schwimmvögel sind
(Bad!). In der ursprünglichen, vermutlich im subarktischen Eurasien bzw. Amerika
beheimateten Fabel ist die Tierbraut eine Schwanen-, Gänse- oder auch Kranichfrau, statt
der dann in den ‚elaborierten' Märchen (und anderen Erzählgattungen) Europas und des
Nahen Ostens in der Regel eine Taubenfrau begegnet (Tauben sind keine Schwimmvögel, vor allem aber keine Zugvögel).

Eine Zusammengehörigkeit zwischen (den betreffenden Partien von) *Friedrich von Schwaben* und *Vǫlundarkviða* braucht sonach nicht angenommen
werden: die beiden Texte werden unabhängig voneinander populäres inter-
nationales Erzählgut verarbeitet haben.

Auch die westgermanisch-deutsche Herkunft (eines Teils) des onomastischen Materials
der *Vǫlundarkviða* bietet keinen Anhalt dafür, daß bereits die Vorstufe (i.e. das ange-
setzte alte deutsche Wielandlied) eine (reduzierte) Schwanenfrauenfabel enthalten hätte.[31]
Es handelt sich um ‚klingende' Namen aus der poetischen Tradition, die wohl erst sekundär übernommen wurden; so etwa stehen, wenn meine Deutung der Runeninschrift auf
der silbernen Gürtelschnalle von Pforzen, Lkr. Ostallgäu (letztes Drittel des 6. Jahrhunderts) das Richtige trifft,[32] der Meisterschütze Aigil/Egill und seine Frau Ailrūn/Ölrún im
Mittelpunkt einer eigenen Sage.

Ad (1): In den beiden Handschriften I (genauer: I^a, dem von der älteren
Hand stammenden Teil) und W nennt sich der Titelheld des *Friedrich von
Schwaben*, während er in Diensten der Landesherrin Osann bzw. von König
Turneas (V. 1830-2364 und 3709-4182 = I, fol. 37^v 18 bis 47^v 7 und fol. 83^v

---

tinnen ‚fest'. Belege: Martha Mueller, Der ‚Ehrenbrief' Jakob Pütrichs von Rei-
chertshausen, die ‚Turnierreime' Johann Hollands, der ‚Namenkatalog' Ulrich Füet-
rers: Texte mit Einleitung und Kommentar (New York 1985), 259; Volks- und Ge-
sellschaftslieder des XV. und XVI. Jahrhunderts. I: Die Lieder der Heidelberger
Handschrift Pal. 343, ed. Arthur Kopp (= Deutsche Texte des Mittelalters 5; Berlin
1905), 158. 168.

30   Essays [Anm. 27], 267 ff.
31   Anders zuletzt wieder Ishikawa, Begegnung mit dem ‚Fremden' XI [Anm. 23], 376.
32   Robert Nedoma, Die Runeninschrift auf der Gürtelschnalle von Pforzen – ein Zeug-
      nis der germanischen Heldensage. In: Pforzen und Bergakker. Neue Untersuchungen
      zu Runeninschriften, ed. Alfred Bammesberger / Gaby Waxenberger (= Histor.
      Sprachforschung, Ergänzungsheft 41; Göttingen 1999), 98-109: vor-ahd. *Aigil andi
      Ailrūn *Iltahu/*Altahu gasōkun* ‚Aigil und Ailrūn kämpften/stritten (zusammen) an
      der *Ilzach/*Alzach'.

16 bis 93^v 21)^{33} steht (bzw. während der dazwischenliegenden Suchfahrt), *Wiel(l)and*, *Wielant*.

Wie auch die Einführung dieses zweiten Namens zu beurteilen ist, um eine Verwerfung im Text, um einen unmotivierten Namenwechsel,^{34} den die ‚Macht der Sagentradition‘ erwirkt hätte, handelt es sich kaum: der verarmte Friedrich muß sich unstandesgemäß als Dienstritter verdingen und verwendet wohl aus Verlegenheit und/oder aus Vorsicht ein Pseudonym.^{35} – Auch Orendel gibt seine Identität nicht preis, als er in die Dienste des Fischers Ise tritt (*Orendel* V. 552 ff.),^{36} und Belege für Protagonisten, die in besonderen Situationen andere Namen führen, sind unschwer beizubringen: Iwein ist während seiner Bewährung der *riter mittem lewen*, Wilhelm von Österreich nennt sich in heidnischen Ländern aus Vorsicht Ryal etc.

Die Vulgat-Version β, in der zwischen Osann- und Turneas-Aventiure die Jerome-Aventiure (Minnegefangenschaft Friedrichs) steht, kennt den Namenwechsel Friedrich – Wieland nicht: ob nun hier oder in Version α (der die Jerome-Handlung fehlt) das Ursprüngliche bewahrt ist, läßt sich nicht schlüssig entscheiden.^{37}

Selbst der Umstand, daß der Held (kurzfristig) den Namen Wieland trägt, ist für eine Verknüpfung von *Friedrich von Schwaben* und *Vǫlundarkviða* alles andere als beweiskräftig – gerade in der Taubenfrauenepisode (V. 4389-4888 = I, fol. 97^v 1 bis 107^r 13), in dem Textteil also, der der Sagentradition entstammen soll, tritt der Protagonist auch in I^a und W *nicht* als Wieland, sondern wie in den übrigen Handschriften als Friedrich entgegen.

Ab der Pragnet-Episode (V. 4183-4388 = I, fol. 93^v 22 bis 97^r 24) – hier weist die Hirschprinzessin dem Suchenden den Weg zum *liechtesten brunnen* und damit zu Angelburg – heißt der Held in I^a und W aufs neue Friedrich (zuerst wieder I, fol. 95^r 7 = V. 4246).

---

33 Der Beginn der Turneas-Aventiure in I (fol. 83^v 16 bis 84^v 18 = V. 3709-3748) ist von I^b geschrieben (daher fol. 84^v 6 = V. 3736 *Friderich* und nicht *Wiel(l)and*), mit fol. 85^r 1 = V. 3748 [sic!] setzt I^a wieder ein.

34 So vor allem Voss, Überlieferung und Verfasserschaft [Anm. 19], 47.

35 M[ax] H[ermann] Jellinek, Zum Friedrich von Schwaben. In: ZfdA 57 (1920), 133-136: 135; Eva-Marie Betz, Wieland der Schmied (Materialien zur Wielandüberlieferung) (= Erlanger Studien 2; Erlangen 1973), 160; Schöning, „Friedrich von Schwaben" [Anm. 11], 74 f. – Anders (und kryptisch) Thomas Cramer, Geschichte der deutschen Literatur im späten Mittelalter (= dtv 4553; München 1990), 30: durch den Namenwechsel bekomme „die unmittelbar offensichtlich [...] nicht mehr akzeptable Märchenhaftigkeit des Abenteuers hinweisenden, sinnbildlichen Charakter".

36 Orendel, ed. Hans Steinger (= Altdeutsche Textbibliothek 36; Halle/Saale 1935).

37 Die Diskussion über die Beurteilung der verschiedenen Versionen bzw. Handschriften des *Friedrich von Schwaben* ist jedenfalls noch nicht abgeschlossen; s. zuletzt Paul Sappler, Zufügen und Weglassen. Das Verhältnis der Redaktionen des ‚Friedrich von Schwaben‘. In: Fs. Walter Haug und Burghart Wachinger, ed. Johannes Janota et al. (Tübingen 1992), II, 617-623 (mit Lit.); vgl. ders., ‚Friedrich von Schwaben‘ [Anm. 12], 144 f. Anm. 5. – Wegen der inkriminierten Gemeinsamkeiten von *Friedrich von Schwaben* und *Vǫlundarkviða* geht man indessen fast durchwegs davon aus (Sappler ist eine rühmliche Ausnahme), daß der Name *Wiel(l)and* in Version α ursprünglich ist: der *circulus vitiosus* schließt sich.

Daß aber der Wieland-Name ein von der ursprünglichen (in die Sage inte-
grierten) Schwanenfrauenfabel entkoppeltes und in andere Partien des
Friedrich von Schwaben verschobenes Überbleibsel darstellt oder gar erst
durch Assoziation eines findigen Tradierenden (Redaktors) über das
Schwanenfrauenmotiv in den Text geraten wäre,[38] vermag nicht wirklich zu
überzeugen: es handelt sich um unverbindliche *ad hoc*-Annahmen.

V.

Bei näherer Betrachtung haben sich die Parallelen zwischen *Friedrich von
Schwaben* und *Vǫlundarkviða* als wenig substantiell erwiesen, sodaß – auch
im Hinblick auf die oben (III.) geäußerten überlieferungsgeschichtlichen
Bedenken – eine ‚Konsoziation‘ der beiden Texte zwar grundsätzlich nicht
ausgeschlossen werden kann, aber insgesamt dennoch wenig wahrscheinlich ist.[39] Letztlich liegt die germanisch-deutsche Heldensage bzw. Heldendichtung auch außerhalb des im *Friedrich von Schwaben* evozierten Tradi-
tionshorizonts: das Werk rekurriert auf höfische Prätexte, vor allem auf
Artusromane. Für die Frage, ob im hochmittelalterlichen Deutschland eine
Wielanddichtung (ein **Wielandes liet*) gleichen oder ähnlichen Inhalts wie
im hochmittelalterlichen Skandinavien im Umlauf war, ist dem *Friedrich
von Schwaben* jedenfalls nichts abzugewinnen.

   Wenn das Werk auch kaum ein (indirektes) Heldensagendenkmal darstellt, so bleibt noch abzuklären, ob das Auftreten eines (Aliasnamens)
Wiel(l)and, *Wielant* in den beiden Handschriften I[a] und W ein Rezeptions-
zeugnis ist. Eine ‚Reaktivierung‘ der Sagengestalt im *Friedrich von Schwaben* bliebe indessen intratextuell funktionslos (welche Verweiskraft würde
das Personenzitat entfalten?), und von dem, was den Kern der alten Sage
ausmacht (Gefangennahme und Lähmung, Rache und Flucht des unheimli-
chen Schmieds), enthält der späthöfische Roman nicht das Geringste. Es
muß sich folglich keineswegs um ein Heldensagenzeugnis handeln – um
hier nur eine von mehreren Alternativen anzuführen, kann das Personenzi-

---

[38] So Sappler, ‚Friedrich von Schwaben‘ [Anm. 12], 144 Anm. 5. – In der Heldensa-
      genforschung wird auf (mögliche Gründe für) die fehlende Kookkurrenz von Wie-
      land-Namen und (vorgeblicher) Wieland-Handlung nicht eingegangen.
[39] Skeptisch etwa Voss, Überlieferung und Verfasserschaft [Anm. 19], 43 ff.; Hatto,
      Essays [Anm. 27], 292; Nedoma, Wielandsage [Anm. 3], 103 f.; vgl. ferner ders.,
      Pforzen und Bergakker [Anm. 32], 103 Anm. 14. – Die Annahme von Voss (Überlie-
      ferung und Verfasserschaft [Anm. 19], 47), der Name sei aus der *Walberan*-
      Fortsetzung des *Laurin* übernommen, wo Wieland – allerdings durch Verwechslung
      mit seinem Sohn Witege! – als Krieger Dietrichs von Bern auftritt (V. 688. 695; Lau-
      rin und der kleine Rosengarten, ed. Georg Holz [Halle/Saale 1897]), ist nicht plausi-
      bel.

tat auch über den Text hinaus weisen und auf eine Person aus der Umgebung des Verfassers bzw. Redaktors und/oder des Mäzens zielen;[40] das Anthroponym *Wielant* ist jedenfalls in mittelhochdeutscher Zeit außerliterarisch zwar nicht übermäßig häufig, doch hinreichend bezeugt.[41] Mangels konkreter Anhaltspunkte bleibt es hier also bei einem *non liquet*.

---

[40] Ähnlich zu beurteilen wäre sonach das Erscheinen der Randfigur Vivianz von Teck (V. 5772 ff.; die Namennennung V. 5781-5784 fehlt in Iᵃ), worin man mit gutem Grund eine Reverenz an die Herzöge von Teck erblickt hat; s. Joachim Bumke, Mäzene im Mittelalter. Die Gönner und Auftraggeber der höfischen Literatur in Deutschland 1150-1300 (München 1979), 29 f. 426 Anm. 40; zuletzt Ridder, Minne- und Aventiureromane [Anm. 10], 168 ff. (mit Lit.).

[41] Vgl. nur etwa Adolf Socin, Mittelhochdeutsches Namenbuch. Nach oberrheinischen Quellen des zwölften und dreizehnten Jahrhunderts (Basel 1903), 571 ff. 638. Weitere Belege sind unschwer den Registern einschlägiger Quelleneditionen zu entnehmen.

Snorri Sturluson und Sigmund Freud

HERMANN REICHERT (WIEN)

Helmut Birkhan zum 60. Geburtstag

Psychoanalyse und Mythos

Erzählungen von Göttern und Heroen sind Produkte der menschlichen Seele, die durch keinen Realitätszwang behindert werden; sie erlauben also mehr Rückschlüsse auf die Struktur der Psyche der Menschen die sie gebildet haben, als sogar frei erfundene Figuren aus der Realität verpflichteten literarischen Gattungen. Wenn eine Gemeinschaft diese Erzählungen tradiert, so ist das ein Zeichen dafür, daß die entsprechenden psychischen Strukturen bzw. Kräfte in einer wesentlichen Menge ihrer Mitglieder wirksam sind.

Manche haben versucht, den psychoanalytischen Zugang zum Mythos als unsinnig zu erweisen. Das kann aber gar nicht anders als mißlingen: die Sonne gibt es, und sie bewegt sich täglich von Osten nach Westen über die Erde, wie jeder Mensch weiß. Warum die Sonne das tut, ist aber nicht feststellbar, und eine Erklärung dafür ist in jedem Fall eine Spiegelung der Denkstrukturen dessen und der Kräfte, die in dem wirken, der die Erklärung erfunden hat; nicht Spiegelung der Kräfte, die tatsächlich die Sonne über den Himmel treiben. Wenn wir das akzeptieren, ist der Mythos ein willkommenes Hilfsmittel insbesondere für die Erforschung des Unbewußten, zu dem wir aus seiner Definition her keinen direkten bewußten Zugang haben, das aber für unsere Wünsche, Verhaltensweisen und Handlungen von höchster Bedeutung ist. So hat Freud aus der Gestaltung des Ödipus-Mythos im ‚Oidipus Tyrannos‘ des Sophokles den ‚Ödipus-Komplex‘ abgeleitet: Ödipus erschlägt den Mann, der sich ihm entgegenstellt, ohne zu wissen, daß es sein Vater ist, und heiratet dann ebenso unwissentlich seine Mutter. Diesem prophezeiten Schicksal kann er nicht entrinnen; Vermeidungsstrategien führen erst recht zur Erfüllung. Die Tatsache, daß der Mensch solche Mythen erfunden hat, läßt Rückschlüsse auf unbewußte Wünsche oder Befürchtungen zu, da man ja nicht argumentieren kann, daß

Sophokles den ‚Oidipus Tyrannos' schrieb, weil es ‚sich wirklich so zuge-
tragen', Ödipus wirklich gelebt und diese Taten zufälligerweise begangen
hätte.[1] Und wenn nach späteren Autoren Ödipus das Rätsel der Sphinx mit
den Worten gelöst hat ‚des Rätsels Lösung ist: der Mensch'[2], soll wohl
ausgesagt werden, daß auf die Menschheit insgesamt zutrifft, was von
Ödipus erzählt wird.

Das Verhältnis von Psychoanalyse zu Literatur ist nicht so zu verstehen,
daß Dichter nur unbewußt Zugang zu den Quellen menschlichen Antriebes
hätten: Nicht erst Sigmund Freud hat den Ödipus-Komplex entdeckt, sondern schon spätestens Sophokles; nur hat ihn Sophokles, gemäß der Methode des Dichters, teilweise in Bilder verkleidet belassen, und Freud,
gemäß der Methode der Psychoanalyse, ausgesprochen. Sophokles und
Freud sind mit derselben Erkenntnis ihrem jeweiligen Metier entsprechend
umgegangen. Die Frage, ob wirklich jeder Mann das bewußte oder unbewußte Bedürfnis hat, seinen Vater zu ermorden und seine Mutter zu beschlafen bzw. jede Frau, von ihrem Sohn beschlafen zu werden, ist damit
nicht geklärt; aber Sophokles und Freud scheinen dieser Ansicht gewesen
zu sein, und viele Angehörige ihrer Kulturen hat das Thema fasziniert, und
zu diesen Vielen sind auch die zu rechnen, die besonders heftig von sich
weisen, dazu zu gehören.

Freud hat sich bei der Erforschung des Unbewußten der griechischen
und hebräischen Mythologie bedient, nicht der altgermanischen (die Ham-
letsage benutzte er nur in der Gestaltung durch Shakespeare und auch das
nur, um eine Variante des Ödipuskomplexes zu belegen). Unsere Untersuchung unterscheidet sich von den seinen daher im Objekt; aber auch in der
Zielvorgabe: uns geht es um die Interpretation der Welt des altgermanischen Mythos, ihm ging es (allerdings nicht nur) um die Heilung seiner
Patienten. Die Mythologie im engeren Sinn beschreibt den dem Verstand
zugänglichen Teil der Mythen und verfolgt ihre Entwicklung; sie hat Freud
nur mittelmäßig beherrscht und in ihr auch Fehltritte getan. Für ihn war die
Mythologie eine Hilfswissenschaft der Psychologie und er beherrschte sie
gerade so gut wie notwendig, um unter anderem die Ent-deckung des Ödipuskomplexes zu leisten. Eine Mythologie um ihrer selbst willen hat er
nicht geschrieben; das ist auch die Sache der Mythologen und nicht der
Psychologen. Umgekehrt geht es mir als Mythologen darum, festzustellen,

---

[1]   Alle Versuche, diesen Mythos als Spiegelung eines historischen Geschehens (Taten
      eines historischen Ödipus) oder historischen Zustandes (des in einer ‚Urhorde' prak-
      tizierten Vatermordes und Inzests) zu interpretieren, gelten heute als widerlegt.

[2]   Bei Sophokles immer Plural: Ödipus löste die Rätsel der Sphinx. Die früheste Nen-
      nung des Wortlauts des Sphinxrätsels (Singular) findet sich bei Athenaios (nach 200
      n. Chr.); doch nennt schon Aischylos ein ‚Dreibeiniges', das als Umschreibung für
      ‚alter Mensch' erkannt werden soll. Zumindest Elemente des Sphinx-Rätsels ent-
      stammen der griechischen Klassik.

welche Seelenkräfte in den Mythen der Snorra Edda zum Ausdruck kommen, als Teil einer Erklärung dieser Mythen. Wenn wir hier zu neuen Erkenntnissen auf dem Gebiet der Psychologie kommen wollten, müßten wir zugeben, daß wir dazu schlechter ausgebildet sind als die, denen wir ins Handwerk pfuschen wollten. Es wäre allerdings sowieso schon zu spät, wenn wir versuchten, Snorri von etwaigen seelischen Leiden zu heilen.

Während wir bei Sophokles wegen seiner durchdachten Wortwahl einen beträchtlichen Bewußtheitsgrad annehmen, deutet in der Snorra Edda nichts darauf hin, daß Snorri sich bewußt war, daß die Kräfte, die die Wesen seiner Mythologie wirksam werden ließen, Grundkräfte der menschlichen Seele sind. Dies ist kein Qualitätsurteil, da die Qualität eines literarischen Werkes nicht davon abhängt, ob sein Schöpfer mehr aus dem Bewußten oder aus dem Unbewußten heraus gestaltet. Freud hatte formuliert, daß beim ‚ästhetischen Zustand‘ das Unbewußte des Rezipienten das Unbewußte des Künstlers unmittelbar aufnimmt. Das tut es wohl auch, aber nicht ausschließlich. Sowohl der Schaffensprozeß als auch der Rezeptionsprozeß verbinden bewußt und unbewußt ablaufende Vorgänge, und es kann unbewußt Gestaltetes bewußt wahrgenommen werden und umgekehrt. Dem Schöpfer oder Nacherzähler eines Mythos müssen die Aussagen nicht bewußt sein; die sprachlichen Bilder, in denen sie zum Ausdruck kommen, können direkt aus seinem Unbewußten aufsteigen. Wenn ins Unbewußte verdrängte Inhalte nicht anders ins Vorbewußte gelangen könnten, als wenn sie sich verwandeln und in Symbole kleiden, hätte niemand, auch kein Psychoanalytiker, Zugang zu ihnen. Wenn man aber mit bestimmten Methoden sich Zugang zu ihnen verschaffen kann, dann darf man einem Dichter nicht prinzipiell diese Fähigkeit absprechen.

Widersprüche in der Snorra Edda

Ein Hauptcharakteristikum dieser Mythen ist, daß sie kein in sich widerspruchsfreies System bilden; nicht einmal die der Snorra Edda allein. Das Ausmaß der Widersprüche wird unterschiedlich angenommen: wenn Mythos 1 aussagt ‚A hat die Eigenschaft X‘ und Mythos aussagt 2 ‚A hat die Eigenschaft Y‘, heißt das
– entweder, daß A die Eigenschaften X und Y besaß oder zwischen ihnen wechseln konnte
– oder, daß die Eigenschaften von A, die ihm Mythos 1 zulegt, nicht für Mythos 2 gelten und umgekehrt.

Wenn wir nur das als Widerspruch betrachten, was auf keinen Fall miteinander vereinbar ist, ist die Zahl der Widersprüche innerhalb der Snorra Edda nicht so groß, daß wir Jan de Vries widersprechen müßten, wenn er schreibt: ‚In seiner Gylfaginning erzählt Snorri, was ihm, hauptsächlich aus den Eddaliedern Vǫluspá, Vafþrúðnismál und Grímnismál, von der Schöpfung der Welt bekannt ist. Durch seine zu gleicher Zeit eklektische und ausglättende Darstellung hat er eine leidliche Einheit erreicht'.[3]

Da es jedoch Widersprüche innerhalb der Snorra Edda gibt, die keinesfalls hinwegdisputiert werden können, ist fraglich, ob alle divergierenden Berichte, die notfalls miteinander vereinbar sind, tatsächlich vereint werden sollen. Die ,leidliche Einheit' wäre dann kaum gegeben. Das hat weitreichende Konsequenzen: Wenn es z. B. in der Snorra Edda Gylfaginning Kap. 20 (19) heißt *Óðinn heitir Alfǫðr, þvíat hann er faðir allra goða* ,Óðinn heißt Allvater, denn er ist Vater aller Götter', dann dürfen wir nicht fragen, ob die Wanen keine Götter sind oder Óðinn auch der Vater der Wanen ist; hier ist eben die Einteilung in Asen und Wanen gerade nicht präsent; ebensowenig in der Hymisqviða (Týr ist dort Sohn eines Riesen mit einer Asin). Vielleicht ist die Trennung von Asen und Wanen, mit der Rückkehr Njörds zu den Wanen am Ende der Zeiten, gar kein Prinzip gewesen, das in allen nordgermanischen Mythen mit vorausgesetzt werden kann. Neben solchen die Grundprinzipien unseres Interpretationssystems in Frage stellenden Widersprüchen sind Widersprüche zwischen Mythen in Details häufig.

Es ist im Einzelfall schwer argumentierbar, ob ein Widerspruch so offenkundig ist und die widersprüchlichen Stellen so nahe beisammen liegen, daß dem, der den Widerspruch verursachte, es aufgefallen sein müßte und er ihn bewußt in Kauf genommen haben muß, oder ob Vergeßlichkeit, Schlamperei, Arbeitsunterbrechungen oder was auch . immer als Erklärungsmöglichkeiten dienen können; egal, ob ein Autor von sich aus eine in sich widersprüchliche Handlung erfindet oder ob er in seinem Werk mehrere gegeneinander widersprüchliche Quellen verarbeitet. Auch Autoren mit geringem Ingenium brachten es auch in langen Sammelwerken fertig, Erzählungen so zu harmonisieren, daß die Widersprüche der Quellen ausgeglichen wurden. Man hat es auch schon lange aufgegeben, den Dichtern zuzuschreiben, sie hätten immer das Konzept ihrer Werke im Kopf gehabt und sich keine Widersprüche zu Schulden kommen lassen, die Abschreiber dagegen hätten alle in unseren Augen schlechten Eigenschaften in sich vereint. Innere Widerspruchsfreiheit kann je nach Epoche, Gattung und Publikum mehr oder weniger stark gefordert und zum Qualitätsmerkmal erhoben werden.

Wichtig für das Verständnis von Mythen ist, daß es nicht vieler dazwischenliegender Kapitel bedarf, um widersprüchliche Gestaltungen zu vergessen. Der rationale Anteil in Mythen ist sicher höher als in Träumen oder Visionen, aber trotzdem gehören sie zu den Gattungen, in denen wir innere

---

[3]   Jan de Vries, Altgermanische Religionsgeschichte (Grundriß der germanischen Philologie 12), Berlin [3]1970, Bd. 2, S. 359.

Widersprüche zu tolerieren bereit sind.[4] Trotzdem überlegen wir, welche Möglichkeiten Snorri gehabt hätte, mit widersprüchlichen Quellen umzugehen. Er hätte können:

1. die Widersprüche unkommentiert bestehen lassen,
2. auf die Widersprüchlichkeit der Quellen hinweisen,
3. die Widersprüche unkommentiert beseitigen.

Die Snorra Edda wählt mehrfach die erste Möglichkeit, aber eigentlich nie die zweite, außer man zählt hierher die Bemerkung Kap. 48 (47), Thor habe nicht, wie *segia menn* (,Leute erzählen'), der Mitgardschlange den Kopf abgeschlagen, sondern *hygg ek* (,ich glaube'), daß sie noch lebt und in der *umsjá* (,Okeanos'), liegt. In welchem Ausmaß die dritte Möglichkeit angewandt wurde, ist kaum überprüfbar, weil wir die Quellen Snorris zu wenig kennen.

Dagegen hat der Sammler der Liederedda in *Frá dauða Sigurðar* (,Vom Tode Sigurds') explizit darauf hingewiesen, daß verschiedene ,Gewährsleute' die Begebenheiten unterschiedlich erzählen, und zwischen Atlaqviða und Atlamál, daß die Atlamál genauer berichten. Aber auch er hat nicht einmal in in sich widersprüchliche Lieder, wie die Grípisspá[5], glättend eingegriffen. Dabei ist die Grípisspá keineswegs unüberschaubar lang: das ganze Lied umfaßt nur 53 Strophen zu je vier Zeilen.

Zu den Themen, bei denen die Snorra Edda sich selbst widerspricht, gehört die Erklärung der Himmelskörper.

Eine der Erklärungen für die Gestirne und ihre Bewegungen findet sich in der Gylfaginning. Die Bewegung des Alls wird belebt gedacht: in den Kap. 10 (9) und 11 (10) wird die von Riesen abstammende *Nott* (,Nacht'), ihr Aussehen (dunkel), ihre Ehemänner und Kinder, darunter ihr Sohn *Dagr* (,Tag') beschrieben, und daß *Alfoðr* sie und ihren Sohn Dag mit zwei Pferden und zwei Wagen auf den Himmel schickte, daß sie in je zweimal zwölf Stunden um die Erde fahren sollten. In Kap. 11 (10) erhalten dann Sonne und Mond eigene Pferde und Wagen und sogar Wagenlenker; die Wagen von Nacht und Tag sind also nicht mit denen von Mond und Sonne identisch. Blasbälge verschaffen den Sonnenrossen Kühlung, weil von der Sonne solche Hitze ausgeht.

---

[4]   Das heißt nicht, daß andere Gattungen, in denen die Toleranz gegenüber Widersprüchen Gattungskriterium ist, z. B. die germanische Heldensage, direkt aus dem Mythos hergeleitet werden müssen.

[5]   Die Grípisspá berichtet Str. 13 f., daß Sigurd nach der Erschlagung des Drachen Fáfnir direkt an den Hof Gjúkis, des Vaters von Gunnar, Guðrún und Hǫgni, kommt. Str. 31 heißt es jedoch, daß er schon eine Nacht, nachdem er an Gjúkis Hof kommt, Brynhild vergessen wird – die er erst nach dem Besuch bei Gjúki kennengelernt hat. Str. 34 wird Sigurd mit Guðrún verheiratet, danach wirbt er Brynhild für Gunnar, Str. 43 heiraten Gunnar und Sigurd zugleich.

Kap. 12 (11): Da sprach Gangleri: „Schnell bewegt sich die Sonne, als ob sie Angst hätte *sem hon sé hrædd*, und nicht könnte sie mehr den Gang beschleunigen, wenn sie ihren Tod fürchten würde." Da antwortet Hárr: „Das ist nicht wunderlich, daß sie eilig dahinzieht; nahe kommt ihr der, der sie verfolgt, und sie hat keinen Ausweg als davonzulaufen." Da sprach Gangleri: „Wer ist es, der ihr dieses Ungemach zufügt?" Hárr sagt: „Das sind zwei Wölfe, und der, der hinter ihr nachläuft, heißt Skoll; den fürchtet sie und er wird sie fangen; und der heißt Hati Sohn des Hróðvitnir, der vor ihr läuft, und der will den Mond fangen, und so wird es werden." Da sprach Gangleri: „Von wem stammen diese Wölfe ab?" Hárr sagt: „Eine Riesin wohnt östlich außerhalb von Mitgarðr in dem Wald, der Járnviðr (‚Eisenwald') heißt; in dem Wald wohnen drei Trollweiber, die ‚Eisenwäldlerinnen' heißen. Die alte Riesin zieht als Söhne viele Riesen auf, und alle in Wolfsgestalt, und von daher sind diese Wölfe gekommen. Und so ist es gesagt, daß von diesem Geschlecht einer der Stärkste werden wird, der Mánagarmr (‚Mond-Garmr') heißt, er füllt sich mit dem Fleisch aller der Menschen, die sterben, und er verschlingt den Mond, und er bespritzt den Himmel und die ganze Luft mit Blut; davon verliert die Sonne ihren Schein und die Winde sind da unruhig und rauschen hin und her; so heißt es in der Vǫluspá:

40. Austr sat in aldna	Im Osten wohnte eine Alte
í Iárnviði	im Járnviðr
oc fœddi þar	und zog dort auf
Fenris kindir.	die Nachkommenschaft des Fenrir.
Verðr af þeim ǫllom	Es wird von denen allen
einna noccorr	einer
tungls tiúgari	der Vernichter des Mondes
í trǫllz hami.	in Trollsgestalt.
41. Fylliz fiǫrvi	Er füllt sich mit dem Fleisch
feigra manna,	todgeweihter Männer;
rýðr ragna siǫt	er rötet die Sitze der Götter
rauðom dreyra.	mit roten Tropfen.
Svort verða sólscin	Schwarz werden die Sonnenstrahlen
of sumor eptir,	in den Sommern danach,
veðr ǫll válynd.	alle Wetter bösartig.

Wenn wir Kap. 11 (10) und 12 (11) verbinden wollten, müßten wir so formulieren: Die Ursache der Bewegung der Sonne sind die sie ziehenden Pferde; der Grund dafür, daß sie sich von den Pferden so schnell ziehen läßt, ist Angst vor einem der beiden Himmels-Wölfe, die sie bzw. den Mond verfolgen. Adäquater ist allerdings: wie im Traum ist im Mythos schon nach wenigen Sätzen vergessen, daß die Sonne vorhin von Pferden gezogen gedacht wurde; jetzt läuft sie selbst; das Motiv für ihr Laufen ist die Angst ... Dabei ist es für den Mythologen, der den Mythos in der Form interpretiert in der er belegt ist, nicht wichtig, im Gegensatz zum Religionsgeschichtler, ob Snorri (oder schon einer seiner altnordischen Vorgänger) die Vorstellung von den Rössern, die die Sonne ziehen, einem griechischen Phaëton (aus Ovid, den Snorri direkt oder über Zwischenstufen kannte) nachempfunden hat oder einheimische nordische Vorstellungen benutzt hat (wie sie sich schon auf dem Sonnenwagen von Trundholm zeigen, der von einem Pferd gezogen wird) und wer wann und warum inkompatible Erzählungen vermischt hat. Die Strophe aus der Vǫluspá, die Snorri als Beleg für das zitiert, was er gerade behauptet hat, besagt nicht, daß ein Wolf die Sonne fressen wird, sondern daß ein Wolf den Mond fressen wird und von dem Blut, das daraufhin im Weltall umherspritzt, der Sonnenschein verdunkelt wird.

Gylfaginning Kap. 51 (50), bei der Beschreibung der Ragnarǫk, ist die Erzählung von den beiden Wölfen, die Sonne und Mond verschlingen, wieder präsent; nicht allerdings die von Pferden, Wagen und Lenkern. In der Vǫluspá ist weder bei der Weltschöpfung Str. 4-5, noch beim Weltuntergang Str. 57 von Sonnenwagen oder Pferden die Rede.

Dagegen sind es in den Vafþrúðnismál 11 ff., und danach Gylfaginning Kap. 10 (9), zwei Hengste, Scinfaxi und Hrímfaxi, die Tag bzw. Nacht herbeiführen. Die Pferde, die Nacht und Tag ziehen, sind also nicht mit denen identisch, die Mond und Sonne ziehen. Vafþrúðnismál 22 ff. ist diese Vorstellung schon wieder vergessen. Auch Vafþrúðnismál 46 f. wird das Schicksal der Sonne entsprechend der Vǫluspá so beschrieben, daß sie von Fenrir getötet wird; ein Wagen oder Pferd ist nicht nötig, dafür gebiert sie noch schnell eine Tochter, die denen leuchten wird, die die Ragnarǫk überleben.

Grímnismál Str. 37 findet sich die Vorstellung von den Sonnenrossen (ohne Wagenlenker) zusammen mit der von kühlenden Blasbälgen; Str. 38 befindet sich ein kühlender Schutzschild vor der Sonne, der einst abfallen wird, wodurch alles verbrennen wird. Str. 39 werden die beiden Wölfe genannt (Skoll und Hati), die Sonne und Mond verschlingen werden, ohne daß es gegenstandsadäquat wäre zu fragen, ob sie nun die zuvor genannten Rosse und Blasbälge mitverschlingen, oder warum in den Vafþrúðnismál der Fenriswolf als Verschlinger der Sonne genannt wird und beides nicht zur Vǫluspá stimmt, wo Str. 57 die Sonne einfach schwarz wird. Wie das Verbrennen der Welt durch Abfallen des kühlenden Schutzschildes mit dem Verschlungenwerden der Sonne zusammenpassen könnte, überlegen wir besser auch nicht; die Darstellung der Grímnismál Str. 38 paßt nicht nur nicht zur Vǫluspá und den aus ihr in der Snorra Edda zitierten Mythen, sondern nicht einmal zur eigenen Folgestrophe.

Eine wieder andere Vorstellung von der Natur der Himmelskörper überliefern die Alvíssmál: Str. 15 ist einer der Namen des Mondes ‚das rollende Rad‘, und Str. 17 einer der Namen der Sonne ‚das schöne Rad‘; Str. 31 heißt die Nacht für die Zwerge ‚Erzeugerin der Träume‘.

Eine andere Bedrohung erfahren Sonne und Mond Gylfaginning Kap. 42 (41), als sie und Freyja von einem Riesen zur Belohnung für den Bau der Götterburg gefordert werden.[6]

---

[6]   Es gibt auch scheinbare Widersprüche, die nur Übersetzungsfehler sind und darauf beruhen, daß für die Deutung von *tuggl* statt der im Altisländischen sonst aus-

Es gibt zahlreiche Versuche, zu rekonstruieren, durch welche Mißverständnisse Snorri zu diesen miteinander unvereinbaren Berichten über Sonne und Mond kam; eine Zusammenstellung besorgte Lorenz[7] S. 195 ff.

Bei allen Divergenzen ist diesen Mythen gemeinsam, daß sie die Erscheinungen des Weltalls nicht nur technisch erklären und mit tierischen, menschlichen und menschenähnlichen Lebewesen bevölkern, sondern ihnen auch menschliche Motivationen unterschieben. Was sind aber diese Motivationen, was sind treibende Kräfte in der Snorra Edda?

Treibende Kräfte in der Snorra Edda

Die Angst der Sonne vor dem Gefressenwerden

Menschen handeln aus Antrieben heraus. Spekulationen über die Antriebe der Himmelskörper, warum sie ihren Weg dahinziehen, sind, wie einleitend ausgeführt, Ausdruck der Psyche des Menschen, nicht des Himmelskörpers.

Auffällig ist die Motivation der Bewegung, nämlich Angst, und daß mehrfach Schutzmaßnahmen gegen irgendeine Gefahr wiederkehren, z. B. Blasebälge gegen Verbrennen. Wenn Angst das treibende Motiv für die Himmelskörper in einer Mythologie ist, und diese Angst dadurch begründet wird, daß ein anderes Wesen sie verschlingen will, so kann über die Triebkräfte der Menschen, die diese Mythologie tragen, eine entsprechende Aussage gemacht werden: ihre Aktionen sind wesentlich Angstreaktionen auf irgendetwas; sie haben Angst und sie verstehen ihre Angst nicht als etwas, das aus ihnen selbst kommt, sondern als eine Reaktion auf etwas von außen, z. B. daß ein anderes Wesen sie verschlingen will. Die Entstehung von Mythen oder Märchen kann als Projektion der bewußten und unbewußten Vorstellungen, der Empfindungen und Gefühle der Mitglieder einer Gemeinschaft in die Welt übermenschlicher Wesen gedacht werden. Verschlungenwerden spielt auch in Märchen eine Rolle; z. B. in ,Der Wolf

---

schließlich belegten Bedeutung ,Mond' mit Verweis auf gotisch *tuggls* ,Gestirn' an mehreren Stellen ,Sonne' eingesetzt wird, an denen das bedeutendere der beiden Gestirne bzw. das Gestirn schlechthin gemeint ist. Das bedeutendste Gestirn ist für die Germanen der Mond, und damit sind Sprachwissenschaft und Mythologie harmonisierbar. Außerdem wird man den Widerspruch los, der sich in manchen Übersetzungen findet, daß in der Vǫluspá Str. 40 die Sonne verschlungen wird und danach in Str. 41 sich verfinstert (allerdings wäre das noch kein gutes Argument gegen die Deutung als ,Sonne', weil Widersprüchlichkeit, wie ausgeführt, für sich allein noch nicht auffällig ist).

7 Gottfried Lorenz, Snorri Sturluson, Gylfaginning. Texte, Übersetzung, Kommentar (Texte zur Forschung 48), Darmstadt 1984.

und die sieben Geißlein' (Grimm Nr. 5) und ‚Rotkäppchen' (Grimm Nr. 26). Die Sonne des altnordischen Mythos hat nicht irgendeine Angst sondern eine konkrete: ‚vor einem Wolf, der sie verschlingen will' und eine konkrete Reaktion darauf: ‚sie flieht'. Dadurch wird sie individualisiert und unterscheidet sich von anderen Individuen, mythologischen, literarischen oder menschlichen, die ihrer persönlichen Angst ihre persönlichen Erklärungen dafür zuweisen und anders reagieren: z. B. die ‚Sieben Geißlein' verstecken sich; Rotkäppchen erkennt die Gefahr nicht, hat dadurch auch keine Angst und wird verschluckt, die Hilfe kommt erst durch den Jäger. Psychoanalytiker haben das Verstecken im Uhrkasten usw. einerseits und den Wunsch, aus einem Ungeheuer herausoperiert zu werden andererseits als Reminiszenzen an die vorgeburtliche Existenz bzw. den Geburtsvorgang gedeutet; in psychoanalytischem Schrifttum ist mir einmal eine Deutung begegnet, daß eine Fahrt im PKW eine Art Uterusersatz darstellen soll, in den die viele Menschen heutzutage vor ihren Ängsten statt in den Uhrkasten fliehen – naja, es ist eng und es schaukelt während der Fahrt.

Auf den Gedanken, daß Sonne und Mond gefährdet sein könnten, meint man, könnten die Germanen durch die Beobachtung von Sonnen- und Mondesfinsternissen gekommen sein. Das ist zumindest für die Sonnenfinsternisse nicht wahrscheinlich, da mit freiem Auge sichtbar ist, daß wir die Sonne nur dann kurzfristig nicht sehen können, wenn sie gerade den Mond außen überholt; wenn wirklich Spekulation über die Ursachen beobachtbarer Phänomene die Haupttriebkraft zur Erfindung solcher Mythen wäre, könnte man etwa einen Bericht über ein Wettrennen erwarten. Der Mond verliert bei Mondesfinsternis teilweise oder ganz die Leuchtkraft und erscheint matt, manchmal fast dunkelrot. Aber auch wenn wir es als Möglichkeit gelten lassen: naheliegend ist die Interpretation ‚er wird verschluckt' keinesfalls. Viele Gründe wären denkbar, um das zeitweise Verschwinden der Gestirne zu erklären: die Sonne könnte auch hin und wieder verschwinden, um uns zu bestrafen; sie könnte sich etwa verstecken, weil sie von der Arbeit müde ist, der Mond sich schmutzig oder gar blutig gemacht haben usw. Die rationale Interpretation des Mythos ersetzt nicht die psychologische. Daß der Mensch möglicherweise Angst hat, die Sonne könnte nach einer Sonnenfinsternis nicht wiederkehren, bedingt nicht daß er annimmt, daß die Sonne **selbst** Angst hat. Sogar wenn sie dem Tod oder möglichen Unglücksfällen unterworfen wäre, besagt das noch nicht, daß sie sich davor fürchtet, und daß das der Grund für ihre dauernde Bewegung ist. Phaeton wird nicht von Angst getrieben den Sonnenwagen zu lenken, sondern von Übermut. Wenn bei Ovid der Sonnengott Angst hat, Phaetons Übermut könnte den Weltuntergang bringen, ist das eine andere Sache.

Nun, was sind in anderen mythischen Welten die treibenden Kräfte des Alls?

Für Dante, wenige Jahrzehnte nach Snorri, ist die Liebe die das Universum treibende Kraft. Paradiso 33. Gesang: ‚der Liebe, die beweget Sonn und Sterne' (Übersetzung von Karl Streckfuß). Wenn Sie wollen, können Sie daran denken, daß im 13. Jh. sich über weite Teile Europas in der Literatur und nicht nur in der Literatur die Vorstellung verbreitet hatte, daß die Liebe eine gewaltige, treibende Kraft ist, stärker als der menschliche Wille; in der nordischen Literatur erreichte sie dagegen keinen solchen Stellenwert.

Griechische Mythen kennen Helios als mächtigen Herrscher, setzen ihn bisweilen mit Zeus gleich.[8] Bei keinem der griechischen oder römischen Autoren finden sich Ängste der Sonne, die denen bei Snorri ähnlich manifest wären. Die Kräfte, die die Sonne dort bewegen, sind ab Hesiod die Naturkräfte von Pferden (bei Homer schreitet Helios noch), denen weiter keine psychologische Begründung zugesprochen wird, und daß Helios sie über den Himmel lenkt, hat sein Grund darin, daß er Menschen und Göttern leuchten will. Das ist nicht nur eine andere Erklärung, sondern eine andere Welt.

Óðinns Ängste

Gehen wir vom dominierenden Gestirn am Himmel weiter zum dominierenden Gott: Auch die zum Zeitpunkt der Niederschrift der altnordischen Mythen mächtigste Gottheit des germanischen Pantheons, Odin, kennt Ängste, von denen ihre klassisch-antiken Entsprechungen nicht ganz, aber doch weitgehend frei sind. Ich wähle als Vergleichsgottheit nicht den Geleiter der Seelen ins Jenseits, Hermes, der ja einer schon von Tacitus gesehenen Funktion des Hauptgottes der Germanen entspräche. Der Gott der extatischen Kampfeswut ist bei Snorri der Vater aller Götter und damit in einer Funktion, die bei den Griechen Zeus als Himmelsgott und Vater aller herrschenden Götter zukommt. Den Gott der Wut zur Herrschaftsfunktion kommen zu lassen, ist doch eine deutlich andere Nuance als der Zorn, aus dem Zeus Blitze schleudert.

Vergleichbar an Óðinn und Zeus ist, daß beider Herrschaftsfunktion bedroht ist; die des einen durch Prometheus, die des anderen durch Loki. Eine Angst des Zeus, der angekettete Prometheus könne einmal loskommen und die Herrschaft des Zeus beenden, wird aber im griechischen Mythos ungleich weniger manifest als die Angst Óðinns vor dem gefesselten Loki. Prometheus nährt zwar die Hoffnung, daß auch die Herrschaft des Zeus nicht ewig dauern werde, und stützt sich dabei auf eine Weissagung

---

[8]   Jessen, Helios, in: RE VII/1, Stuttgart 1912, Sp. 76.

(Aischylos⁹, Der gefesselte Prometheus v. 510 ff.), doch tritt nirgendwo in der griechischen Mythologie Zeus als einer auf, der sich davor fürchtet und nur Gegenstrategien ersinnt, ohne wirklich etwas Zielführendes zu unternehmen.

Schon bei Hesiod gelingt es Zeus, die Bedingung, unter der die Gefährdung seiner Herrschaft eintreten soll, nicht eintreten zu lassen – etwas, das bei Prophezeiungen, die Menschen oder altnordische Götter erhalten, nicht eintritt: Zeus und Poseidon sind Rivalen um Thetis. Ihnen wird geweissagt, daß der Sohn der Thetis stärker werden soll als sein Vater; sie sind daraufhin beide vernünftig genug, Thetis einem Menschen, dem Peleus, zu überlassen. Achill wird stärker als sein Vater Peleus, aber das ist für die Götter ungefährlich. Es gibt sogar eine Variante des Prometheus-Mythos, nach der Zeus und Prometheus sich einmal gütlich einigen und Zeus dafür Prometheus wieder losbinden läßt, daß er ihm den Inhalt der nur Prometheus bekannten Weissagung verrät (das mit Thetis). Die Möglichkeit, daran eine komische Seite zu sehen und zu gestalten, hat Lukian gesehen und in seinen ‚Göttergesprächen' köstlich ausgeführt. Eine andere Frau, deren Sohn Zeus gefährlich werden könnte, ist Metis – falls Metis nach ihrer Tochter auch einen Sohn bekäme. Zeus löst das Problem, indem er Metis verschlingt, noch bevor sie Athene geboren hat; der sicherste Platz für eine Frau zum Schutz gegen sexuelle Kontakte ist der Magen des Mannes. Den Fehler des Kronos, die Verschluckten zu erbrechen, wird Zeus nicht wiederholen.

Die Asen der Snorra Edda sind in dieser Hinsicht menschenähnlicher; sie sind nicht Wunschtraumbilder wie der unsterbliche Zeus, der stärker und klüger ist als die anderen Unsterblichen, sogar das Schicksal überlistet, und daher zuversichtlich ist, auch für alle Zukunft seine Herrschaft sichern zu können.

Im griechischen Mythos ist der Tabubruch Zeus erlaubt und für ihn folgenlos; die Menschen (Heroen) handeln sich dafür entsetzliche Folgen ein, und zwar schon zu Lebzeiten, wenn sie nicht gleich in den Tartaros geworfen werden. Dagegen scheuen die Asen sich Gylfaginning Kap. 50 (49) anscheinend, Tabus zu brechen und Loki zu töten, sogar, wenn dadurch der Bestand der Welt gefährdet wird. Die Asen binden auch den Fenriswolf, unter Aufopferung von Týrs Hand, aber keiner der Asen erschlägt ihn. Hárr gibt Gylfaginning Kap. 34 (33) den Grund dafür an: ‚In so hohen Ehren hielten die Götter ihre Heiligtümer und Friedensstätten, daß sie sich nicht mit dem Blute des Wolfs besudeln wollten, obgleich die Weissagungen lauten, daß er Óðinns Töter werden soll.' Snorris Götter erscheinen uns mehr den Forderungen ihres Über-Ich unterworfen als die ihrer klassischen

---

⁹   Spekulationen, ob das unter seinem Namen erhaltene Prometheus-Drama von ihm selbst oder einem seiner Schüler ist, berühren unser Thema nicht.

Pendants. Vor allem aber sind sie sterblich gedacht; es braucht keine Begründung, warum Zeus nicht Prometheus tötet, denn auch der ist ja unsterblich, hingegen muß Snorri eine Begründung ausdenken, warum Loki und seine Kinder am Leben bleiben.

Die Götter werden in der Snorra Edda im wesentlichen den Menschen freundlich gezeichnet: Loki ist der Urheber des meisten Bösen bei Göttern und Menschen, das heißt, was für die Götter böse ist, ist es auch für die Menschen. Prometheus verteidigt dagegen die Menschen gegen Zeus, der sie am liebsten ausrotten möchte.

Man mag einwenden, daß es sich dabei nicht um strikte Gegensätze, sondern nur um Nuancierungen handelt. Aber wenn wir konsequent bei dem eingangs formulierten Grundsatz bleiben, daß die Mythen einer Gesellschaft aus einem Quell entspringen, der durch das genährt wird, was den Psychen von vielen ihrer Mitglieder gemeinsam ist, werden wir kaum erwarten, eine Mythologie zu finden, in der sich das Phänomen ‚Angst' nicht manifestiert, oder, auf einer anderen Ebene des Seelenlebens, die Forderung des Über-Ich, Versprechen und Verträge zu halten. Das Ausmaß, in dem die Forderungen des Über-Ich und die von ihm angedrohten Sanktionen mit den Wünschen des Ich und den Bedürfnissen des Es in Konflikt geraten, wird je nach den unterschiedlichen gesellschaftlichen Konstellationen verschieden sein.

Die Angst Óðinns vor Ragnarǫk, dem Weltuntergang, konkretisiert durch die Angst, der gefesselte Fenrir und der gefesselte Loki könnten loskommen, führt dazu, daß Óðinn alle gefallenen Helden um sich schart, Ragnarǫk ist aber trotzdem nicht abwendbar. Ein anderer Bericht, Gylfaginning Kap. 24 (23) und Grímnismál Str. 14, spricht Óðinn nur eine, Freyja die andere Hälfte der Toten zu. Wozu Freya die Gefallenen braucht, wird nicht gesagt; in den Mythen vom Weltuntergang ist der Gedanke an diese als potentielle Kämpfer nicht präsent. Wir müssen uns daher auf die Interpretation der Mythen beschränken, in denen Óðinn alle Gefallenen um sich schart. Seine Angst ist die vor dem selben Ereignis wie die Angst der Sonne: vor dem Verschlungenwerden durch einen Wolf, und dieses Ereignis soll in fernster Zukunft eintreten. Die Reaktion auf diese Angst ist bei ihm nicht Flucht, er setzt keine körperliche Aktion; er plant nur Verteidigungsmaßnahmen im Wissen, daß sie nutzlos sein werden. Dazu gehört auch Kap. 51 (50): ‚Wenn Ragnarök anbricht, dann reitet Óðinn zu Mimirs Brunnen und holt Rats ein von Mimir für sich und die Seinen. Es zittert die Esche Yggdrasils; voll Furcht ist alles im Himmel und auf Erden.'

Gylfaginning Kap. 38 (37), nach Grímnismál Str. 20, hat Óðinn Angst um seine Raben Huginn (‚Gedanke') und Muninn (‚Wunsch'); und zwar um Muninn noch mehr:

Óomc ec of Hugin, at hann aptr né komið,
þó siámc meirr um Munin.
Ich ängstige mich um Huginn, daß er nicht zurückkommt,
doch sorge ich mich mehr um Muninn.

Óðinn widerfährt beim Raub des Dichtermets etwas, das man sonst Angsthasen und Feiglingen zuschreibt: als er von Suttung verfolgt wird, hat er leichten Durchfall.

Gylf. Kap. 49 (48) träumte Baldr *drauma stóra ok hættliga om líf sitt*, ‚schwere und sein Leben bedrohende Träume'. Die Asen beschließen *at beiða griða Baldri fyrir allz konar háska* ‚Frieden zu verlangen für Baldr gegen Gefahr aller Arten'. Frigg versucht daraufhin, alle Dinge zur Eidesleistung zu bewegen; bekanntlich unvollständig und ohne Erfolg. Die von vornherein unmögliche, weil unbeendliche Strategie gegen die Angstträume ist hier Paktieren mit allen möglichen Gegnern.

Freud (IX, 578) glaubt, das Totemtier dadurch charakterisieren zu können, daß es entweder der Freund des Helden ist oder vom Helden getötet wird. Im germanischen Mythos kommt es anscheinend vor, daß Totemtiere Helden töten: jedenfalls kann man den Wolf als Óðinns Totemtier auffassen; vielleicht auch die Mistel als Totempflanze Balders.

Nachdem Himmel und Welt untergegangen sind, werden ‚gute und gerechte Menschen' (*góða menn ok réttlátir*) auf Gimlé wohnen; Das Fehlen jedweder Bedrohung nach Ragnarǫk ist der Wunschtraum eines Ängstlichen. Gylfaginning Kap. 17 (16) heißt es: ‚Was bewahrt diesen Saal (*Gimlé*), wenn die Surtlohe Himmel und Erde verbrennt?' Hárr sagt: ‚So ist es gesagt, daß ein anderer Himmel südlich und über von diesem sei, und dieser heißt *Andlangr*, und ein dritter Himmel sei noch über diesen, und dieser heißt *Viðbláinn*; und auf diesem Himmel denken wir uns daß diese Stätte ist, und wir glauben, daß nur Lichtalben jetzt diese Stätte bewohnen.'

Dem Bisherigen nach könnte es scheinen, als wollte ich das Verhalten aller Figuren des germanischen Mythos als angstbestimmt interpretieren. Dem ist aber nicht so: ein erfolgreiches rationales Umgehen mit gefährlichen Gegnern zeigt in der Snorra Edda der außerhalb der ‚normalen' mythischen Welt angesiedelte Utgarðar-Loki: er kann Þórr ruhig einlassen, denn er hat vorausblickend eine Menge Verteidigungsmittel aufgebaut, die ihren Zweck gerade erfüllen. Als er die Stärke Þórrs erkennt, der fast den Mitgarzormr zu heben in der Lage ist, beschließt er, kein zweites Mal so unvorsichtig zu sein, Þórr einzulassen. Er hat die Absicht, eine Situation, von der sich gezeigt hat, daß sie Gefahr bringen könnte, in Zukunft zu vermeiden. Günstig ist es, zwischen einer rational begründbaren und beherrschten Furcht, wie Utgarðar-Loki sie zeigt, und einer nicht beherrschten Angst zu unterscheiden. Diese Trennung war im 13. Jahrhundert durchaus bekannt; Hartmann von Aue, Erek 8619 ff., unterscheidet:

Manlîcher sorgen	Von männlichen Sorgen
enwas sîn herze niht gar vrî,	war sein Herz nicht ganz frei,
wan man wil daz er niht ensî	denn man verneint allgemein, daß
gar ein vollekomen man	der ein vollkommener Mann sei,
der im niht vürhten enkan,	der sich nicht fürchten kann,
und ist ze tôren gezalt.	und so jemand wird als Tor bezeichnet.
Ez enwart nie herze alsô balt,	Nie wurde ein Herz so kühn,
im enzæme rehtiu *vorhte* wol.	daß ihm nicht richtige **Furcht** geziemt hätte.
Swie gerne ein man daz vürhten sol	Wie gern auch ein Mann das fürchten soll,
dâ von sîn lîp en wâge stât,	wovon sein Leben bedroht wird,
habe er doch solher vorhte rât	möge er doch von solcher Furcht frei sein,
diu *zagelîch* sî.	die man ,**ängstlich**' nennt.

Die Götter sind oft in Bedrängnis und schutzbedürftig; zwei besonders starke, Þórr und Víðarr, bieten ihnen großen Trost in allen Nöten *mikit traust í allar þrautir*, ,großen Trost (Sicherheitsgefühl) in allen Nöten' so über Víðarr Gylfaginning Kap. 29 (28), und ein kluger, Loki, der eine allen überlegene Schlauheit besitzt, Gylfaginning Kap. 33 (32), dessen Rat sie brauchen, obwohl sie ihm nicht vertrauen. Þórr ist, im Gegensatz zu Zeus, nicht wirklich klug, und Óðinn, der Herrscher, nicht wirklich der körperlich kräftigste, wie Zeus. Schon Richard Wagner hat seinen Wotan sehen lassen, daß die Sicherung von Herrschaft nur durch Verträge und Wut nicht ausreicht gegen List und das Böse und ihn daher in den Pessimismus geführt; daß der Wotan seiner Quellen nicht nur pessimistisch ist, sondern handfeste Angst hat, hat dieser ausgezeichnete Mythenpsychologe zwar anscheinend gesehen, doch nicht wahrhaben wollen: er läßt Erda das Schicksal des Ängstlichen, ,sinn in Sorg und Furcht', über ihn verhängen, doch ihn aus eigenem Entschluß die ,Urmütter-Sorge' überwinden. Das ist Wagner, nicht Snorri.

Existenzbedrohung der Weltesche Yggdrasil

Von den zentralen Elementen der Mythologie der Snorra Edda habe ich die Himmelsleuchten und die Götter behandelt. Das Konstruktionselement, das diesen Kosmos zusammenhält, fehlt noch, der Maßbaum, der in der Unterwelt verstrebt ist und bis über den Himmel reicht: die Weltesche. Die einzelnen Welten, die Snorri nennt, stehen miteinander in Verbindung: konstruktionsmäßig durch den Weltenbaum, die Weltesche Yggdrasil, die in der Gylfaginning ausführlich beschrieben wird. Auf ihren Ästen sind die einzelnen Welten angesiedelt. Daß deren neun genannt werden, wie in der Vǫluspá, aber nur wenige benannt und beschrieben werden, also einige ,leer' bleiben, wird damit erklärt, daß die Zahl neun einen Symbolwert besitzt, der ,Vollständigkeit' ausdrücken soll. Das ist sicher zutreffend, daneben können aber auch andere Erklärungen gelten, etwa daß für uns unbekannte, uns nicht interessierende oder unserem Erklärungsversuch nicht zugängliche Welten Raum gelassen wird.

Die Weltesche wird Gylfaginning Kap. 16 (15) von zahlreichem Getier bewohnt. Die Quelle der Snorra Edda waren hiefür die Grímnismál. Die meisten der Tiere wirken für die Esche existenzbedrohend.

Ein Psychoanalytiker würde es vielleicht so anfangen, daß er die unter der Erdoberfläche befindlichen Teile des Baumes als Symbole für Dinge deutet, die dem Unbewußten angehören.

Die eine Wurzel liegt über Niflheim; unter ihr liegt die Quelle Hwergelmir (denken Sie jetzt bitte psychisch und nicht somatisch), und Níðhǫggr, der ‚Neid-Hauer‘, benagt sie von unten. Snorri zitiert sodann die Grímnismál Str. 35:

Ascr Yggdrasils   drýgir erfiði,
   meira, enn menn viti;
hiǫrtr bítr ofan,   enn á hliðo fúnar,
   scerðir Níðhǫggr neðan.
Die Esche Yggdrasill erleidet Mühe, mehr, als Menschen wissen;
ein Hirsch beißt oben, aber an der Seite fault sie, Níðhǫggr nagt von unten.

Auf die Struktur der Widersprüche will ich nicht nochmals eingehen, doch ein Beispiel nenne ich, nämlich daß mit nur zwei Sätzen dazwischen einmal gesagt wird, daß vier Hirsche an der Esche fressen und dann, daß ein Hirsch an ihr frißt. In den von Snorri als Quelle benutzten Grímnismál ist Str. 25 f. eine Ziege und ein Hirsch genannt, Str. 35 vier Hirsche. Snorri muß gesehen haben, daß seine Quelle in sich widersprüchlich ist, und hat sich nicht gescheut, ohne auszugleichen die widersprüchlichen Zitate in ein Kapitel zusammenzudrängen. Er zitiert dann auch nach Grímnismál Str. 34, daß viele Würmer an den Wurzeln Yggdrasils liegen, während es zuvor ein großer an nur einer der Wurzeln war.

Für uns wird die Existenz einer Welt als éine Welt dadurch gewährleistet, daß in ihr Kommunikation möglich ist, und sei es auch mit Schwierigkeiten. Bei der Natur dieser Welt und ihrer Bewohner – unten ein nagender *ormr* (Wurm / Schlange / Drache), oben ein Adler – werden wir Kommunikationsschwierigkeiten erwarten. Der Grund dafür, daß die Bewohner dieser Welt überhaupt Kommunikation miteinander suchen, ist bezeichnend, es ist der Haß: die Kommunikation innerhalb dieser Welt besorgt ein Eichhörnchen, das die gehässigen Worte, die der Drache an den Wurzeln und der Adler im Wipfel gegeneinander äußern, von einem zum anderen trägt. Zur Angst als zentralem Movens der Gestirne treten Neid und Haß als einzige genannte Eigenschaften der die kosmische Zwischenwelt bevölkernden Tiere und liefern so eine stimmige Vervollständigung das Weltbildes: Angst als Grund für die Bewegung der Himmelskörper und die Handlungen des obersten Gottes, Neid als Grund für das Fressen, Haß als Grund für die Kommunikation. Wenn wir die Skáldskaparmál in unsere Interpretation einbeziehen würden, erhielten wir noch einen Grund für die Handlungen der Götter und Heroen: die Goldgier (aber die hat schon Richard Wagner treffend aktualisiert und brauchen wir daher nicht zu erörtern).

Die Motivationsfolge ist im Mythos vom Riesenbaumeister, Gylfaginning Kap. 42 (41), so: die Asen wollen etwas, das sie allein nicht fertigbringen (eine feste Burg). Der Baumeister stellt unannehmbare Bedingungen. Die Asen holen Lokis Rat ein. Sie befolgen den Rat auch, aber das hat zunächst schlimme Folgen; die Asen geben ihm, dem Ratgeber, die Schuld daran und bedrohen ihn. Darauf bekommt *er* Angst und hilft ihnen dauerhaft, denn beide Folgen seiner Hilfaktion sind für sie positiv: der Baumeister wird nicht rechtzeitig fertig und fällt daher um den ausbedungenen Lohn um, und Loki, der als Stute den Hengst des Baumeisters von der Arbeit weggelockt hat, gebiert den wunderbaren Hengst Sleipnir, den Óðinn erhält. Daß die Götter Loki trotzdem nicht schätzen, liegt für uns, wenn wir sie psychologisierend betrachten, daran, daß sie ein ungutes Gefühl haben, jemandem vertrauen zu müssen, der klüger ist als sie. Die Erzählerkommentare in der Snorra Edda stellen sich dagegen auf die Seite der Götter und bezeichnen Loki als *illr* ‚böse‘.

Die Angst vor Bedrohung kann zum Ausdruck kommen, indem literarische Figuren gestaltet werden, die entsprechende Angstreaktionen zeigen (Sonne, Odin), durch Flucht in Wunschträume (paradiesartiger Zustand nach den Ragnarǫk) oder auch durch Ablachen der Spannungsdifferenz zwischen dem von der Gesellschaft geforderten Angstlosigkeit und der tatsächlich vorhandenen Feigheit. Wer Sigmund Freuds Abhandlung über den Witz kennt, wird mir Recht geben, daß Snorris Bemerkung, daß Thor und Widar ‚Trost‘ der Asen sind, in der Þrymsqviða eine einleuchtend entsprechende Gestaltung gefunden hat: nichts ist wohl schrecklicher für jemanden, der ruhig und sicher zu schlafen wünscht, als der Gedanke, wenn er aufwacht, könnte genau der Gegenstand gestohlen sein, dem er das Gefühl der persönlichen Sicherheit verdankt – und das ist für die Götter Thors Hammer. Der ist in der Thrymsqviða von Riesen gestohlen, und die Heimholung geschieht, übrigens vertraut Thor sich als allererstem Loki an, und der hilft ohne böse Nebenfolgen. Als Heimdalr den richtigen Rat gibt, lehnt Thor zuerst ab, erst Lokis Zureden bringt ihn zur Annahme. Für Thor ist Loki Vertrauensperson; für den Rat der Götter ist ein Rat erst gut, wenn Loki ihn unterstützt.

Ist das Sammeln von Wissen eine erfolgversprechende Strategie gegen befürchtete Ereignisse? Der Mythos von Kvasir zeigt: man kann ersticken an der eigenen Weisheit, weil niemand sie ihm abfragen kann. In der Liederedda sagt Alvíss prahlerisch sein Wissen ohne Rücksicht auf die Zeit her, dafür wird er zu Stein. Das sind Gegenstücke zum Vernichtetwerden weil man eine Antwort nicht weiß. Das richtige Maß an Wissen ist also nicht zu finden. Die Folgen sind in jedem Fall fatal, auch für Götter. Unbe-

endliche Aufgaben sind in verschiedener Form und in allen Epochen denkbar. Daß Frigg alle Dinge unter Eid nehmen will, aber dann den kleinen
mistilteinn ausläßt, und gerade der wird zum Mordwerkzeug, kann man
dem Studenten vergleichen, der alle möglichen Prüfungsfragen lernen will,
aber dann doch eine ausläßt, die gar zu unscheinbar erscheint, und gerade
diese ... Als Beispiele für Wissensmüll mögen unsere eigenen Publika-
tionsverzeichnisse dienen.

Schuldgefühle von Menschen

Die Götter sind unstreitig Sympathieträger der Mythen, gegen Riesen und
Loki samt seiner Sippschaft. Daher soll man sich auch entsprechend verhalten und den Göttern gegen ihre Feinde helfen. Gylfaginning Kap. 51
(50) heißt es: ‚Da geschieht es auch, daß Naglfar flott wird, das Schiff
dieses Namens, das ist gebaut aus den Nägeln von Toten; deswegen lohnt
sich Vorsicht dabei, wenn jemand mit unbeschnittenen Nägeln stirbt, denn
ein solcher vermehrt bedeutend den Baustoff zu dem Schiffe Naglfar, von
dem Götter und Menschen wünschen, daß es so spät wie möglich fertig
wird'.
Der Schuh Widars, mit dem dieser Gylfaginning Kap. 51 (50) in den
Unterkiefer des Wolfes tritt, wird aus von Menschen weggeworfenen Le-
derstücken von Schuhspitzen und -absätzen gebildet. Forderungen des
Über-Ich, die nicht erfüllt werden (Nägel schneiden, Schuhe reparieren
lassen) wirken sich also nicht nur für den negativ aus, der sie mißachtet,
sondern auch für die Götter. Daß menschliche Handlungen auch das Leben
der Götter verkürzen oder verlängern können, ist ein Zug der germanischen Mythologie, der der griechischen fremd ist. Wer die Mythen der
Snorra Edda für wahr hält, zieht nicht nur den Zorn der Götter auf sich,
wenn er gegen religiöse Vorschriften verstößt, sondern handelt sich auch
Schuldgefühle ein, den Göttern geschadet zu haben. Ein aus unserer
Schuld leidender Gott ist auch eine christliche Vorstellung. Trotzdem ist
das Vorherrschen von Angst und mit ihr verbundenen Gefühlen, und dazu
gehören insbesondere Schuldgefühle, in den altnordischen Mythen so
deutlich, daß es nicht empfehlenswert wäre, sie als hochmittelalterliche
christliche Zutat zu interpretieren.

Snorris persönliche Ängste

Nun ist ein heute allgemein anerkannter Satz „Snorri Sturlusons Edda ist
unsere erste germanische Religionsgeschichte". Im Band ‚Germanische Re-

ligionsgeschichte. Quellen und Quellenprobleme'[10], findet er sich gleich zweimal: Margaret Clunies Ross stellt ihn an die Spitze ihres Beitrags ‚Snorri's Edda as Medieval Religionsgeschichte', S. 633, und desgleichen Heinrich Beck, sie zitierend, an die Spitze seines Beitrags, ‚Die religiösen Quellen der Gylfaginning', S. 608. Wenn wir in Snorri einen Interpreten von Mythen sehen, ist es denkbar, daß Züge von Snorris Individualpsyche in die Snorra Edda geraten sind, wir wären dann nicht berechtigt, diese Elemente für solche ‚des' altnordischen Mythos zu halten.

In seiner Todesstunde war Snorri nicht mutig: die Sturlunga saga berichtet:[11]

> Gizurr kam in der Nacht nach dem 22. September nach Reykjaholt. Sie brachen die Hütte auf, in der Snorri schlief, aber er sprang auf und aus der Hütte hinaus in die Häuschen, die neben der Hütte lagen. Dort traf er den Priester Arnbjǫrn und besprach sich mit ihm. Sie entschieden sich, daß Snorri in den Keller steigen sollte, der dort im Hause unter der Kammer war. Gizurr und die Seinen gingen daran, Snorri in den Häusern zu suchen. Dabei fand Gizurr den Priester Arnbjǫrn und fragte, wo Snorri wäre. Er sagte, er wüßte es nicht. Gizurr sagte, dann könne er keinen Vergleich mit ihm schließen, wenn er ihn nicht fände. Es könnte sein, antwortete der Priester, daß man ihn fände, wenn man ihm Frieden zusicherte. Darauf entdeckten sie, wo Snorri war, und es stiegen in den Keller Markus Mördssohn, Simon Knoten, Arni Bitter, Thorstein Gudinissohn und Thorarin Asgrimssohn. Simon Knoten forderte Arni auf, ihn niederzuhauen. ‚Nicht zuhauen', sagte Snorri. ‚Hau zu', sagte Simon. ‚Nicht zuhauen', sagte Snorri. Darauf gab ihm Arni die Todeswunde, er und Thorstein versetzten ihm beide eins.

Snorri lieferte also keine heldenhafte Gegenwehr, wie Helden zu seiner Zeit entstandener Sagas, sondern lief zunächst vor seinen Verfolgern davon, versteckte sich und bat, entdeckt, um Schonung, die nicht gewährt wurde.

Die Angst von Snorris Figuren auf dessen Individualpsyche abzuschieben, geht aber nicht an; zu deutlich sind die Zeichen von Angstverdrängung auch in der Liederedda.

Der ‚volle Himmel'

An den nordischen Mythen fällt uns die Vorliebe für viele Namen und das Anfüllen des Weltalls mit menschenähnlichen oder tierähnlichen Wesen und irdischen Objekten ähnlichen Gegenständen auf.

---

[10] Germanische Religionsgeschichte. Quellen und Quellenprobleme, hrsg. von Heinrich Beck u. a. (Ergänzungsbände zum Reallexikon der germanischen Altertumskunde, 5), Berlin – New York 1992.
[11] Geschichten vom Sturlungengeschlecht, übers. Walter Baetke (Sammlung Thule 24), Jena 1930, S. 214.

Die Namenmasse ist keine Eigenheit Snorris: Auch die Vǫluspá enthält zahlreiche Zwergenstrophen, die man als jüngere Zutat von ihr abzutrennen gesucht hat. Eine hochpoetische Dichtung, eine Perle der Weltliteratur, und dazwischen über 60 Namen von Zwergen? In alten Kulturen war Vorzeiterinnerung gleichzeitig Wissensvermittlung, hatte also mehr als eine ästhetische Funktion. In christlicher Zeit hat man an dieser Aufzählung von ‚Wissensmüll' (wem nützt die Kenntnis von 60 Zwergennamen?) sichtlich Gefallen gefunden und die Namenlisten erweitert. Trotzdem sind alle Versuche gescheitert, eine ‚Urfassung' der Vǫluspá ohne Zwergennamen zu rekonstruieren: die Erweiterungen sind sicher nicht durch mechanisches Einfügen entstanden, sondern gleichzeitig wurde der Kontext angepaßt, und Namenlisten (wenn auch vermutlich kürzere?) hat wohl schon eine Vǫluspá des 10. Jh., falls es eine solche gegeben hat, enthalten. Daher verfälschen wir den Text, wenn wir ihn einfach ohne die Zwergennamen abdrucken. Die zahlreichen Rätseldichtungen, die Liederedda und Sagas überliefern, mit der Androhung des Todes, falls man eines nicht errät, zeigen die Tendenz, durch Wissensanhäufung dem Verderben entrinnen zu wollen. Insbesondere die Namen der Dinge spielen da eine beträchtliche Rolle; die Alvíssmál verbinden Wissensprunk und Nameninflation, indem die Dinge bei Menschen, Göttern oder Göttergrupppen (manche Dinge haben einen eigenen Namen bei den Göttern, für andere Dinge werden zusätzlich Namen bei einzelnen Göttergruppen genannt: bei Asen, Wanen oder *upregin*, den ‚oberen Göttern' oder *ginregin* ‚den Hochgöttern?'[12]), bei Riesen und Zwergen, manchmal auch bei den Alfen und in der Hel, jeweils andere Namen tragen. Ähnlich inflationär entwickeln sich die Bezeichnungen für Óðinn, die dieser irgendwann einmal zur Wahrung seines Inkognitos angenommen haben soll oder mit denen man ihn nennen kann, ohne daß eine Begründung wie Inkognito dafür gegeben wäre; nur aus dem Wunsch nach Namenanhäufung. Doch wo das Wissen uferlos ist, kann auch die Sicherung von Macht durch Wissen nicht gelingen.

In der Snorra Edda hat die Aufzählung der Götter, ihrer Pferde, Wohnsitze, Besitzstücke usw. zunächst zum Ziel, die vielen in altnordischer Dichtung vorkommenden Namen bekannt zu machen und die Figuren vorzustellen, um die alte Dichtung verständlich und sogar nachahmbar zu machen. Dazu nennt sie einige Charakteristika (Wohnstätte, Besitzstücke, Partner, Eigenschaften) und geht dann zur nächsten Gottheit weiter. Mit

---

[12] Wie diese Göttergruppen sich zueinander verhalten oder ob *ginregin* Str. 20 und das hapax legomenon *upregin* Str. 10 verschiedene Bezeichnungen derselben Göttergruppe sind, geht weder aus den Alvíssmál noch aus den Hávamál noch aus dem Hymisqviða hervor, wo ebenfalls *ginregin* genannt werden. Wie sich diese Gruppe zur Einteilung in Asen und Wanen verhält, bleibt desgleichen dunkel. Meist sieht man in *ginn-* nur ein schmückendes Beiwort, das sich auf alle Götter beziehen kann.

dem Fortschreiten des Werkes ändert Snorri allmählich seine Technik und
bringt mehr zusammenhängende Mythen, weniger Namenaufzählungen.

Das Namengeben und Anfüllen des Universums mit Dingen und Lebewesen könnte man dem Horror vacui der bildenden Kunst vergleichen.
Doch auch wenn man nichts leer läßt und alles sogar mehrfach benennt,
erwirbt man nicht die geistige Herrschaft über die Dinge, die mit diesem
Anfüllen und Benennen wohl erreicht werden sollte.

Forderungen der Gesellschaft

Das in der Psychologie immer wieder auftretende Problem, daß wir von
Gesellschaften sprechen, aber Mythen, genau so wie andere Kunstwerke
auch, von einzelnen Individuen geschaffen werden, haben wir bis jetzt
nicht weiter thematisiert, und können im Nachhinein das Argument oder
vielleicht auch nur die Ausrede bringen, daß die Mythen nicht akzeptiert
und tradiert worden wären, wenn die sie gestaltenden Kräfte nur in der
Psyche ihres Schöpfers wirksam gewesen wären. Damit würden wir uns
aber die Sache zu leicht machen, denn daß eine Gesellschaft ein Werk eines
Einzelnen akzeptiert, muß nicht bedeuten, daß er wirklich ins Zentrum der
Bedürfnisse seiner Mitmenschen getroffen hat; jeder von uns kann auch ein
Werk akzeptieren, von dem nur einige Saiten in ihm zur Resonanz gebracht
werden. Das vorschnelle Schließen von der Psyche des Schöpfers auf die
Kollektivpsyche der Gesellschaft gehört zu den Untugenden mancher So-
ziologen. Wir sollten uns daher zur Absicherung unserer Ergebnisse umse-
hen, welches die Forderungen sind, die in Kunstwerken einer mit Snorris
Mythen vergleichbaren Welt an Menschen gerichtet werden. Da bietet sich
zuvörderst die im Zusammenhang mit Mythen überlieferte eddische Heldendichtung an. Wie es sich für einen Herrscher, also für einen vorbildli-
chen Helden, gehört, *sem konungr scyldi* (um nicht nur die Atlaqviða,
sondern auch einen Aufsatztitel von G. W. Weber zu zitieren), handelt
Gunnarr, und ähnlich vorbildlich ist auch Hǫgni. Als man Hǫgni das Herz
aus dem Leib schneidet, lacht er, und sein Herz ist auch dann, herausge-
schnitten, noch daran kenntlich, daß es nicht zittert.[13]

Antriebe in der Heldendichtung

Unter den treibenden Kräften der alten Germanen pflegt an erster Stelle der
Heldenmut genannt zu werden.

---

[13]   Eine genaue Interpretation dieser Stelle lieferte Klaus von See, Das Herz in Edda und
       Skaldendichtung. In: Klaus von See, Edda, Saga, Skaldendichtung, Heidelberg 1981.

Regis Boyer[14] hat den Isländern eine Psychologie zugesprochen, die sich recht vordergründig am Heldenideal der Sagas orientiert. ‚Angst' kommt in diesem Buch überhaupt nicht vor. Wenn man Sagas liest, kann man das sogar glauben. Die Mythen reichen aber doch in tiefere Schichten des Seelenlebens hinunter, und dort sieht der Sachverhalt anders aus. Anscheinend sind Helden einem stärkeren Tabu unterworfen, sich nicht fürchten zu dürfen, als die Götter, und es scheint nur auf den ersten Blick seltsam, daß die Angst, wenn man sie aus der Menschenwelt verbannt, in der Mythologie dafür stärker hervortritt. Bei den Griechen scheint es umgekehrt: Hektor darf sich fürchten und zunächst vor Achill fliehen, ohne zum Feigling gestempelt zu werden, dafür kommt Zeus ohne Angst aus.

Daß man bei der Lektüre von Sagas zu einem anderen Ergebnis zu kommen scheint als bei der Lektüre eddischer Dichtung, stört nur dann, wenn man glaubt, angstfreie von ängstlichen Epochen unterscheiden zu können.

Die treibenden Kräfte auch der Sagahelden sind doch wohl:
– Zeigen, daß man der bessere ist, agonaler Zug,
– Wut, Rache,
– Genuß von Liebesfreuden,
– Angst, das Gesicht zu verlieren.

Ausleben der Triebe findet sich eher bei Riesen, teilweiser Versuch des vorläufigen Verzichts bei den Göttern.

In der eddischen Heldendichtung gibt es zwar genug Fälle von Heldenmut der Hauptfiguren, aber nur wenige, in denen Helden als angstfrei erscheinen. Mut und Angst sind ja keine unvereinbaren Gegensätze. Sigurd ist eine der wenigen Figuren eddischer Heldendichtung, die völlig angstfrei zu sein scheinen,[15] vielleicht auch Helgi Hundingsbani. Doch primär scheint mir der Antrieb zu mutigen Handlungen nicht in Angstfreiheit zu liegen. Nehmen wir das bekannteste Beispiel für Heldenmut, den Aufbruch der Niflungen in der Atlaqviða: als Knefrøðr die Unheil vermuten lassende Einladung Atlis vorbringt, sind sowohl Gunnar als auch Hǫgni dagegen, sie anzunehmen. Als offenkundig wird, daß sie gewarnt werden sollten, schlägt ihre Haltung ins Gegenteil um: wenn die Bedrohung offensichtlich ist, würde man sich dem Vorwurf der Feigheit aussetzen, wenn man sie nicht annimmt. Die Angst davor, von anderen für feig gehalten zu werden oder vor sich selbst als feig zu erscheinen (etwas zu tun, wofür Schande auf einen fällt oder wofür man sich schämt) ist schlimmer als die Angst vor dem Sterben. Natürlich ist das mutig, aber ‚mutig sein' ist nicht das Ge-

---

[14]   Regis Boyer, Meurs et Psychologie des Anciens Islandais, Paris 1986.
[15]   Seinem deutschen Pendant Siegfried schreibt das Nibelungenlied ein einziges Mal Angst zu: in der Bettszene, als Brünhild ihn beinahe besiegt, ist er *angestliche* (Str. 674,4).

genteil von ‚Angst haben' sondern von ‚feig sein', und Mut und Angst sind oft eng verbunden. Auf der Suche nach einem in einem Gegensatzpaar mit Angst kontrastierten Gefühl fällt mir, wenn ich Aussagen ungefährer Zeitgenossen Snorris suche, nur Wolfram ein: *vreude und angest vert ta bî* (Parzival 4,1) ‚Freude und Angst kommt darin (in meiner Geschichte) vor'. Die Angst ist etwas, das Freude löscht. Der in literarischer Utopie herstellbare Zustand ungetrübter Freude ist daher immer auch einer der Angstfreiheit, und ohne Mut ist er nicht herstellbar. Aber nur durch Heldenmut allein wird er höchstens in Trivialliteratur erreicht.

Folgerung für die Gesellschaft, die die Mythen tradierte?

Das persönliche Unterbewußte Snorris ist sicher weniger interessant als, um mit Termini von C. G. Jung zu sprechen, das kollektive Unbewußte der Gesellschaft in der die Mythen der Snorra Edda lebten.

Daß wir hier diesen Begriff verwenden, bedeutet nicht, daß wir uns mit C. G. Jungs Ansicht identifizieren: ‚Alle mythisierten Naturvorgänge, wie Sommer und Winter, Mondwechsel, Regenzeiten und so weiter, sind nichts weniger als Allegorien eben dieser objektiven Erfahrungen, sondern vielmehr symbolische Ausdrücke für das innere und unbewußte Drama der Seele'.[16] Jung verallgemeinert da zu sehr, denn sehr wohl können Naturvorgänge von sich aus tiefen Eindruck auf die menschliche Seele machen; Blitz und Donner können starke Ängste erregen und der Anblick des Nachthimmels mit dem wandelbaren Mond tiefe Gefühle hervorrufen. Trotzdem ist Jungs Ansatz brauchbar, weil der Mythos eben **deswegen** auch Naturvorgänge spiegelt, **weil** sie auf die menschliche Seele Eindruck machen.

Eine andere Annahme Jungs geht entschieden zu weit, nämlich daß der Intellekt, den er ‚nur' als Werkzeug betrachtet, nicht bei der Schöpfung von Mythen beteiligt ist: ‚Der erdgeborene Intellekt, der ein Schwert oder Hammer des Menschen ist und nicht ein Schöpfer geistiger Welten'[17]. Es ist nicht nur das Unbewußte, das bei einem Mythenschöpfer tätig ist, wenn er einen Mythos gestaltet, sondern seine Ratio läßt sich bei diesem Vorgang nie ganz ausschalten, und auch die Gesellschaft, die diesen Mythos akzeptiert und tradiert, wird ihn gefühlsmäßig, aber zugleich auch mit dem interpretierenden Verstand aufnehmen.

Dabei ist es so, wie schon William H. Rivers († 1922) erkannte: ‚es sei nicht so, daß etwas Unverständliches wie eine Sonnenfinsternis lediglich

---

[16] C. G. Jung, Über die Archetypen des kollektiven Unbewußten, Neudruck in: C. G. Jung, Archetypen, München 1990, hier S. 9f.

[17] C. G. Jung, Über die Archetypen des kollektiven Unbewußten, S. 19.

mit einem Geister- oder Gottheitsetikett versehen werde. Davor müßte ein primitiverer psychischer Mechanismus tätig sein – ein Gefühl der Angst vor dem Geheimnisvollen, Unverständlichen'.[18]

Mythen sind oft Antworten auf mit dem Verstand allein nicht beantwortbare Fragen. Manche dieser Antworten sind auch für den Verstand naheliegend: es gibt viele Erscheinungen, die für den Menschen ohne die Annahme von Wesen, die er nicht sehen kann und die mächtiger sind als er, unerklärlich sind. Mythen enthalten immer auch Hypothesen über diese Mächte, und die Gefühle, Gedanken, Willensregungen, Wünsche, Begierden usw., die er diesen Mächten unterschiebt, spiegeln daher vorzüglich seine eigenen; bewußte und unbewußte.

Die Bildung von Mythen wird nicht nur durch das beeinflußt, was aus der Tiefe des Unbewußten aufsteigt, sondern gleichzeitig auch durch die Gesamtheit dessen, was der Mensch als erklärungsbedürftig wahrnimmt, und das gliedert sich, grob genommen, in folgende Bereiche:

1. Naturgewalten, die stärker sind als der Mensch. Blitz, Donner, Wind, Regen, Morgenröte, Mond, Sonne, Jahreszeiten ... all das unterliegt für den Menschen ohne Zweifel Mächten, die einen Willen besitzen und stärker sind als er. Diese Mächte sind von ihm nur teilweise begreifbar, unsichtbar, und auch untereinander anscheinend öfter verfeindet als verbündet, nicht nur gegen den Menschen. Die naturmythologische Seite von Mythen wurde daher schon als erste erkannt.

2. Aber auch geheimnisvollere Mächte gibt es offensichtlich: nicht nur Herrscher über Meer, Wind, Donner usw., sondern auch Herrscher über Gesundheit und Krankheit, Erntesegen und Mißernten (was nur zum Teil als direkte Folge der Naturereignisse begriffen wird), Glück und Unglück usw.; die griechische Mythologie, und auch die römische, vermutlich auch die altgermanische[19] hat das Prinzip gekannt, daß eine Gottheit Herrscher(in) über einen bestimmten Bereich ist; Apoll als Herrscher über die Krankheiten kann Pest schicken (schon in der Ilias) oder von ihr heilen. Óðinn erscheint in altnordischen Quellen als Herr über Kriegsglück; er kann es geben und auch wieder nehmen.

3. Wieso die Welt entstanden ist, oder warum gerade dies und jenes in ihr gerade so und nicht anders ist.

4. Ob die Welt und die über sie herrschenden Mächte immer so bleiben oder einmal enden werden.

5. Woher der Personenverband (Stamm) kommt, dem man zugehört.

---

[18] Zitiert bei Raphael Lenné, Das Urphänomen Angst, S. 27.

[19] Die älteste namentlich belegte germanische Gottheit, Tamfana, interpretiere ich als ,Herrin über die gemessene Zeit', da ihr Fest vermutlich zum Herbstäquinoctium stattfand. Hermann Reichert, Zum Problem der rechtsrheinischen Germanen vor und um Christi Geburt, in: Festgabe für Otto Höfler zum 75. Geburtstag, hrsg. von Helmut Birkhan (Philologica Germanica 3), Wien 1976.

6. Fragen nach dem Ursprung der in diesem Personenverband bestehenden Institutionen und Regeln.

7. Mächte, die anscheinend für das Individuum ganz persönlich da sind, ihm zu Glück verhelfen oder nur dazu da sind, es zu ärgern.

8. Mächte, die im Menschen wirken, und stärker sind als er selbst, und für ihn unerklärlich. Verstand, Wille und das Wollen, Triebe, Gefühlsregungen – Zorn, Wut, Gier, Haß, Neid, Liebe, Angst, Glücksgefühl, Freude ... alles was Gegenstand der Psychologie sein kann. Insoferne braucht es eigentlich keine weitere Begründung dafür, daß der Mensch an Götter glaubt, sondern es genügt die Aussage von Ulrich von Wilamowitz-Möllendorff:[20] „Die Götter sind da".

Da die Antworten auf diese Fragen nicht rational gegeben werden können, sind sie naturgemäß Wunschbilder. Freuds Ansicht, ‚Es ist z. B. von den Mythen ganz wahrscheinlich, daß sie den entstellten Überresten von Wunschphantasien ganzer Nationen, den Säkularträumen der jungen Menschheit, entsprechen' gilt mit der Ergänzung, daß nicht nur die junge Menschheit Mythen bildete; dieser Vorgang setzt sich ungebrochen bis in die Gegenwart fort; nur seit der Erfindung des Mikroskops und Teleskops mit einem erweiterten Input. Dieser erweiterte Input macht einige Mythen überflüssig oder modifikationsbedürftig, weil wir z. B. Krankheitserreger sehen können oder das Alter eines Objekts mittels Radiokarbonmethode bestimmen können, in anderen Bereichen macht er neue Mythenbildung notwendig, wenn auch ohne anthropomorphe Götter: Marsmännchen sind kein Mythos; sie sind Fiktion und nicht heilig, wie etwa die Erklärung der Menschenrechte oder andere Glaubenssätze, durch deren Ablehnung man sich außer unsere Gesellschaft stellt.

Ein Mangel der Jungschen Lehre ist für die Beschäftigung mit den altnordischen Mythen ein Vorteil: Jung wie auch andere Mythologen berücksichtigen nicht bzw. zu wenig, daß dem Menschen bekannt ist, daß die Phantasie zu den Kräften gehört, die in ihm wirken, und daß er sich etwas ausmalen kann, ohne es für Wahrheit zu halten. Die Snorra Edda behandelt die Mythen als Fiktion, sie werden nicht für wahr gehalten, sie sind also zum Zeitpunkt ihrer Aufzeichnung kein echter Mythos, aber doch nicht ganz so Fiktion wie für uns Marsmännchen. Das Ausmaß des Glaubens an sie wird um 1200 von Person zu Person und auch innerhalb derselben Person von Mythos zu Mythos und je nach momentaner Situation geschwankt haben: bei Gewitter, Krankheit und anderen Bedrohungen glaubte man vielleicht mehr an Mächte, deren Existenz oder Wirksamkeit man ansonsten eher bezweifelte und die die eigene Hochreligion verteufel-

---

[20] Ulrich von Wilamowitz-Möllendorff, Der Glaube der Hellenen, Neudruck Darmstadt 1955, Bd. 1, S. 17.

te; an die Wahrheit aller in der Snorra Edda überlieferter Erzählungen glaubte allerdings wohl kaum je jemand, auch nicht in heidnischer Zeit.

Was für das altgermanische Heidentum nicht geleistet werden kann, ist die Abgrenzung von Mythen, die als Wahrheiten gelten, und religiöser Dichtung, das heißt Dichtung, die sich um Personen des als wahr geglaubten Mythos rankt, die aber als Werke der Phantasie erkannt werden. Wir sind uns sicher, daß die Zeitgenossen Homers an Götter glaubten; daß sie alle die Geschichtchen als Wahrheit ansahen, die die Ilias von ihnen berichtet, nehmen wir eher nicht an. Über die germanische Religion haben wir so wenige Berichte, daß wir nicht angeben können, wie sich in ihrer Mythologie religiöse Dichtung zu in Worte gekleideten Wahrheiten verhalten hat. Daß jemand die Geschichte von Þórr bei Útgarðaloki für Wahrheit gehalten hat, wäre für uns schwer vorstellbar. Wir wissen nicht, ob sie
– von jemandem erfunden wurde, der prinzipiell an die Existenz von Þórr glaubte, und auch daran, daß der einen Hammer, Eisenhandschuhe, Kraftgürtel und ein Bocksgespann besaß, oder
– von jemandem, der den Donner in der Hand des Christengottes vermutete (der nichtsdestoweniger wegen persönlicher Sünden einzelner Menschen donnerte) und Þórr für einen Irrtum seiner heidnischen Vorfahren hielt oder dieses zumindest für möglich hielt oder Þórr einen ähnlichen Status zudachte wie einem Heiligen.

Daher können wir nicht angeben, ob es im Altgermanischen vor der Christianisierung Mythen und religiöse Dichtung nebeneinander gegeben hat;[21] wir müssen beides gleich behandeln und können daher durchaus mit Mythosbegriffen arbeiten, denen diese Nuancierung fehlt.

Angstarme und ängstliche Epochen?

Die Tatsache, daß unterschiedliche Kulturen unterschiedlich viel Angst zeigen, sollte nicht dazu verführen, angstreiche und angstarme Epochen unterscheiden zu wollen, wie z. B. Lenné[22] das Zeitalter des Perikles als angstarme Epoche beschreibt, des Mittelalter als angstreiche. Was wir feststelle können, ist, daß die literarischen Figuren der Werke verschiedener Epochen unterschiedlich viel Angst zeigen, nicht, ob die Menschen die in ihr lebten Angst hatten. Auch historische Quellen, die für verschiedene Epochen unterschiedlich stark befestigte Städte und unterschiedlich fest

---

[21] Otto Höfler, Götterkomik. Zur Selbstrelativierung des Mythos, in: ZfdA 100, 1971, S. 371 ff. (wieder in: Kleine Schriften, hrsg. von Helmut Birkhan, Hamburg 1992, S. 344ff.) berücksichtigt die Tatsache, daß es im Bereich vielleicht jeder Mythologie für unfaßbar und anderseits auch für „allzu menschlich" gehaltene Erzählungen gibt; trotzdem greift sie zu kurz, da Götterkomik auch in für wahr gehaltenen Mythen möglich ist.

[22] Lenné S. 48.

gepanzerte Krieger dokumentieren, können uns nur zeigen, daß diese Gesellschaften mit ihren kollektiven Ängsten unterschiedlich umgingen, nicht ob sie deren mehr oder weniger besaßen. Genauso wie für das Individuum kann auch für eine ganze Gesellschaft Tollkühnheit eine Form sein, auf besonders starke Ängste zu reagieren.

Lenné mangeln vor allem Griechischkenntnisse; die Verwendung von Übersetzungen wirkt sich manchmal fatal aus: er merkt nicht, daß ‚das Furchtbare' seiner Aischylos-Übersetzung das selbe *deinon* wiedergibt wie das ‚Gewaltige' in der von ihm benutzten Sophokles-Übersetzung: ‚Vieles Gewaltige lebt, nichts ist gewaltiger als der Mensch'. Wenn wir bei Sophokles übersetzen ‚nichts ist furchterregender als der Mensch', sieht die griechische Klassik gleich viel weniger angstfrei aus als bei Lenné.

Aischylos läßt Athene mahnen (Eumeniden 698 f.):

> Und nicht das Furchterregende[23] ganz aus der Stadt werfen.
> Wer der Sterblichen bliebe, nichts fürchtend, gerecht?

Sitze und Schlupfwinkel rechtmäßiger Erde (Eumeniden 805) erhalten die ‚nicht Versöhnbaren' (Eumeniden 927). Die ‚alten Gottheiten' sollen nicht ganz entmachtet werden, teilweise entmachtet hat sie die griechische Klassik nach Meinung des Aischylos schon.[24] Daß sie in **rechtmäßiger** Erde, nahe dem Tempel der Göttin der Weisheit, aber doch unter der Oberfläche, ihre Stätte haben sollen, mag psychoanalytisch so umgelegt werden, daß für Aischylos das Unbewußte der richtige Aufenthaltsort für diverse Ängste und Schuldgefühle ist. Orest wird zuvor sowohl von Apollon als auch von zahlreichen Menschen, die er auf seiner Flucht vor den Erynnien aufsucht, entsühnt. Diese Kombination mag, wenn wir unser Spiel mit der Psychoanalyse weiter treiben, als mythische Rechtfertigung der Kombination von Einzel- und Gruppentherapie gelten. Das wiederholte Aussprechen des Getanen vor Göttern und vor zahlreichen fremden Menschen zwecks Entsühnung bringt aber nur eine gewisse Linderung, nicht vollständige Befreiung von den verfolgenden Rachegeistern. Dagegen erhält, eine Generation später, für den greisen Sophokles ein anderer Sagenheld, nämlich Ödipus in ‚Ödipus auf Kolonos' durch das Aussprechen dessen, was er getan hat (insbesondere vor Theseus, der wie eine Vorwegnahme des Therapeuten erscheint) vollständigen Frieden vor den Eumeniden; zwar erst angesichts des nahenden Todes, aber doch.

Aischylos hätte keine Angst zu haben brauchen, die Athener würden die Angst ganz aus dem Staat verbannen: gut 50 Jahre nach seinem Tod verurteilten sie Sokrates zum Tode, aus Angst, dieser könne die Jugend verder-

---

23   *to deinon* ‚das Furchtbare, Schreckliche, Gewaltige'; gemeint sind die den Muttermörder verfolgenden Rachegeister.
24   Zu angstarm sieht Lenné S. 54 das Zeitalter des Perikles und insbesondere Aischylos.

ben, weil er das *daimonion* im Inneren des Subjekts, frei übersetzt mit ‚das Gewissen', über die Vorschriften stellte, die Gesetzgeber und Götter erlassen hatten: so interpretierte Nietzsche, so interpretiert man aber auch heute noch den Prozeß gegen Sokrates.

Es ist unmöglich, von einer Epoche zu diagnostizieren, ob sie relativ zu anderen Epochen angstarm war. Es gibt viele Möglichkeiten für die Entstehung von Ängsten, von den vom späten Freud favorisierten geburtlichen und vorgeburtlichen über frühkindliche bis zu den von Freud zunächst als Hauptursache angesehenen sexuell motivierten Neurosen. Gänzliche Angstfreiheit ist wohl nur literarischen Figuren gegeben, die sich dadurch als Wunschbilder erweisen. Wir werden aber die Liste der Antriebe, die man den Handlungen der Figuren altnordischer Dichtung gemeinhin zuspricht, erweitern müssen, und zwar um die Begriffe Neid, Haß, Kommunikationsschwierigkeiten und vor allem Angst in verschiedenen Ausformungen.

Die *Gísla saga* als Verweissystem

GÜNTER ZIMMERMANN (WIEN)

Das Interesse der Saga-Forschung an der *Gísla saga* reißt nicht ab. So scheinbar klar und eindimensional dieser gerne als ‚klassisch' bezeichnete Text auf den ersten Blick erscheint, er entzieht sich dem Interpreten doch immer wieder: „Each new reading brings to light compositional features which a previous reading had failed to notice and suggests new constellations within the author's intention".[1] Grundsätzlich wurde und wird dem Text weithin uneingeschränktes Lob gezollt,[2] wobei sich diese positive Kritik zum einen besonders auf die Psychologie und die Charakterzeichnung der Protagonisten stützt, zum anderen auf den Aufbau, die Konstruktion, also die strukturelle Organisation der Textoberfläche der Saga, wofür stellvertretend ein Satz Franz B. Seewalds stehen soll: „Eine Untersuchung ihres [der Saga] inhaltlichen Aufbaus läßt eine reichgegliederte, dabei in verschiedenen Größenordnungen abgestufte und bis in Einzelheiten wohlüberlegte Komposition sichtbar werden, hinter der greifbar ein bewußter Gestaltungswille steht"[3]. Mit ein Grund für diese (zumindest scheinbare) kompakte Präzision der Saga mag ausschlaggebend sein, daß sie (im Vergleich zu anderen Isländersagas wie etwa der *Egils saga*, der *Njáls saga* oder der *Grettis saga*) einen vergleichsweise kurzen Textumfang aufweist; „It is also the most economic of the sagas".[4] Und dieses kurze Stück altisländischer Prosaliteratur arrangiert über Parallelszenen, Vorausdeutungen

---

[1] Theodore M. Andersson, The Icelandic Family Saga. An Analytic Reading, Cambridge, Mass. 1967, S. 181.

[2] Vgl. dazu auch die kleine Auswahl am Beginn der Untersuchung von Preben Meulengracht Sørensen, Murder in marital bed: an attempt at understanding a crucial scene in *Gísla saga*, in: John Lindow / Lars Lönnroth / Gerd Wolfgang Weber (Hgg.), Structure and Meaning in Old Norse Literature. New Approaches to Textual Analysis and Literary Criticism, Odense 1986, S. 235-263, bes. S. 235 f.

[3] Aus der Einleitung zur Übersetzung: Die Saga von Gisli Sursson. Aus dem Altisländischen übertragen und erläutert von Franz B. Seewald, Stuttgart 1976, S. 9.

[4] Theodore M. Andersson [Anm. 1], S. 181.

und Rückbezüge ein Netz von Verweisen höchster Stringenz – einer Stringenz allerdings, die m. E. aber auch gewollt mit Ambivalenzen arbeitet,
Ereignisse mehrschichtig motiviert und Assoziationsmöglichkeiten kippen
läßt.[5] Die folgenden Überlegungen verstehen sich als erste Vorarbeiten zu
einer neu zu führenden Diskussion um eine ‚Interpretation‘ der Saga (und
ohne eine solche selbst an dieser Stelle vortragen zu wollen), wie sie
Vésteinn Ólason jüngst angeregt hat, der im Text einen verborgenen Dialog
des Autors „with himself and his audience" erkennt, „a dialogue that re-
veals a certain distance from the matter of the saga".[6] Wir werden weniger
den Aspekt rezeptionstheoretischer Kommunikation in den Vordergrund
stellen, sondern die textkonstitutiven Elemente auf mehreren Ebenen zu
erhellen versuchen.

1. Von über die Saga hinausweisenden Bezügen soll zuerst die Rede sein.
Indem sich ein Text mit bestimmten Elementen konstituiert, reagiert/agiert
er auch intertextuell und er nimmt eine bestimmte Position im ihn umge-
benden literarischen Umfeld ein. Es soll hier nicht um die Frage von direkten ‚Zitaten‘ oder ‚Entlehnungen‘ im Sinne von Einzeltextreferenz gehen,
sondern um die Stellung der *Gísla saga* innerhalb des Genres.

Wie auch immer das (mündliche) Material ausgesehen haben mag, das
dem Verfasser des 13. Jahrhunderts zur Verfügung stand und welche Entwicklung der Stoff dabei hinter sich hatte – diese Fragen nach ‚Entstehung‘
der Saga im engeren Sinn bleiben hier unberücksichtigt –, so wird über das
(tradierte) Schicksal des Protagonisten als das eines berühmten Isländers
der Gattungsrahmen mit ‚Isländersaga‘ festgelegt. „One of the outstanding
features of the Sagas of the Icelanders is the recurrence of certain stock
situations (...) and stock characters".[7] Im auswählenden Aufgreifen und
spezifischen Durcharbeiten jener gattungstypischen Elemente, die Christoph Cormeau (bezüglich des mhd. Artusromans) Typenkonstanten genannt hat[8] bezieht die Saga ihre Stellung innerhalb der Gattung, und zwar
eine (scheints) konservative. Freilich muß damit gerechnet werden, daß die
(meist) zwischen 1220 und 1270 datierte ‚mittlere‘ *Gísla saga* als markan-

5   Grundsätzlich (und speziell zu *Hrafnkels saga*, *Grettis saga* oder Snorris *Ólafs saga
    ins helga*) vgl. Thomas Fechner-Smarsly, Krisenliteratur. Zur Rhetorizität und Am-
    bivalenz in der isländischen Sagaliteratur (Texte und Untersuchungen zur Germani-
    stik und Skandinavistik 36), Frankfurt/M. [...] 1996, bes. S. 29 ff.

6   Vésteinn Ólason, Gísli Súrsson – a flawless or a flawed hero?, in: Stig Toftgaard
    Andersen (Hg.), Die Aktualität der Saga. Festschrift für Hans Schottmann (Ergän-
    zungsbände zum RGA 21), Berlin, New York 1999, S. 163-175, hier S. 174.

7   Hermann Pálsson, Death in Autumn. Tragic Elements in Early Icelandic Fiction, in:
    BONIS 1973, S. 7-39, hier S. 7.

8   Christoph Cormeau, ‚Wigalois‘ und ‚Diu Crône‘. Zwei Kapitel zur Gattungsge-
    schichte des nachklassischen Aventiureromans (MTU 57), Zürich und München
    1977, bes. S. 7 ff.

ter Text selbst derartige Konstanten im Gattungsdiskurs generiert und setzt.[9] Hermann Pálsson führt hier beispielsweise Scharmützel, Totschläge und Auslandsfahrten bei den *stock situations* an, für *stock characters* etwa Berserker, Helden oder Verräter, weiters nennt er rituelle Elemente sozialer Integration und Desintegration wie Hochzeit einerseits, Scheidung oder Ächtung andererseits, er erwähnt Initiationsriten wie Blutsbrüderschaft, schließlich heidnische Zauberpraktiken, Begräbnisse oder Gerichtsverhandlungen.[10] All dem begegnen wir ohne Ausnahme in der *Gísla saga*, wobei die Liste sagatypischer Elemente noch lange nicht abgeschlossen ist, die sich im Text wiederfinden: man denke (im weitesten Sinne) an Stil, die sprichwörtlichen Wendungen, den gezielten Einsatz direkter Rede oder natürlich in der Erzählhaltung an die oftgenannte ‚Objektivität'. Von Anfang an scheint der Text jedenfalls darum bemüht, korrekte Gattungskonformität unter Beweis zu stellen und schon mit der historischen Markierung *Þat er upphaf á sǫgu þessi, at Hákon konungr Aðalsteinsfóstri réð fyrir Nóregi, ok var þetta á ofanverðum hans dǫgum* (Kap. 1, S. 3;[11] Die Geschichte beginnt damit, daß König Hakon Adalsteinsfostri über Norwegen herrschte, und das war gegen Ende seiner Tage) und der gattungstypischen Einleitungsformel *Þorkell hét maðr* (ebda; Thorkel hieß ein Mann) wird dies bewiesen, oder rezeptionstheoretisch aus umgekehrter Sicht betrachtet: der Erwartungshorizont wird abgesteckt.

Auch makrostrukturell offenbart sich der Text vorerst als Abfolge von sagaspezifischen Erzählblöcken, wobei die stoffliche Vorgabe ‚berühmter Geächteter' die inhaltlich determinierte Variation gegenüber anderen *ættarsǫgur* festlegt: norwegische Vorgeschichte und Landnahme der Familie in Island, sozialer Aufstieg und Konflikt, Zeit der Acht und Tod des Helden; auch damit wird intertextuell die bestimmte Position in der Gattung eingenommen. Gleichzeitig wird die vorgeprägte und schablonisierte Strukturvorgabe mit dem sagatypischen logisch-inhaltlichen Kausalkonnex gefüllt: von den ersten Konflikten, der Auswanderung der Familie bis zum Hauptkonflikt, von der Ächtung bis zu den letzten Rachetaten der Saga funktioniert die Durchführung der Erzählblöcke nach dem üblichen *actio-reactio*-Schema.

Zusätzlich zur linearen Kausalverkettung wird (z. B.) die Verbindung von norwegischer Exposition und dem Hauptkonflikt auf Island insofern ‚inhaltlich' gestaltet, als in der *Gísla saga* (wie in weiteren Texten) „the Norwegian events tend also to prefigure the main Icelandic-based plot, and

---

9   Knapp zusammenfassend zur Datierung z. B. Theodore M. Andersson, Some Ambiguities in *Gísla saga*. A balance Sheet, in: BONIS 1968, S. 7-42, bes. S. 11 f.

10   Hermann Pálsson [Anm. 7], S. 7.

11   Vestfirðinga sǫgur. Gísla saga Súrssonar [...], Björn K. Þórólfsson og Guðni Jónsson gáfu út (Íslenzk Fornrit Bd. VI), Reykjavík 1943; alle Textzitate grundsätzlich nach dieser Ausgabe.

establish its main elements".[12] Eben anhand dieser Vorgeschichte sollen Überlegungen zum Verweissystem, jetzt auch textimmanent gesehen, folgen.

2. In der ersten Kampfszene der kürzeren Fassung M (nach AM 556a 4to),[13] der wir hier zuerst folgen, unmittelbar nach der knappen genealogischen Einleitung, erschlägt der Berserker Björn der Bleiche den Ari, einen Sohn des Stammvaters Thorkel, um seine Frau zu erringen, worauf sein Bruder Gisli Thorkelsson den Berserker beim Holmgang tötet, Aris Frau Ingibjörg selbst heiratet und (nach Thorkels Tod) den Familienbesitz übernimmt. Mit herausforderndem Berserker, folgendem Zweikampf und Rache des Bruders erscheint die Passage auf den ersten Blick als einleitende Allerweltszene der Sagawelt, nicht aber im Detail. Zum einen muß notiert werden, daß – und dies bei der bekannten Bedeutung direkter Rede! – das erste Wort einer Frau in den Mund gelegt wird: ,*Eigi var ek af því Ara gipt, at ek vilda þik eigi heldr átt hafa. Kolr þræll minn á sverð, er Grásíða heitir, ok skaltu biðja, at hann ljái þér, því at þat fylgir því sverði, at sá skal sigr hafa, er þat hefir til orrostu*' (Kap. 1, S. 5; ,Ich war mit Ari verheiratet, doch nicht, weil ich dich nicht lieber gehabt hätte. Mein Knecht Kol hat ein Schwert, das Grasida heißt: bitte darum, daß es dir leiht, denn es steht so um dieses Schwert, daß der den Sieg davonträgt, der es im Kampf führt'), zum anderen ist es die doppelt zu lesende Stellung Ingibjörgs selbst die auffällt, nämlich als (,passives' Sexual-)Objekt und als aktive Frau, die ihren ,Wunschpartner' tatkräftig unterstützt. Gisli Thorkelsson, dessen Verheiratung mit Ingibjörg damit kommentiert wurde, daß *hann biðr Ingibjargar ok vildi eigi láta góða konu ór ætt ganga* (ebda; er hielt um Ingibjörg an, damit eine so tüchtige Frau in der Familie bliebe) will ebensowenig wie auf diese, auf das magische siegbringende Schwert Grasida verzichten. So gesehen nicht allzusehr überraschend, vielleicht aber als irritierende Charaktereigenschaft (?) zu werten (aber damit nicht unbedingt gegen die Gattungsnormen!), verweigert er dem Kol die Rückgabe des Schwertes, worauf es zum Kampf kommt *ok fær hvárrtveggi bana* (Kap. 1, S. 6; und beide fanden den Tod). Das dabei zerbrochene magische Schwert wird ebenso im Hauptkonflikt wieder auftauchen wie das Motiv, daß eine Frau lieber einen anderen Mann gehabt hätte.

Mit der nächsten Generation (Thorbjörns Thorkelsson Kinder Thordis, Thorkel, Gisli und Ari, der bei Verwandten aufwächst) setzt die Saga weitere den Hauptkonflikt vorbereitende Elemente, vor allem bezüglich der

---

[12]   Vésteinn Ólason, Dialogues with the Viking Age. Narration and Representation in the Sagas of the Icelanders, Reykjavík 1998, S. 85.

[13]   Grundsätzlich zu den Handschriften und Fassungen Björn K. Þórólfsson [Anm. 11], S. XLIII-XLVIII; Guðni Kolbeinsson und Jónas Kristjánsson, Gerðir Gíslasögu, in: Jónas Kristjásson (Hg.), Gripla III, Reykjavík 1979, S. 128-162.

wesentlichen Auseinandersetzung zwischen den Brüdern Thorkel und Gisli, dem Protagonisten (wobei freilich auch dies implizit durch den älteren Gisli und seinen Bruder Ari schon vorgeprägt ist). Als mitentscheidender Auslöser fungiert dem Text dabei (wieder) die Figur einer Frau, ihrer Schwester Thordis: *Þat tǫluðu sumir menn, at Bárðr fifldi Þórdísi Þorbjarnardóttur; hon var bæði væn og vitr. Þorbirni hugnaði þat illa, ok kvezk ætla, ef Ari væri heima, at þá myndi eigi gefask* (Kap. 2, S. 7; da redete man darüber, daß Bard Thordis Thorbjörnsdottir verführt hätte; sie war schön wie klug. Thorbjörn hielt die Sache für schlecht und meinte, wenn Ari daheim wäre, würde es böse ausgehen). Während Gisli auf der Seite seines Vaters steht, ist Thorkel ein Freund Bards. Und nun geschieht dies: auf einer Fahrt *ok þá er minnst ván var, hǫggr Gísli Bárð banahǫgg* (Kap. 2., S. 8); und als es nicht im geringsten zu erwarten war, gab Gisli dem Bard den Todeshieb). Dies ist nun tatsächlich irritierend.

Gattungskonform ist einmal das objektive Anführen der ‚öffentlichen Meinung': *Þat tǫluðu sumir menn* ist nicht als bloßes Gerücht zu verstehen, sondern im Sinne einer adäquaten Textparaphrase mit ‚viele wußten es' zu übersetzen. Dies muß als explizite Textäußerung ‚ernst' genommen werden, als *expressis verbis* angeführter Hinweis zur Etablierung einer Textwahrheit. Erst auf einer Metaebene ist zu fragen, ob hier der springende Punkt zu suchen ist, der die Tat auslöst: das allgemein bekannte Wissen um das Verhältnis der Thordis als gesellschaftliches Druckmittel der Familie gegenüber? Dies führt aber notwendigerweise zur Annahme, daß das (illegitime? ungleichwertige?) Verhältnis der Familienehre bzw. der Ehre der Thordis schade; und Ehrverlust, egal wie ausgelöst, führt auch in anderen Sagas zu Mord und Totschlag und könnte als genreimmanenter Wesenszug interpretiert werden, der keiner expliziten Erlärung bedarf. Das verweist sofort zurück auf den ersten Gisli (Thorkelsson), wenn man den Totschlag als Rettung der Familienehre liest: Rache für den Bruder in der Generation davor, Beendigung eines illegitimen Verhältnisses hier. Ein solcher interpretierbaren Ehrverlust für die Familie (oder Thordis) wird allerdings dadurch unterlaufen, daß Thorkel als guter Freund Bards auf dessen Seite steht. Ist Thorkel die Ehre der Familie oder der Schwester egal, stellt er Freundschaft darüber?

Bezieht man Thordis, die schöne und kluge Frau, in die Überlegungen mit ein, so erscheint sie vordergründig als begehrenswertes und dabei passives – er verführte sie – Sexualobjekt (gleichzeitig als potentielle gute Partie?) – oder doch nicht/nicht nur? Sieht man sie vor der verweisenden Folie der Ingibjörg des ersten Kapitels, so könnte sie parallel zu ihr auch für die aktive Frau stehen, die sich ihren Liebhaber selbst ausgesucht hat, was reziprok wiederum Thorkel ‚entlasten' und dabei gleichzeitig Gislis Tat umso fragwürdiger wirken lassen würde.

Die Passage läßt auch auf eine bereits fortgeschrittene Eskalation deuten, in deren Verlauf Thorbjörns persönliches Ansehen gelitten hat (soweit dies von der Familienehere zu trennen für eine Isländersaga überhaupt zulässig ist), wird er doch von Bard mit dem formelhaften *ómæt ómaga orð* (Kap. 2, S. 7; schwach ist das Wort des Schwachen) regelrecht beleidigend verspottet.

Warum der Hinweis auf Ari, den jüngsten und zudem abwesenden Sohn? Natürlich, er wird am Ende des Textes die allerletzte Rachetat setzen, wo er – im scharlachroten Kleid, also zu Macht und Ansehen gekommen – Berg Vesteinssohn erschlägt (Kap. 38), doch Thorbjörns Unmut kann in Zusammenhang mit dem Verweis auf Ari auch als – und wie erfolgreiche! – Aufstachelung Gislis gelesen werden. Die Tat selbst wird in ihrer schwerwiegenden Bedeutenden sagatypisch markiert (Thorkel setzt sich neben den erschlagenen Freund; Gisli bietet – kaltblütig? – Thorkel einen Tausch der Schwerter an und beginnt zu scherzen (*hann brá á glens við hann*; Kap. 2, S. 8; er scherzte). Ein Kommentar erfolgt ‚objektiv' von beiden Seiten: Während ausdrücklich Thorkels Zorn erwähnt wird, zeigt sich Thorbjörn zufrieden.

Die Opposition der Brüder kann in der Folge kaum radikaler gezeichnet werden; *Aldri varð síðan jafnblítt með þeim brœðrum* (Kap. 2, S. 8; Seither gab es kein gutes Verhältnis mehr zwischen den Brüdern), ja mehr noch, Thorkel geht zu einem Verwandten Bards, Holmgang-Skeggi, den er aufhetzt, Rache zu nehmen und um seine Schwester anzuhalten. Abermals macht die Saga nun Thordis zum Angelpunkt, denn die Werbung wird abgelehnt, weil – überraschend? – Thordis einen neuen Liebhaber hat, was – natürlich, ist man verlockt zu sagen – wie oben der Allgemeinheit bekannt ist: *Þat var talat, at Kolbjǫrn væri í þingum við Þórdísi* (Kap. 2, S. 9; es wurde geredet, daß Kolbjörn ein Verhältnis mit ihr hätte). Als sich Kolbjörn als Feigling entpuppt und sich vor einem Kampf mit Skeggi drückt, tritt Gisli gegen diesen an, schlägt ihm einen Fuß ab, worauf sich Skeggi vom Kampf freikauft. Die Parallelen zu Gislis Thorkelsson Kampf mit dem Berserker sind unübersehbar, doch liegt darin nicht der Witz. Der Text läßt damit vielmehr das Verhältnis von Thorkel und Gisli noch einmal kippen, wobei sich die Saga widerspricht, oder besser: bewußt widersprechen muß. Alle Parallelisierungen und variierenden Wiederholungen des Abschnitts, und egal wie deren Assoziationsmöglichkeiten im Detail gelesen werden können, erweisen die Betonung zweier Motive: Opposition von Gisli und Thorkel, Konflikt wegen des/der Partner/s der Thordis. Der Ausgangspunkt dieses Motivkomplexes, der natürlich den Hauptkonflikt der Saga auf Island präfiguriert, muß noch einmal rückgängig gemacht werden, soll der zentrale Konflikt und seine Eskaltion nach demselben Muster gesteigert abrollen. *En Þorkell fór nú heim með Gísla bróður sínum, ok var nú mjǫk vel í frœndsemi þeira, ok þykkir Gísli mikit hafa vaxit af þessum málum* (Kap. 2, S. 11; Thorkel fuhr nun mit seinem Bruder Gisli heim und es stand jetzt gut um ihre Freundschaft; Gislis Ansehen war durch diese Sache sehr gewachsen). Die folgenden, letztlich zur Auswanderung führenden Auseinandersetzungen in Norwegen (mit dem namengebenden Brandanschlag auf die Familie, bei dem in ‚saure' Molke (*sýra*), getauchte Ziegenfelle zu Löschen verwendet werden, dem Tod Skeggis und Kolbjörns) führen die Brüder als gleichwertige Kämpfer vor, *Gísli vá þrjá menn, en Þorkell tvá* (Kap. 3, S. 13f.; Gisli erschlug drei Männer und Thorkel zwei).

Mag sein, daß man dies als „not a pretty story" empfindet oder kritisch anführen kann, daß keine andere „sister in the sagas is courted by a scoundrel, a coward, an a near-berserk in such rapid succesion".[14] Tatsächlich bietet die längere Version S (nach AM 149 fol.) eine umfangreichere Darstellung, was das Verhältnis von Thordis und ihrem Liebhaber betrifft, der hier Kolbein heißt (nach der Passage findet sich eine Lücke). Dieser wird von Gisli (gleichsam im Auftrag seines Vaters) gebeten, seine Besuche bei Thordis zu unterlassen, *því þat er mál manna, at þú glepir Þórdísi systur mína* (Kap. 6, S. 21; denn man redet darüber, daß du meine Schwester Thordis verführst). Er antwortet, Gisli wisse doch, *at engu gegnir* (ebda. S. 22; daß da nichts dran sei), setzt seine Besuche (seltener) fort, wird abermals erfolglos um Beendigung derselben gebeten: *Gísli brá sverði ok hjó til hans* (Kap. 7, S. 25; Gisli zog sein Schwert und versetzte ihm einen Streich). Muß man mit Alan J. Berger dieser Version wirklich „on moral grounds" den Vorzug geben, da die Besuche Kolbeins ‚unschuldig' gezeichnet werden, und da zudem Thordis sichtlich damit einverstanden ist?[15] Gislis Anschlag erscheint vor diesem Hintergrund umso verwerflicher, während in M eben mit Kolbjörn ein Feigling und mit Holmgang-Skeggi ein Gewalttäter beseitigt werden.

Wenn man auch (aus anderen Gründen) zunehmend S als näher am Original einschätzt und M als Bearbeitung – entweder die eines kürzenden und die Lücke überbrückenden Schreibers des 15. Jahrhunderts[16] oder als straffende Umarbeitung durch Snorri Sturluson selbst (!)[17] – so kommen beide Fassungen letztlich zum gleichen Ergebnis: Trennung/Opposition der Brüder, Konflikt um den ‚Liebhaber' der Schwester. Preben Meulengracht Sørensen faßt die Unterschiede der beiden Fassungen so zusammen, daß in M mehr Gewicht auf den Gegensatz des Brüderpaares gelegt wird, „while S demonstrates more clearly than M the moral conflict into which Gisli is

---

[14]   Alan J. Berger, Text and Sex in Gísla saga, in: Jónas Kristjánsson (Hg.), Gripla III, Reykjavík 1979, S. 163-168, hier S. 163. Wegen seiner Freundschaft mit Thorkel muß auch hinterfragt werden, ob Bard tatsächlich als *scoundrel* zu verstehen ist.

[15]   Alan J. Berger [Anm. 14], S. 165.

[16]   Alan J. Berger [Anm. 14], zusammenfassend S. 168.

[17]   Alfred Jakobsen, Har Snorri Sturluson „revidert" Gísla saga Súrssonar?, in: ANF 100 (1985), S. 89-96.

forced by external circumstances".[18] Die prägnante Straffung in M läßt die
funktionale Seite des Textes stärker hervortreten, und diese heißt: verweisende Präfiguration auf den Hauptkonflikt; dies zu verleugnen („Chapter II
should not be used to interpret later events because it is a clumsy and ta-
steless attempt to fill a gap in an older text")[19], würde am Text vorbeigehen.
Auch wenn die Eingangspassagen der *Gisla saga* fast ‚reduktionistisch' zu
nennen sind, so wird die Anbindung an die Gattung gewährleistet und in
Personenkonstellationen und Handlungsmustern auf Kommendes verwiesen. Daß hier ‚in sich' Deutungsmöglichkeiten nicht aufgelöst werden
(s.o.), beweist umso mehr die vorausdeutende Funktion.

3. Der Handlungsstrang des oftmals interpretierten Hauptkonflikts der Saga
sei knapp resumiert. Nach Landnahme und Verheiratung der Sursöhne –
Thordis heiratet den Goden Throgrim – kommt es zu einem raschen sozia-
len Aufstieg der verschwägerten Gruppe, die auch benachbart wirtschaftet.
Bald treten sie überheblich beim Thing auf. Als prophezeit wird ‚*Eigi munu
þeir allir samþykkir it þriðja sumar, er þer eru nú í þeim flokki*' (Kap. 6, S.
21; In drei Jahren werden sie nicht mehr so einträchtig zusammen sein, die
jetzt in dieser Schar sind), versucht Gisli den Zusammenhalt durch Blutsbrüderschaft zu stärken, was aber fehlschlägt: Thorgrim will keine Bindung
an Vestein, Gislis Schwager, Gisli daraufhin nicht mit Thorgrim. Es folgen
Kauffahrten von Thorgrim und Thorkel einerseits, von Gisli und Vestein
andererseits, deren Freundschaft auch durch eine halbierte zusammensteck-
bare Münze unterstrichen wird, einem Wahrzeichen, das sie sich bei Le-
bensgefahr zusenden wollen. Als Thorkel mitanhört, daß seine Frau Asgerd
an Vestein Gefallen findet (der sich auf eine Englandfahrt begeben hat),
löst er seinen Gemeinbesitz mit Gisli auf und zieht zu Thorgrim: die Trennung der Gruppe ist vollzogen. Thorgrim und Thorkel lassen Grasida um-
schmieden, Gisli versucht vergebens den nach Island zurückgekehrten
Vestein zu warnen: dieser kommt auf Gislis Hof, wo er in der Nacht mit
Grasida getötet wird. Nach seiner Bestattung finden zwar sogar wieder
Ballspiele zwischen Gisli und Thorgrim statt *sem ekki hefði í orðit* (Kap.
15, S. 49; als ob nichts geschehen sei), doch im nächsten Herbst tötet Gisli
Thorgrim, der – parallel zu Vesteins Begräbnis – bestattet wird.
   Im Detail zeigt sich eine kaum zu überbietende Dichte des Verweissystems. Als Ehemann der Schwester Thordis ist Thorgrim von Anfang an als
Gegenspieler Gislis markiert, der immerhin schon zwei ihrer Liebhaber
erschlagen hat. Vorgeprägt durch die norwegische Exposition ist aber auch
die Stellung Thorkels auf der Seite seiner Schwester und seines Schwagers,
weiters die Trennung des Bruderpaares. Daß es so kommt, ist klar, doch

18   Preben Meulengracht Sørensen [Anm. 2], S. 241.
19   Alan J. Berger [Anm. 14], S. 168.

wie motiviert es der Text ‚eigentlich' und/oder zusätzlich? Da wäre die
erwähnte Prophezeiung Gests Oddleifsson beim Thing, dem ersten richtig
ins Szene gesetzten Abschnitt auf Island: Prophezeiungen sind in der Saga-
literatur da, um sich zu erfüllen, doch begnügt sich die Saga nicht damit
und liefert gleichzeitig eine Begründung mit. Auch hier wirkt die Zurückhaltung der ‚Saga-Objektivität', denn es ist die Öffentlichkeit, die Allgemeinheit, die die Gruppe bewertet: *Ok nu finnsk mǫnnum orð um, hvé
skrautligr flokkr þeira var, eða um málsenda þeira, hversu skǫruligir váru*
(Kap. 6, S. 21; da redeten die Leute darüber, wie stattlich/überprächtig ihre
Schar war und welch freimütige/hochmütige Reden sie führten). Kommentiert wird damit das Verhalten der Haukadaler, die zuerst beim Trunk sitzen
und sich nicht um die Angelegenheiten ihrer Leute kümmern, dann aber, als
sie dafür kritisiert werden, ihre Hilfe anbieten. Was auf den ersten Blick
wenig hochmütig wirken mag, wird es jedenfalls durch die allgemeine
Meinung. Gests Prophezeiung bestätigt eigentlich nur mehr, was jeder –
nun inklusive des Rezipienten – denkt, daß nämlich Hochmut vor dem Fall
kommt. In diesem Licht gewinnt das Äußerliche, *ok váru allir í litklæðum*
(Kap. 5, S. 19; alle trugen bunte Kleidung), sonst in der Gattung vor allem
ein Zeichen der Macht, auch eine negative Konnonation.

Aber dieser Hochmut ist es auch wieder nicht allein, der über Gests Prophezeiung und die präfigurierende Personalkonstellation das Geschehen
motiviert. In der Blutsbrüderschaftsszene, wie alle weiteren Versuche Gislis zur Abwendung des Unheils zum Scheitern verurteilt (worin die Passage
selbst wiederum zur Vorausdeutung wird, man denke an die Münze, das
Verschweigen – damit sie sich nicht erfüllen – der unheilvollen Träume vor
Vesteins Tod; Kap. 13), legt der Text Thorgrim, an dem es ja scheitert, die
lapidare Erklärung in den Mund: *Œrinn vanda hefi ek, þótt ek gera þetta
við þá báða, Þorkel ok Gísla* (Kap. 6, S. 23; Ich habe genug Verpflichtun-
gen, wenn ich das mit euch beiden, Thorkel und Gisli, mache). Nicht genug
damit, schließt hier der Text mit einer dreifachen Bestätigung ab: die Leute
halten dies für sehr bedeutsam, Gisli ahnte bereits das Scheitern, und (Gisli): *get ek ok, at auðna ráði nú um þetta* (Kap. 6, S. 24; ich glaube, daß es
das Schicksal bestimmt hat).

Mit dem Abschnitt der Kauffahrten wird (nicht explizit begründet) die
erste räumliche Trennung der Gruppe vollzogen, Gisli übergibt Vestein
eine Hälfte der zusammensteckbaren Münze (begleitet von Ahnungen, *at
vit munum þurfa at sendask á milli, þó at vit hittimsk eigi sjálfir* [Kap. 8, S.
28 f.; daß wir sie uns zusenden werden müssen, ohne daß wir einander
persönlich treffen), doch der entscheidende letzte Sprung der Eskalation
vor den Tätlichkeiten geht von einer Frau aus. Wie mit dem allerersten
Kapitel der Saga vorbereitet, gibt Thorkels Frau Asgerd zu, daß ihr Vestein
gefalle. Der Text führt diesmal nicht die Öffentlichkeit als bestätigende

Instanz an, sondern läßt es Thorkel selbst hören. Er muß dazu – plötzlich –
als Faulpelz gezeichnet werden, der in der Wirtschaft nicht mitarbeitet, als
einziger Mann daheimbleibt und absichtlich (er hört Stimmen und legt sich
vor dem Frauenhaus hin) ein Gespräch zwischen Asgerd und Gislis Frau
Aud belauscht: diese wird von Asgerd gebeten, ein Hemd für Thorkel zu-
zuschneiden, worauf Aud antwortet, daß sie es bei einem Hemd für Vestein
wohl selbst gemacht hätte; ‚Þat þykki mér eigi brigzl‘, sagði Ásgerðr, ‚þótt
mér þykki Vésteinn góðr‘ (Kap. 9, S. 30f.; ‚Das ist kein Vorwurf, daß mir
Vestein gefällt‘, sagte Asgerd). Hier, im Kulminationspunkt der Kon-
fliktmotivierung, sprechen/streiten aber die Frauen *beider* Brüder – und es
kann nach dem bisher Gesagten nicht verwundern, daß der Text auch hier
Parallelen setzt und ein Verhältnis Auds zur Sprache kommen läßt, natürlich mit der dafür strukturell entsprechenden Figur, mit Thorgrim. Die
entschuldigende Erklärung, daß dies vor der Heirat stattfand und Aud
engan mann undir Gísla (Kap. 9, S. 31, keinen Mann neben Gisli) hatte,
fällt da nicht weiter ins Gewicht: der Kreis hat sich geschlossen, Thorkel
sieht den Tod eines Mannes *eða fleiri* (ebda; oder mehrerer) voraus. Diesem letzten Motivationsschritt des Textes kommt natürlich besondere Bedeutung zu und der Konfliktaufbau scheint damit strukturell-inhaltlich
abgeschlossen: in aufeinander verweisenden parallel gebauten Szenen wird
die Opposition eines Brüderpaares aufgebaut, deren einer jeweils auf der
Seite des Mannes/Liebhabers der Schwester steht, während der andere eben
diesen tötet. In der Asgerd/Aud-Szene wird diese fixierte Konstellation mit
dem ebenfalls vorweggenommenen Motiv ‚Frau hätte lieber anderen Mann‘
kombiniert, die Unaufhaltsamkeit des Geschehens wird mehrfach begründet. Die Trennung der Brüder, Vesteins Rückkehr und Gislis vergebliche
Warnungen, Vesteins und Thorgrims Tod, all dies läßt sich problemlos aus
dem derart kompakt geschnürten Knoten von Präfigurationen und Verweisen deuten – und wird letztlich doch nicht (nur) von diesen gesteuert.

4. Da der ‚feindlichen Gruppe‘ (Thordis wird von Thorgrims Bruder Börk
zur Frau genommen) Gisli als Täter vorerst unbekannt bleibt, braucht die
Saga eine Begründung, den Anschlag aufzuklären, um den Kausalkonnex
zur Ächtung zu erreichen: über weitere Parallelen bei den Begräbnissen
und bei den wieder aufgenommenen Ballspielen vorbereitet, spricht Gisli in
einer Strophe (11) über Kenningar verschlüsselt aus, Throgrim erschlagen
zu haben. *Þórdis nam þegnar vísuna, gengr heim ok hefir ráðit vísuna*
(Kap. 18, S. 59; Thordis merkte sich die Strophe, ging heim und erkannte
ihren Sinn): sie gibt schließlich ihr Wissen ihrem zweiten Ehemann Börk
preis, der die Anklage einleitet, die zu Gislis Ächtung führt. Gisli, von
seinem Bruder Thorkel gewarnt, spricht daraufhin folgende Strophe:

Gatat sól systir,
sveigar, mín at eiga,
gætin, Gjúka dóttur
Goðrúnar hugtúnum;
þás log-Sága lægis
lét sinn, af hug stinnum
svá rak snjallra brœðra
sør-Freyja, ver deyja.

(Nr. 12, Kap. 19, S. 62; Meine schöngeschmückte Schwester hat scheints nicht die feste Seele, wie sie Gudrun Gjukadottur im Herzen trug, als sie [die Göttin der Seelohe], in harter Gesinnung ihren Mann sterben ließ: so rächte sie [die Halsketten-Göttin] ihre tapferen Brüder).[20]

Schon allein punktuell gesehen ist dies mehrfach bemerkenswert: mit dem Einbringen des Figurenzitats ‚Gudrun' wird – auch wenn die Schwester vor ihr ‚umgedreht' erscheint – ein besonderes Gewicht auf Thordis gelegt und ihre Handlunsgweise als entscheidend bewertet; tatsächlich fungiert der Saga dieser ‚Verrat' als bestimmende kausal-logische (aber nicht als einzige) Verbindung zum Erzählblock der Acht. Die ‚kluge und schöne' Thordis hat sich damit aber auch vom passiven Sexualobjekt/der guten Partie (?) (zwei Liebhaber, zwei Ehemänner) emanzipiert und wird erstmals aktiv.[21]

Würde man es bei solchen Beobachtungen belassen, träfe man aber noch immer nicht den Kern der Saga. Die Chiffre ‚Gudrun' verweist gleichzeitig auch auf ihre *snjallra brœðra*, wie sie denn wörtlich in Gislis Strophe genannt werden. Damit *werden* Gisli, Thorkel und ihre Schwester zu Figuren in einem neuen Kontext, einem nibelungischen Kontext, der, wie ich meine, die Basis der Gísla saga mitträgt.

Von der im Sinne markierter Intertextualität[22] ‚beweisenden' Strophe 12 ausgehend, erscheint eine ganze Reihe von Motiven als Elemente der Ni-

---

[20] Fragen nach der Beurteilung des Alters der Strophe selbst sind hier in unserem Zusammenhang von untergeordneter Bedeutung. Ist die *lausavísa* ‚echt', tatsächlich von einer historischen Figur Gisli oder auch nur ‚alt', so bedeutet das für die Interpretation der Texteinheit *Gísla saga* ebensoviel oder ebensowenig, als wäre sie ‚unecht', vom Autor der Saga oder sogar spätere Interpolation. Was Vermutungen anbelangt, so erscheint es mir immer noch wahrscheinlich zu sein, daß eine Strophe, die, wie wir sehen werden, den Plan des gesamten Textes umreißt, dem Sagaverfasser zuzuschreiben ist. Vgl. dazu etwa Gabriel Turville-Petre, Origins of Icelandic Literature, Oxford 1967, S. 245; Franz B. Seewald [Anm. 3], S. 14 ff. (der die Strophe als echt einschätzt, vgl. bes. S. 16 f.); vgl. auch den Beitrag von Edward R. Haymes im vorliegenden Band, bes. S. 18.

[21] Thordis dient als historischer Beleg, „that Icelandic wives were beginning to let new marital affinity override older feelings of kin loyality"; Jenny Jochens, Women in Old Norse Society, Ithaca and London 1995, S. 12.

[22] Vgl. Ulrich Broich, Formen der Markierung von Intertextualität, in: Ulrich Broich / Manfred Pfister (Hgg.), Intertextualität. Formen, Funktionen, anglistische Fallstudien (Konzepte der Sprach- und Literaturwissenschaft 35), S. 31-47.

belungensage deutbar.[23] Einige Beispiele dafür wären: wörtliche Anklängen in Strophe 11 an *Gðr. II* Str. 40;[24] Thorgrims Tod im Ehebett und die von Sigurds Blut überströmte Gudrun in *Sg.* Str. 24;[25] Thorkels Verweigerung im Ehebett mit Asgerds angedrohter Scheidung und Brünhilds Verweigerung in *Sg.* Str. 10;[26]. Geht man von gleichen Gestaltungsmitteln in Heldendichtung wie Isländersaga aus, kann man die gleichermaßen ‚wirkenden Außenwelt‘ bei Vesteins Rückkehr und dem Gunnar der *Akv.* erkennen.[27] Die Probleme liegen auf der Hand, denn die Grenzen zwischen ‚Zitat der Edda‘ und ‚im Nibelungen-Kontext deutbar‘ verschwimmen. Auch angesichts des der Saga und dem Heldenlied gleichermaßen zur Verfügung stehenden Repertoires an Motiven, Haltungen, Situationen usf. ist Vorsicht und Zurückhaltung geboten, ob an einem bestimmten Punkt überhaupt (bewußte) intertextuelle Markierung vorliegt.[28]

Unter dem Aspekt des Verweissystems gesehen, erschließt sich jedenfalls für/über die Figurenkonstellationen des Textes eine weitere Ebene. Ist mit der Ingibjörg des ersten Kapitels schon die ‚Frau zwischen zwei Männern‘ vorgeprägt, so kann sie ‚nibelungisch‘ auch schon als Brünhild erscheinen, die auf Asgerd verweist. Asgerd aber, als Brünhild im strukturellen Zentrum des Textes, hat eine Auseinandersetzung mit einer anderen Frau, was – über Assoziationsmöglichkeiten via Figurenkonstellation hinausgehend – die ganze Szene ‚nibelungisch‘ deutbar macht, nämlich als *senna*, als dem Frauenstreit zwischen Brünhild und Gudrun.

Ich habe seinerzeit zu zeigen versucht, daß die *Gísla saga* eine logisch-inhaltliche Abfolge derartiger Nibelungen-Szenen aufweist.[29] Vor dem Hintergrund der *Sg.* Str. 1,[30]

---

23   Kaum eine Interpretation der *Gísla saga*, wo der Gudrun-Vergleich und/oder weitere Nibelungenanklänge nicht erwähnt werden; stellvertretend daher nur drei ältere Untersuchungen: Magnus Olsen, Gísla saga og heltediktningen, in: Festskrift til Finnur Jónsson, København 1928, S. 6-14; Knut Liestøl, Upphavet til den Islendske Ættesaga, Oslo 1929, bes. S. 159 ff.; Heinrich M. Heinrichs, Nibelungensage und Gísla saga, in: Hans Werner Seiffert (Hg.), Beiträge zur deutschen und nordischen Literatur. Festgabe für Leopold Magon zum 70. Geburtstag (Veröffentlichungen des Instituts für Deutsche Sprache und Literatur 11), Berlin 1958, S. 22-29.

24   Björn K. Þórólfsson in den Fußnoten der Ausgabe [Anm. 11], S. 58.

25   Preben Meulengracht Sørensen [Anm. 2], S. 253.

26   Günter Zimmermann [Anm. 29], S. 63 f.

27   Alois Wolf, Gestaltungskerne und Gestaltungsweisen in der altgermanischen Heldendichtung, München 1965, S. 168. Wolf betont dabei die Unterschiede der beiden Texte.

28   Zu vermuteten genetischen Zusammenhängen zwischen Heldensage und Saga vgl. Oskar Bandle, Isländersaga und Heldendichtung, in: Afmælisrit Jóns Helgasonar, Reykjavik 1969, S. 1-26.

29   Günter Zimmermann, Isländersaga und Heldensage. Untersuchungen zur Struktur der Gísla saga und Laxdœla saga (Wiener Arbeiten zur germanischen Altertumskunde und Philologie 21), Wien 1982; zur Gísla saga S. 9-91.

Ár var, þazt Sigurðr sótti Giúca,
Vǫlsungr ungi, er vegit hafði;
tóc við trygðom tveggia brœðra,
selduz eiða eliunfrœcnir.
(Einst suchte Sigurd, der junge Wölsung, nach Kämpfen Gjuki auf. Er leistete den Treueschwur mit zwei Brüdern; die Tapferen tauschten Eide aus.)

läßt sich ebenso die Blutsbrüderschaftsszene problemlos dementsprechend deuten und führt weiter über die *senna* zum Tod Vesteins/Sigurds. Aber, liest man den Rückverweis aus Strophe 12 im Detail, so zeigt sich wieder die Ambivalenz des Systems: Thordis/Gudrun nimmt an der *senna* gar nicht teil, sondern Aud/Gudrun als Konterpart zu Asgerd/Brünhild; und wieder kippt das System, denn Aud – mit dem erwähnten (früheren) Verhältnis zu Thorgrim – erscheint gleichzeitig als ,Frau zwischen zwei Männern' wie Brünhild. Da die Saga (natürlich) die Personenkonstellation der Heldendichtung nicht 1:1 umlegt, muß der Nibelungen-Rahmen aber gerade dort auffällig auseinanderklaffen, wo sich Vesteins *und* Thorgrims Schicksal in ihrer Rolle als Sigurd erfüllt, in ihrem Tod. Es bedarf näherer Erklärung, warum gerade hier der Text seine deutlichsten Parallelen setzt.

Unmittelbar nachdem das zerbrochene magische Schwert Grasida durch Thorkel, Thorgrim und den Zauberer Throgrim Nef umgeschmiedet wurde (Kap. 11), wird (mit ,perspektivischem Erzählen')[31] die ungemein dramatisch/heroisch gestaltete Rückkehr Vesteins eingeleitet. Gisli schickt ihm Boten mit der halben Münze entgegen, doch sie verfehlen einander zuerst. Als sie Vestein schließlich (nach dem Zusammenbrechen ihrer Pferde) doch treffen und die Münze übergeben, wird Vestein rot, er erkennt und ,weiß', doch es ist zu spät, denn *en nú falla vǫtn ǫll til Dýryfjarðar* (Kap. 12, S. 40; jetzt fließen alle Wasser zum Dyrifjord). Abgesehen davon, daß Vestein im Sinne einer heroischen Deutung dem Tod geweiht ist, weil er nicht mehr umkehren konnte,[32] man denke auch an das Wahrzeichen vor *Akv.* Str. 8 oder an das ,zu spät'-Motiv vor *Akv.* Str. 17, so hat der Text mit Grasida, seiner Kennzeichnung als Nebenbuhler Thorkels, Gislis prophetischen Träumen usf. eine ganze Palette an Motivierungen für seinen Tod bereitgestellt – und außerdem über die *senna* die Rolle Sigurds zugewiesen. Als er während eines Unwetters (weshalb alle anderen das Dach reparieren) mit Grasida durchbohrt wird (und noch sagt: *hneit þar*, Kap. 13, S. 43; das hat gesessen), war seine Schwester Aud im Bett daneben. Gisli, der die Waffe aus der Wunde gezogen hat, läßt bald einen Hügel errichten. Beim Begräbnis tritt Thorgrim auf und bindet dem Leichnam die Helschuhe mit

---

[30] Ich zitiere nach: Edda. Die Lieder des Codex Regius nebst verwandten Denkmälern, hgg. v. Gustav Neckel, 4. umgearb. Aufl. von Hans Kuhn, Heidelberg 1962.

[31] Vgl. dazu z. B. Anne Heinrichs, Perspektivität in der altisländischen Sagakunst. Eine stilistische Untersuchung, in: Colloquia Germanica 1974, S. 193-208.

[32] Alois Wolf [Anm. 27], S. 169.

dem Kommentar *Eigi kann ek helskó binda, ef þessir losna* (Kap. 14, S. 45f.; ich kann wohl nicht Helschuhe binden, wenn diese sich lösen). Beim den später wieder aufgenommenen Schlagballspielen spricht Thorgrim (von Gisli hart niedergeworfen) mit Blick auf Vesteins Grabhügel folgende Strophe (8):

> *Geirr í gumna sǫrum*
> *gnast; kannkat þat lasta.*
> (Der Speer krachte in Männerwunden; das kann ich nicht tadeln.)

In strenger Parallelität wiederholt Gislis Anschlag auf Thorgrim (ausführlich aus seiner Sicht erzählt) die vorangegangene Passage mit dem Motiv, daß das Opfer neben der Frau im Bett liegt,[33] seinem Auftreten bei der Bestattung Thorgrims in einem Schiff, wo er einen Stein hineinwirft und sagt *Eigi kan ek skip at festa, ef þetta tekr veðr upp* (Kap. 17, S. 56; ich kann wohl kein Schiff festmachen, wenn dieses vom Unwetter fortgetrieben wird)[34] und ebenso mit dem Aufsagen einer (verratenden) Strophe (11) beim Ballspiel angesichts des Grabhügels des Erschlagenen (s.o.).

Nimmt man die Abfolge Vestein – Thorgrim in ihrer Sigurd-Rolle als Kriterium, löst sich einiges auf. Vestein, als Sigurd 1, paßt exakt in die *senna*, als Mann, den Asgerd/Brůndild liebt. Noch einen Schritt davor fügt sich dazu Thorgrim als jener Mann, der in der Blutsbrüderschaftsszene seine Hand als erster zurückzieht und damit als ‚außerhalb der Eide' stehend eine Guthorm-Rolle erhält; vgl. *Sg.* Str. 20.

Nun zu Thorgrim als Sigurd 2. Die Gleichung geht vom Hauptkonflikt des ersten Teils der *Gísla saga* nicht auf – wohl aber vor dem zweiten Hauptteil, Gislis Acht. Thorgrim/Sigurd 2 steht mit seinem Tod durch die Hand Gislis nicht am Ende, sondern am Anfang einer weiteren, einer zweiten nibelungischen Handlungskette, die nun auch die explizit in Str. 12 mit Gudrun verglichene Thordis miteinbezieht. In ihrem Verrat verhält sie sich zwar nicht wie Gudrun, doch in ihrer Stellung in der Personenkonstellation entspricht sie ihr aufs Haar: *sie* ist die Schwester, deren Mann vom eigenen Bruder erschlagen wurde, *sie* ist es, deren zweiter Ehemann (Börk/ Atli) den Tod des Bruders betreibt, und *sie* ist es schließlich, die in einer Szene am Ende des Textes die Nibelungenkette mit einer (zumindest versuchten) Rachetat abschließt. Börk setzt für die Jagd auf Gisli Eyjolf und seine Leute ein, die (nach vielen erfolglosen Versuchen und Niederlagen)

---

33 Preben Meulengracht Sørensen [Anm. 2], mit Überlegungen zur erotischen Konnotation der Szene, auch vor rechtlichem Hintergrund, bes. S. 251 f.

34 Erwähnt sei hier die explizite Wahrnehmung dieser Übereinstimmung durch die Allgemeinheit: *Þat var nǫkkura manna mál, at eigi þótti allólikit fara ví, er Þórgrimr hafði gǫrt við Véstein, er hann rœddi um helskóna* (Kap. 17, S. 56; da redeten einige darüber, daß das gar nicht unähnlich dem war, was Thorgrim mit Vestein gemacht hatte, wie er von den Helschuhen geredet hat).

bei Gislis letztem Heldenkampf acht Männern verlieren („sind' das die acht getöteten Gegner Högnis aus *Akv.* Str. 19?). Als sie bei Börk einkehren und bei Tisch sitzen, bückt sich Thordis, erkennt Gislis Schwert, das Eyjolf abgelegt hat. Sie packt es und stößt zu, bleibt jedoch mit der Parierstange hängen. Eyjolf trägt eine böse Wunde davon, verlangt von Börk das volle Wergeld; Thordis ernennt sich Zeugen und spricht ihre Scheidung aus.[35]

Dort, wo die beiden Nibelungenketten auseinanderhängen, in diesem doppelten Mord an Sigurd, werden sie durch die überdeutlichen Parellelen rund um die Totschläge und die Begräbnisse aneinandergehängt, und zwar in der Art, daß sie, abstrahiert gelesen, folgende Elemente aufweisen:

–) Blutsbrüderschaft (mit einem Mann ‚außerhalb der Eide');

–) *senna* – Streit der Königinnen;

–) Tod Sigurds;

–) Tod Gunnars/Högnis durch den zweiten Mann Gudruns;

–) Rache Gudruns an Atli.

Damit sind nicht nur ganz zentrale Elemente der Heldendichtung um die Nibelungen in der *Gísla saga* aufgehoben, sie ergeben eine konzentrierte, handlungskausal logische und daher ‚richtige', gleichzeitig aber implizite Nibelungen-Handlung; über intertextuelle Markierungen von Figuren, Motiven und Szenen ist ein ganzes Strukturzitat entstanden; in diesem Sinne hat sich ein Subtext etabliert.

5. Der nibelungische Subtext erfaßt praktisch die gesamte Saga, von der ersten großen Szene des Hauptteiles (Thingversammlung mit gescheiterter Blutsbrüderschaft) bis zu Thordis' versuchter Rache am Ende und er kann daher als tragende Basis des Textes verstanden werden, der von den weiteren, gleichzeitig mit ihm auf anderer Ebene abrollenden verweisenden Elementen unterstützt wird. Diese andere Ebene ist jene, wo sich der Text u. a. gattungskonform der gattungseigenen Mitteln bedient, die Handlung zu determinieren, etwa Gests Prophezeiung im ersten Teil, Gislis Träume oder ein Zauber des Thorgrim Nef (Thorgrims Mörder solle keine Unterstützung wirklich helfen, auch wenn er eine solche erhält; Kap. 18) in der Zeit seiner Acht.[36] Liefert die Konzeption des Subtexts m. E. auch die letzte Stufe des inneren Zusammenhalts der Saga, so käme der Text – so paradox dies klingen mag – aber auch ohne diesen aus; alle ‚nibelungischen' Passagen sind gleichzeitig ‚Sagapassagen' und gehorchen *ihrer* inneren Logik – die *Gísla saga* darf weder als Nacherzählung der Nibelungen noch als ‚Übersetzung in eine Saga' gewertet werden; vielleicht kann man von ex-

---

[35] Ausführlich zu den ‚nibelungischen Handlungsketten' Günter Zimmermann [Anm. 29], S. 74 ff.

[36] Dazu eine graphische Spielerei: Günter Zimmermann [Anm. 29], S. 81.

zerpierender Adaption sprechen oder vom impliziten Aufgehen eines Prätexts in der Saga.

Text und Subtext können allerdings aneinander reiben: eine Interferenz entsteht. Als Vestein getötet wird, verschweigt der Text den Täter: *Nú er gengit inn nǫkkut fyrir lýsing, hljóðliga* (Kap. 13, S. 43; Vor der Dämmerung kam da etwas herein, leise). Sah die ältere Forschung hier ohnehin immer Thorgrim als Täter, so führte Anne Holtsmarks Meinung, es handle sich um Thorkel,[37] zu einer geradezu kriminalistischen Diskussion in der Forschungsliteratur.[38] Der Nibelungenkontext läßt ausnahmslos Thorgrim/Guthorm als Täter zu – aber der ‚eigentliche‘ Sagakontext, oder genauer, der Sagakontext zu diesem Zeitpunkt der Handlung? Der in der Asgerd/Aud-Szene Betroffene ist Thorkel: *er* ist der betrogene Ehemann, *er* ist der Feind des Freundes seines Bruders. Eben diese Situation kennen wir schon aus der norwegischen Exposition. Ebenso wie Gisli Thorkels Freund Bard erschlagen hat, so ist Thorkel potentiell dafür prädestiniert, Gislis Freund Vestein zu töten. Eine Fülle von weiteren Argumenten wurde angeführt, etwa daß Thorkel von Vesteins Sohn erschlagen werde oder daß Gisli Thorkel decke, indem er die Tatwaffe Grasida versteckt (die ja Thorkel gehört). Was über den Subtext gelesen eindeutig ist, nämlich Thorgrim als Täter, erscheint ohne diesen (zumindest) ambivalent: die Saga hat – trotz der planvollen via Blutsbrüderschaftsszene aufgebauten Opposition von Thorgrim und Vestein – ihre Probleme damit, daß nicht die unmittelbar betroffene Person Thorkel in dieser Situation agiert/reagiert, sondern stellvertretend Thorgrim. Der Text spielt in Folge mit seiner eigenen Unsicherheit und setzt verschiedene Hinweise, die m. E. insgesamt Thorgrim belasten, aber doch nicht eindeutig entlarven. Über Thorgrims Verse in Str. 8 (s.o.) oder dem Erzählerkommentar *ok fœtkaðisk nú heldr með þeim Þorgrími ok Gísla* (Kap. 15, S. 50; das Verhältnis von Thorgrim und Gisli verschlechterte sich ziemlich) führt uns der Text vor dem Anschlag auf Thorgrim zu einem Komplizen Gislis, dem Ziehsohn Geirmund, der mit Thorkel zu Thorgrim gezogen ist. Als dieser von Gisli aufgefordert wird, die Türen in der Nacht nicht zuzuriegeln, fragt er genauer nach: *Mun Þorkatli bróður þínum við engu hœtt?* (Kap. 15, S. 52; besteht Gefahr für deinen Bruder Thorkel?), was Gisli nachdrücklich verneint. Die Passage bestätigt damit, daß der Text mit dem Aussetzen/Unterdrücken der allwissenden Erzählerposition bei Vesteins Tod bewußt operiert: nicht einmal ein Angehöriger des Haushalts von Thorgrim und Thorkel ist sich der Sache sicher.

---

[37] Anne Holtsmark, Studies in the Gísla saga, in: Studia Norvegica 2, Hft. 6 (1951), 3-55.

[38] Vgl. dazu z. B. Theodore M. Andersson [Anm. 9], S. 18 ff.

Die *Gísla saga* baut ihr Verweissystem planmäßig steigernd aus, und zwar linear dem Handlungsgang folgend. Was im Eingangsteil bewußt unbestimmt gehalten wird, z. B. Ingibjörg als Präfiguration der begehrten passiven *und* der aktiven Frau, erfährt später im Text seine (noch amvivalent gehaltene) Teilbestätigung in der Thordis der norwegischen Exposition und führt zur Asgerd/Aud Szene mit der vorgeprägten ,Frau zwischen zwei Männern'. Ob schon (oder erst?) an diesem Punkt ein vorstellbarer idealer Rezipient des 13. Jahrhunderts den nibelungischen Subtext verstanden hat, können wir nicht feststellen. Der Text selbst eröffnet diese Deutungsmöglichkeit aber explizit mit Strophe 12 im Dreh- und Angelpunkt der Saga. Mit ,Gudrun' wird man abermals zurückverwiesen auf Ingibjörg, erkennt Thordis erschlagene Liebhaber als parallele Vorwegnahme zum erschlagenen Ehemann Throgrim/Sigurd usf. Aber: wird damit (beispielsweise) Gislis erstes und irritierendes Auftreten ,inhaltlich' erklärt, als er Bard erschlägt? Ich meine, nein. Wie wir nun sehen, erschöpfen sich die Eingangspassagen der Saga (großteils) in ihrer vorwegnehmenden Funktion, und dies vorrangig hinsichtlich Peronenkonstellation und kommender Aktionen, kaum aber bezüglich inhaltlicher Sinnstiftung. Im Zuge der Steigerung des Verweissystems werden Sinnangebote erst mit den Handlungsmotivationen des Hauptkonflikts (und über den Nibelungen-Subtext) gesetzt. Über Gislis Kaltblütigkeit oder eine inzestuöse Beziehung zu seiner Schwester zu spekulieren[39], trifft nicht. Was der Text sagt, ist, daß Gisli der Tat fähig ist, den Mann/Liebhaber seiner Schwester zu erschlagen – er wird es wieder tun.

6. Für den Nibelungen-Subtext konnten (immanent) eine Reihe von entscheidenden Funktionen umrissen werden, etwa: tragendes Strukturgerüst (ohne Interferenz mit der gleichzeitigen Durchführung gattungstypischer Handlungsblöcke); zusätzliches handlungsdeterminierendes und motivierendes Element, und zwar punktuell in einzelnen Szenen oder Motiven, wie auch großräumig kausal verkettet; Deutungsangebot für den Rezipienten usf. Ausblickend sei angerissen, was künftigen Untersuchungen vorbehalten sein wird, etwa wie das Aufgreifen des Nibelungen-Kontextes grundsätzlich zu bewerten ist. Warum dieser Griff nach der Heldendichtung?, nach welchen Quellen?, mit welcher inhaltlichen Absicht des Autors? Auch hier werden alte Fragen neu gestellt werden müssen, nach der Heroik der Saga beispielsweise,[40] oder dem Stellenwert der Heldenlieder. Ist die in

---

[39]   Hermann Pálsson [Anm. 7], S. 19.

[40]   Daß dies fruchtbringend auch im Vergleich mit Gesellschafts- und Kulturphänomenen des 20. Jahrhunderts geleistet werden kann, zeigen z. B. Uwe Ebel, Integrität oder Integralismus. Die Umdeutung des Individuums zum Asozialen als Seinsgrund sagaspezifischer Heroik, Metelen/Steinfurt 1995, oder Heiko Uecker, Wild-West und

unserem Fall vorliegende Adaption ein Beleg für die ‚Autorität' eddischer Lieder? Das Interesse der – man gestatte mir den Ausdruck – ‚literarischen Szene' Islands in der Mitte des 13. Jahrhunderts daran ist nicht zu bezweifeln, das beweist die Sammlung der Heldenlieder *per se* ebenso wie Snorri oder die *Vǫlsunga saga*. Allzu verlockend ist dann freilich noch der Umstand, daß Thordis' Verrat im Gegensatz zu der (allgemein in die zweite Hälfte des 13. Jahrhunderts gestellte und damit wohl nach dem ‚Original' der *Gísla saga* entstandene) *Vǫlsunga saga* steht; Thordis trifft sich hier mit der Kriemhild des ‚Nibelungenliedes': wie steht es um die Bekanntheit des kontinentalen Materials im Norden?[41] In der Adaption, in der Etablierung des nibelungischen Subtextes der *Gísla saga* ist auf alle Fälle ein zentraler Ansatzpunkt zur Interpretation des Textes zu suchen, aber auch das reziproke Verhältnis ist zu prüfen: kann via Sagatext auf eine spezifische Interpretation der Heldenlieder *durch* die Saga geschlossen werden? Mit Thordis als ‚falscher' Gudrun, der mißglückten Blutsbrüderschaft oder der fehlgeschlagenen Rache an Eyjolf wird gerade das Scheitern betont, was jedenfalls auf einen Diskurs zwischen der Saga und seinem Prätext deutet.

Alois Wolf hat bezüglich Gislis Str. 12 gemeint, daß die Saga „sich mit einer treffenden Bemerkung begnügt, um schlaglichtartig den entsprechenden Nibelungenkontext wirken zu lassen".[42] Wir haben gesehen, daß dieses Schlaglicht den gesamten Text der *Gísla saga* durchleuchtet; in diesem Licht muß weitergearbeitet werden.

Wild-Nord. Der amerikanische Western und die isländische Saga, in: Lilya Popova / Yuri Kuzmeno (Hgg.), Berkovsbók, Moscow 1996, S. 303-316.

[41] Vgl. dazu Hermann Reichert, Die Brynhild-Lieder der *Edda* im europäischen Kontext, in: The Seventh International Saga Conference, Spoleto 4-10 settembre 1988, Spoleto 1990; S. 571-596; er kommt nach einer Analyse des Falkenmotivs zum Schluß, daß dem Norden möglicherweise ein durch lyrische Elemente angereichertes ‚Nibelungenlied' bekannt gewesen sei; bes. S. 587. Vgl. auch Alois Wolf, Vermutungen zum Wirksamwerden europäischer literarischer Tendenzen im mittelalterlichen Norden, in: Susanne Kramarz-Bein (Hg.), Hansische Literaturbeziehungen. Das Beispiel der *Þiðreks saga* und verwandter Literatur (Ergänzungsbände zum RGA 14), S. 3-26.

[42] Alois Wolf, Aspekte des Beitrags der Laxdœlasaga zur literarischen Erschließung der ‚Sagazeit', in: Heiko Uecker (Hg.), Studien zum Altgermanischen. Festschrift für Heinrich Beck (Ergänzungsbände zum RGA 11), Berlin, New York 1994, S. 722-750, hier S. 746.

Register

Werktitel

Michael Robinson – Sven Hakon Rossel (eds.)

Expressionism and Modernism
New Appraoches to August Strindberg

ISBN 3-7069-0022-X, Brosch., 270 S., 2 Abb.
öS 396,- / EUR 28,78 / DM 56,30

(Wiener Studien zur Skandinavistik, hg. von Robert Nedoma und Sven Hakon Rossel,
Band 2)

Lotta Gavel ADAMS: *The Dance of Death I*: The Hells of August Strindberg And Lars Norén – from Swedenborgian Vastation to Bourgeois Waste Land – Paul AUSTIN: August Strindberg, Sam Shepard, and the Expressionist Impulse – Friedrich BUCHMAYR: August Strindberg and the Altered Perception of Modernism – Piotr BUKOWSKI: August Strindberg and the Expressionist Aesthetics of Pär Lagerkvist – Harry G. CARLSON: Theme, Image and Style in August Strindberg's Expressionism – Barry JACOBS: Expressionist Elements in August Strindberg's *Charles the Twelfth* – Hermann KECKEIS: August Strindberg and German Opera: Studies in the Transposition of the Genre of Strindberg's Plays in Operatic Dramaturgy – a Textual Analysis – Arturo LARCARTI: August Strindberg in the Periodicals of Austrian Expressionism – Barbara LIDE: Stations of Expressionism: The Great Highway from *To Damascus* to Contemporary Performance – Brigitte MARSCHALL: Higher States of Consciousness in August Strindberg's 'Inferno Dramas' – Christopher Joseph MITCHELL: Gender and Marriage Construction Across the 'Inferno': August Strindberg's *The Father* and *The Dance of Death I* – Jan MYRDAL: An Exemplary Phase Reversal: The Modernity of August Strindberg – Ulf OLSSON: The Bloodstained Sign: The Problem of Expressivity in August Strindberg's *Black Banners* – Michael ROBINSON: August Strindberg and Musical Expressionism in Vienna – Hannelore RODLAUER: Franz Kafka Reads August Strindberg – Nina SOLOMIN: August Strindberg's Hostility Towards Jews – 1879-1882 – Birgitta STEENE: August Strindberg, Modernism and the Swedish Cinema – Eszter SZALCZER: August Strindberg's Dramatic Expressionism and the Discourse of the Self – Grazyna Barbara SZEWCZYK: August Strindberg's Influence on the Drama of German Expressionism – Agneta TAUBE: The Pattern of Narrative Desire In August Strindberg's *By the Open Sea* – Karin TIDSTRÖM: Reception and Translation of August Strindberg's *The Ghost Sonata* in France – Egil TÖRNQVIST: Screening August Strindberg's *A Dream Play*: Meaning and Style – Margareta WIRMARK: Ingmar Bergman Directs August Strindberg's *The Crown Bride* at Malmö Stadsteater 1952

Edition Praesens

Nina Ehrlich

Dan Turèlls Mord-Serie
Gattungsgeschichte und Zeitdokument

ISBN 3-7069-0023-8, Brosch., 136 S.,
öS 253.- / EUR 18, 39 / DM 36.-

Wiener Studien zur Skandinavistik
hg. von Robert Nedoma und Sven Hakon Rossel
Band 2

Die zwölfbändige *Mord-Serie* (1981-1990) des dänischen Autors Dan Turèll (1946-1993), in der ein namenloser Journalist-Detektiv zusammen mit seinem Freund, einem bärbeißigen Inspektor der Kopenhagener Kriminalpolizei, zahlreiche Mordfälle aufklärt, transponiert den hart gesottenen amerikanischen Kriminalroman in einen dänischen Kontext. Diese Arbeit stellt dar, welche veränderten Konturen die dänische Variante aufweist und in welcher Weise sie so verschiedene literarische Genres wie den Kriminalroman, den Großstadtroman und den Entwicklungsroman miteinander verknüpft. Darüberhinaus wird die Relevanz der Serie als Zeitdokument für die Mentalität im Dänemark der 1980er Jahre beleuchtet.

Die Autorin: Nina Ehrlich wurde 1969 in Nürnberg geboren und studierte Skandinavistik, Germanistik und Anglistik in Bamberg, Wien und Aalborg, DK. Sie schloss das Studium im Frühjahr 1997 ab und ist seit Herbst 1998 als Universitätsassistentin für Neuere skandinavische Literaturwissenschaft an der Universität Wien tätig

Edition  *Praesens*

In Vorbereitung

Band 4

Ruth Horak

Prestige, Usus, Tradition
Standpunkte im norwegischen Sprachstreit der 1950er und
frühen 1960er Jahre unter besonderer Berücksichtigung der
Riksmålsbewegung am Beispiel André Bjerkes

Band 5

Monika Žagar

Ideological Clown
Dag Solstadt between Modernism and Politics

Edition  *Praesens*